OEUVRES

COMPLÈTES

D'ÉTIENNE JOUY.

TOME VI.

ON SOUSCRIT A PARIS:

Chez JULES DIDOT AÎNÉ, rue du Pont-de-Lodi, n° 6;
BOSSANGE père, rue de Richelieu, n° 60;
PILLET aîné, imprimeur-libraire, rue Christine, n° 5;
AIMÉ-ANDRÉ, quai des Augustins, n° 59;
Et chez l'AUTEUR, rue des Trois-Frères, n° 11.

ŒUVRES
COMPLÈTES
D'ÉTIENNE JOUY,

DE L'ACADEMIE FRANÇAISE;

AVEC DES ÉCLAIRCISSEMENTS ET DES NOTES.

Essais sur les mœurs.

TOME VI.

PARIS
IMPRIMERIE DE JULES DIDOT AINÉ,
RUE DU PONT-DE-LODI, N° 6.
1823.

OBSERVATIONS

SUR

LES MŒURS FRANÇAISES

AU COMMENCEMENT DU 19ᵉ SIÈCLE.

VOLUME VI.

AVANT-PROPOS
DES PREMIÈRES ÉDITIONS.

Ce premier volume de *l'Ermite de la Guiane* est le huitième d'un recueil d'observations où je me suis proposé de peindre les mœurs des Français à l'époque de leur histoire où cette tâche était, sans contredit, la plus difficile à remplir. Un écrivain n'a pas moins de peine à saisir la physionomie d'un peuple violemment agité qu'un peintre à fixer les traits d'un individu toujours en mouvement : l'immobilité du modèle est pour l'ordinaire une des conditions de la ressemblance du portrait.

Privé de cet avantage, il m'est néanmoins permis de croire que je n'ai point échoué dans mon entreprise : le succès que ce nouveau *Tableau de Paris* obtient en France; les traductions qui en ont été faites en anglais, en allemand, et en italien; les imitations qu'il a fait naître m'autorisent à penser que ce recueil, à défaut d'autre mérite, en a du moins un qui lui est propre, et que je crois pouvoir indiquer moi-même; celui de l'intérêt qui résulte, en tout pays, d'un livre dont l'auteur, toujours de bonne foi avec ses lecteurs et avec lui-même, ne cherche que la vérité utile, ne parle que de ce qu'il voit, et ne dit que ce qu'il pense; dont l'auteur, ami sincère des lois et du gouvernement de son pays, respecte le pouvoir sans le flatter, gourmande les vices sans attaquer les individus, et se moque des sots sans les craindre (acte de courage dont il est permis de se vanter quand on est, comme moi, bien convaincu que *sottise* et *méchanceté* sont rigoureusement synonymes).

Peut-être aura-t-on peine à croire qu'un ouvrage sur les mœurs nationales, où la satire personnelle n'a jamais trouvé d'accès, où la critique et l'éloge même ne se montrent que sous des traits généraux, où je puis assurer que l'esprit de parti ne m'a jamais dicté une seule phrase; peut-être, dis-je, aura-t-on peine à croire qu'un pareil ouvrage ait pu me faire des ennemis, même de l'espèce de ceux que je me vantais tout-à-l'heure de ne pas craindre. Rien n'est plus vrai, cependant; et je remarque, comme un trait caractéristique de l'époque où nous vivons, l'impudente naïveté avec laquelle des libellistes, rebut de la littérature et de la société, des dénonciateurs à gages, dont l'espèce se multiplie si honteusement, confessent eux-mêmes leur turpitude, en poussant contre moi des cris de fureur chaque fois qu'il m'arrive d'exposer un vice ou de signaler une bassesse. Sans avoir d'aussi bonnes raisons que La Bruyère pour me consoler d'une semblable injustice, j'ai du moins la certitude qu'elle ne saurait m'atteindre dans l'esprit des honnêtes gens et des véritables hommes de lettres, dont le jugement finit toujours par former l'opinion publique.

Je n'ai rien à dire sur ce premier volume de *l'Ermite de la Guiane*, sinon que j'ai cherché à le rendre digne des honorables suffrages que les précédents ont obtenus.

L'ERMITE
DE LA GUIANE.

N° 1. [16 juillet 1815.]

ARRIVÉE
DE L'ERMITE DE LA GUIANE.

A Monsieur l'éditeur de l'Ermite de la Chaussée-d'Antin et du Franc-Parleur.

Monsieur, j'avais accepté, dans une entreprise qui a pour objet de former la *Galerie des Mœurs françaises*, une tâche que j'ai remplie le moins mal qu'il m'a été possible; je n'ai plus les moyens, et je ne me sens plus le courage de la continuer. Quel temps, en effet, pour observer et pour peindre nos mœurs! La nation française n'a plus de physionomie; les convulsions de la souffrance ont si profondément altéré ses traits, si complètement dénaturé son caractère, qu'elle est devenue tout-à-fait méconnaissable. D'ailleurs je ne connais, tout Franc-Parleur que je suis, ni vérités bonnes à dire, ni vérités bonnes à entendre, au milieu de cinq ou six cent mille baïonnettes étrangères qui peuvent si facilement nous couper la parole. Je résigne donc, avec votre consentement, mes fonctions d'observateur entre les mains d'un homme que le hasard vous envoie, et qui semble qualifié tout exprès pour un pareil emploi, dans les circonstances où nous nous trouvons.

Le corps politique est dangereusement malade; la faculté des hommes d'état, appelée à son aide, aggrave encore le mal : dans cette consultation de charlatans, les uns n'ont pour but que de se faire payer leurs visites; les autres, qui s'entendent avec les héritiers du mourant, se hâtent de ruiner, par des remèdes violents, sa faible constitution. Je suis du nombre de ceux qui ne comptent plus que sur une de ces crises salutaires que la nature amène quelquefois contre toute espérance et toutes probabilités. Je la desire trop pour ne pas craindre de la contrarier par des efforts dont je ne pourrais garantir que l'intention.

L'heure de la retraite a sonné pour moi; si j'étais forcé de rendre compte du parti que je prends, je me contenterais de citer un vers célèbre du *Caton* d'Addison, dont la pensée affaiblie est qu'il y a telle circonstance *où le poste de l'honneur est dans la vie la plus obscure.*

Agréez, je vous prie, etc.

GUILLAUME LE FRANC-PARLEUR.

Note de l'Éditeur. La lettre suivante, que madame de Lorys a écrite à M. Guillaume, et dont celui-ci veut bien nous permettre de faire usage, servira d'introduction, auprès de nos lecteurs, au singulier personnage qui remplira désormais dans ce recueil la place que la retraite du Franc-Parleur y laisse vacante.

Lettre de madame de Lorys à M. Guillaume de Montliver.

Paris, 4 juillet 1815.

Monsieur, deux ans à peine écoulés depuis la perte que nous avons faite de notre ami *l'Ermite de la Chaussée-d'Antin* ne l'ont point banni de votre mémoire, et sans doute vous partagerez le plaisir que m'a procuré la singulière visite que je viens de recevoir. Vous vous rappelez sans doute qu'à la mort du bon Ermite je vous fis passer, entre autres papiers, une lettre qu'il adressait à un certain chevalier de Pageville, son ami d'enfance, dont il a raconté les étranges aventures dans un de ses derniers discours[1]. Je ne m'attendais pas, et sans doute vous ne vous attendiez pas plus que moi, à faire avec cet étrange personnage une plus ample connaissance.

---

[1] Voyez le troisième volume de *l'Ermite de la Chaussée-d'Antin*, n° 106, page 320.

Je commence à me familiariser avec le tumulte; cependant il y a quelques jours qu'une grande rumeur, dans le quartier que j'habite, me causa une assez vive inquiétude : je me mis à l'une des croisées de ma chambre, qui donne sur la rue, et je vis le portier de l'hôtel aux prises avec un jeune homme de couleur qui voulait à toute force faire ouvrir la grande porte pour faire entrer une espèce de *calesin* andaloux, dont la structure, moins bizarre encore que les voyageurs qu'il contenait, avait amassé un grand nombre de curieux. J'envoyai un domestique s'informer de la cause de cet attroupement; il revint en riant m'annoncer que « c'était un très vieux monsieur qui venait tout exprès de l'autre monde pour rendre ses devoirs à madame. » Pendant ce récit, auquel je ne comprenais rien, la voiture entra dans la cour : j'en vis descendre un grand vieillard, accoutré de la manière du monde la plus grotesque : il était soutenu d'un côté par une grosse mulâtresse d'assez bonne mine, et de l'autre par un laquais au teint couleur de cuivre. Ces trois personnages hétéroclites étaient déja dans le salon lorsque j'y entrai. Le vieillard, dont la figure très distinguée tirait une expression toute particulière du bonnet arménien dont sa tête était couverte, m'aborda de très bonne grace, et me parla à-peu-près en ces termes :

« Nous nous connaissons beaucoup, madame, sans

nous être jamais vus, sans jamais avoir eu ensemble le moindre rapport direct : nous avons tous deux aimé beaucoup la même personne; vous voyez bien que nous ne pouvons être étrangers l'un à l'autre; je suis le chevalier de Pageville. » (A ce nom, qui me rappelait de si tendres souvenirs, je ne fus pas la maîtresse de cacher l'émotion qui s'empara de moi : le bon vieillard, qui la partageait, me prit la main, s'assit près de moi, et continua.) « J'ai reçu, par vos soins, la dernière lettre de notre ami, dans un moment où les malheurs que je venais d'éprouver me forçaient à quitter une terre d'exil où mes affections et mes longues habitudes m'avaient fait trouver une patrie; je reviens mourir aux lieux où j'ai pris naissance : vous pouvez penser, madame, qu'un concours d'événements bien funestes a pu seul décider un homme presque octogénaire à entreprendre un voyage de plus de deux mille lieues pour rentrer dans un pays qui lui est plus étranger que les déserts de l'Amérique méridionale, où il a passé la plus grande moitié de sa vie. Quoi qu'il en soit, me voilà à Paris; et, certes, vous n'êtes pas plus étonnée de m'y voir que je ne le suis moi-même de m'y trouver. »

Cela dit, et sans attendre ma réponse, notre homme donna quelques ordres à son valet dans un langage dont il me serait impossible d'imiter une seule articulation, et dans un moment le salon fut rempli du bagage de M. de Pageville, qui se composait de plusieurs caisses recouvertes par des nattes de différentes couleurs, d'une perruche, d'un haras et du plus grand singe que j'eusse encore vu.

Pendant que l'on déchargeait sa carriole, le chevalier sauvage s'était assoupi dans un fauteuil. Avant de songer à lire un écrit qu'il venait de me remettre, je m'amusai à examiner ce nouvel hôte : le grand bonnet de peau d'agouti qui couvrait sa figure ne laissait entrevoir qu'un nez dans le genre de celui du confesseur d'Atala, et deux lèvres minces où s'arrêtait habituellement l'expression de l'ironie et de la malice. Des guêtres de buffle, un surtout de velours, garni d'hermine, qui cachait en grande partie une soubreveste en drap, laquelle se rattachait au-dessous des reins par une ceinture de poil de chèvre ; une grande canne de bambou, et le tuyau flexible d'une pipe qui faisait deux ou trois fois le tour de son corps, et lui servait d'écharpe : tel était le costume demi-français, demi-sauvage, que le vieux chevalier avait adopté, disait-il, en rentrant en France, pour se conformer à nos usages. Un des coffres que l'on ouvrit en ma présence renfermait des nattes de mousse de cyprès, des couvertures en peau de léopard, des ornements en plumes, artistement travaillés, des casse-têtes, des javelots armés de dents de requin, des parures d'ambre et de corail, et quelques livres manuscrits, composés de feuillets de tuya, recouverts d'écorce de sapin.

Les premiers moments donnés à la curiosité, j'ouvris le papier que je tenais à la main, et dont je n'eus pas de peine à reconnaître les caractères. En voici la copie littérale:

« J'apprends vos chagrins, mon ami, et c'est le
« dernier que j'éprouve. Au moment où cette lettre
« vous parviendra, j'aurai résolu le grand problème
« du père Mallebranche. Vous avez perdu le seul
« bien qui vous attachait au Nouveau-Monde; reve-
« nez mourir dans le nôtre. S'il vous reste encore
« quelque chose de ce caractère original, aventu-
« reux, dont vous avez donné tant de preuves dans
« votre vie; de cet esprit observateur et satirique
« qui vous a valu de si honorables persécutions,
« venez offrir à nos Parisiens le spectacle nouveau
« d'un homme écrivant sur les mœurs, sur les hom-
« mes et sur les choses de son temps, avec toute
« l'âpreté d'un sauvage, toute l'impartialité d'un
« étranger, et tout le désintéressement d'un vieillard;
« venez peindre nos ridicules, nos sottises, nos
« vices, avec cette ironie amère, avec cette indigna-
« tion *juvénalique* qui vous ont si bien inspiré dans
« votre jeunesse; apportez dans la capitale de la na-
« tion la plus policée et la plus corrompue de la
« terre l'indépendance d'un habitant des forêts et
« le fruit de trente ans de solitude et de méditations.
« Seul au monde, où vous ne me trouverez plus; jeté
« au milieu de Paris, sans liaisons, sans affections,

« sans préjugés, sans coteries, et presque sans espé-
« rance, vous vous y trouverez dans cette unique
« situation où l'on peut tout juger, tout prévoir et
« tout dire. Si vous ne pouvez rien ajouter aux pro-
« grès de nos lumières, vous pouvez nous apporter
« des bords de l'Orénoque l'exemple de quelques
« vertus qu'on ne connaît plus sur les bords de la
« Seine; faites sur-tout provision de loyauté, de dés-
« intéressement et de patriotisme, car ces fruits ne
« croissent plus sur notre sol.

« Arrivez, mon vieux camarade; venez prendre
« ici ma plume et ma place : je me suis contenté de
« gourmander nos travers, de rire de nos ridicules :
« vous fronderez nos mœurs, vous attaquerez nos
« vices; vous avez le bras bon : frappez fort, vous
« frapperez toujours juste.

« Inconnu dans Paris, je veux vous y épargner
« l'ennui d'un isolement absolu : je vous offre l'amitié
« de madame de Lorys; c'est un bien inappréciable
« dont j'ai joui quarante ans : je vous lègue ce que
« j'ai de plus précieux; elle vous recevra chez elle;
« vous habiterez le petit pavillon au bout du parc
« de Saint-M***; vous y serez presque aussi solitaire
« que dans vos forêts : vous viendrez à Paris une fois
« par semaine faire une récolte d'observations qui
« trouveront leur place dans le recueil où j'ai con-
« signé les miennes pendant les dernières années de
« ma vie.

« Adieu, mon compagnon de voyage; je touche
« au bout de ma carrière; j'ai sur vous l'avance de
« quelques pas, et c'est un avantage dont je me pré-
« vaux pour vous signifier les volontés d'un mourant
« et le dernier vœu de votre ancien ami.

« L'Ermite de la Chaussée-d'Antin. »

L'émotion que me causa la lecture de cette lettre n'échappa point au vieux solitaire, qui s'était réveillé sur ces entrefaites. « Vous savez tout, me dit-il; il n'y a plus moyen de s'en dédire, madame. j'ai fait deux mille lieues pour vous rendre ma visite; et, tout vieux que je suis, elle peut être longue; arrangez-vous là-dessus. Depuis que je vis, et je date de bien loin, je me suis promis de ne rien faire comme les autres : sottise pour sottise, j'ai du moins voulu me ménager le mérite ou l'excuse de l'invention.

« Après avoir cherché dans ma jeunesse à résoudre le problème du bonheur dans la civilisation, j'ai vu que je mourrais à la peine : je me suis assuré qu'il n'y avait dans le monde policé que deux classes d'hommes, les oppresseurs et les opprimés. Désespérant de faire partie de la première, et bien décidé à ne pas me ranger dans l'autre, je me suis fait sauvage, de dépit de ne pouvoir être roi; j'ai maintenant de bonnes raisons pour croire que j'aurais quitté mon trône pour ma hutte. Aujourd'hui que l'un ou l'autre m'est égal, que je ne fais plus de différence entre le repos et la liberté, je reviens sans crainte au milieu de mes compatriotes; je me tiens déja pour mort, et il n'y a pas de prise sur une ombre. »

Dès le lendemain de son arrivée, je conduisis *l'Ermite de la Guiane* à ma terre de Saint-M***, au milieu de la forêt de Senart, et je l'installai dans le pavillon avec sa suite: il en fit enlever tous les meubles, remplaça les lits par des nattes sur lesquelles il étendit des peaux d'ours, et ne conserva qu'une table, un grand fauteuil, et deux tabourets. J'ai fait mettre à sa disposition une vache, deux chèvres, du riz, des pommes de terre, quelques bouteilles de rhum, du tabac, et une centaine de volumes de son choix. Son valet caraïbe, qui se nomme *Zaméo*, m'a demandé un fusil, dont il se sert avec beaucoup d'adresse, et la gouvernante Ottaly s'est mise à la tête de ce singulier ménage.

J'ai été huit jours sans entendre parler du vieux solitaire; mais Zaméo est venu me prévenir ce matin que son maître devait venir dîner demain avec moi, et desirait que vous fussiez des nôtres : n'y manquez pas. C'est un homme bon à voir, vous jugerez mieux que moi s'il est bon à entendre.

R. D. L.

N° II. [24 JUILLET 1815.]

MON RETOUR EN FRANCE.

> .... *Dicenda tacendaque calles?*
> PERSE, sat. IV
>
> Sauras-tu dire ce qu'il faut dire, et taire ce qu'il faut taire?

Ai-je encore une patrie? Cette question que je me fais, et que tous les Français peuvent se faire aujourd'hui, me semble résolue négativement du moment qu'elle est posée. Il m'est pénible d'en convenir : mais j'ai revu froidement ces côtes de France que je quittai, il y a quelque quarante ans, avec tant d'émotion : j'ai foulé la terre natale sans autre plaisir que celui de me trouver au terme d'un long voyage; et, comme un amant qui ne retrouve plus dans son cœur l'image d'un objet long-temps adoré, je me suis rappelé ses défauts pour excuser mon inconstance.

Le capitaine du brick qui m'a ramené dans ce pays était Français : nous avons plus d'une fois agité cette question pendant la traversée : il me parlait sans cesse de son amour pour la patrie, des sacrifices qu'il lui avait faits, de ceux qu'il était prêt à lui faire encore : je lui communiquais mes réflexions ; il me traitait de sauvage, me reprochait ma coupable indifférence, et je n'étais pas éloigné de croire que l'âge et l'absence avaient éteint dans mon cœur une vertu qui ne peut jamais être qu'une passion.

En arrivant, nous apprenons que la France, en proie aux factions, est menacée de déchirements affreux : notre capitaine court d'abord s'informer au nom de qui ses appointements doivent lui être payés. Bonaparte régnait encore : le capitaine avait touché un à-compte sur ce qui lui était dû ; nous le voyons revenir à bord avec une cocarde aux trois couleurs dont il orne la figure de poupe du bâtiment qu'il commande, aux cris répétés par tout l'équipage de *vive l'empereur! vive la patrie!* Trois jours après, la veille de notre débarquement, nous apprenons l'arrivée de Louis XVIII à Paris : on paie au capitaine le reste de ses appointements au nom du roi ; dès-lors la patrie est pour lui le royaume des Bourbons ; le pavillon tricolore est brûlé par ses ordres, et celui des lis flotte aux trois mâts de son vaisseau. Je me permis d'opposer à ses raisonnements et à sa conduite du jour, ses raisonnements et sa conduite de la veille : il me démontra qu'il était du moins conséquent à ses intérêts. Zaméo, qui nous écoutait, l'assura que, dans son pays, un homme qui se conduirait ainsi serait coupé en deux, et qu'on enverrait une moitié de son corps à chacun des deux partis qu'il avait servis avec tant de loyauté. Tout le monde se récria, comme de raison, contre cette coutume barbare, et nous débarquâmes enfin chez un peuple civilisé.

Nous remontâmes la Gironde, et nous prîmes terre à Bordeaux, sur le beau quai du Chapeau-Rouge. Ottaly et Zaméo portaient mon bagage, et je marchais au milieu d'une foule immense qui nous poursuivit jusqu'à la porte de notre auberge par des éclats de rire, sur l'intention desquels je n'étais pas homme à me méprendre. Comme nous entrions dans les allées de Tourny, un homme décemment vêtu nous débarrassa de notre importun cortége, et se confondit en offres de services, en nous invitant à le suivre. « Maître, me dit tout bas Zaméo, voilà un homme qui me donne bonne idée des Français; il est presque aussi complaisant qu'un Zangais. Mon grand-père m'a raconté que, lorsque vous arrivâtes pour la première fois dans notre tribu, c'était à qui vous recevrait chez lui; ce Français-là serait-il né sur les bords de l'Orénoque? — Mon ami, lui répondis-je, cet homme est un aubergiste; les politesses qu'il nous fait sont une spéculation qu'il commence, et un droit qu'il acquiert de nous faire payer plus chèrement l'hospitalité qu'il nous offre : c'est un des avantages de la civilisation. »

Nous entrâmes à l'auberge; je demandai une grande salle pour nous trois. L'hôte me fit observer que nous étions à l'hôtel Richelieu, où l'on ne louait pas une chambre, mais un appartement. J'eus beau lui dire que nous avions nos habitudes, et que nous n'occupions jamais qu'une seule pièce, il m'objecta fort sensément que j'étais le maître de n'occuper qu'une chambre, pourvu que je consentisse à en payer quatre ou cinq. Il fallut en passer par-là.

Je ne sais par quel retour de vanité je m'avisai de répondre, lorsqu'on vint me demander mon nom pour l'inscrire sur le registre de la police, que je m'appelais le chevalier de Pageville. (J'aurais pu sans inconvénient garder mon nom de PAUL, le seul que j'aie porté pendant quarante ans.) Zaméo, qui ne m'avait jamais entendu nommer ainsi, ouvrit de grands yeux. Je crus lui donner une explication suffisante en lui disant que par ce moyen nous serions traités avec plus de considération. Il se prit à rire aux éclats, en appuyant ses mains sur ses genoux, ne concevant pas qu'un nom pût ajouter quelque chose au mérite personnel. «Encore un effet de la civilisation! s'écria-t-il; je n'oublierai pas celui-là.»

Tout ce qui nous entourait excitait presque en même temps la surprise et la critique de mon jeune Caraïbe, chez lequel je m'étais plu à développer de bonne heure des dispositions naturelles, assez rares dans les hommes de son espèce et même de la nôtre. Bordeaux était la première ville qu'il eût encore vue ; aussi ne se lassait-il pas de la parcourir. La couleur de son teint, son costume non moins étrange que ses manières, attiraient sur lui plus de curiosité que de considération ; il s'en aperçut, et n'eut pas à se louer du moyen qu'il employa pour obtenir ce dernier sentiment.

Le lendemain de notre arrivée, Zaméo se promenait au Chartron, suivi d'une foule de curieux qui l'importunaient. Pour se dérober à leurs regards, il entre dans un café. Un garçon très prévenant lui demande ce qu'il desire : mon sauvage qui n'entend jamais que ce qu'on lui dit, et ne répond qu'à la question qu'on lui fait, témoigna son goût particulier pour le rhum, et ne se fit pas prier pour en sabler quelques verres. Il se repose quelques instants, salue très gracieusement la maîtresse de la maison, et se met en devoir de sortir. Le garçon l'arrête et lui demande le paiement de ce qu'il a pris ; Zaméo répond qu'il n'a pris que ce qu'on lui a offert, et que dans son pays on ne fait point payer au voyageur la liqueur du coco qu'on lui présente pour se désaltérer. Le garçon se fâche et lui demande insolemment son nom. Zaméo, pour se donner cette espèce de considération dont il croit avoir besoin dans un pareil moment, se rappelle les mots dont je m'étais servi avec l'aubergiste, et déclare qu'il se nomme *le chevalier Zaméo*. Tous les assistants se mettent à rire. Le garçon, d'autant plus brave qu'il a affaire à un homme imberbe¹, prend le chevalier caraïbe à la gorge, en l'appelant fripon : celui-ci réplique par un vigoureux coup de poing, et renverse le garçon sur un Anglais et un Allemand qui prenaient du thé dans un coin. En un moment le tumulte est à son comble : tout le café se lève en masse contre l'enfant des forêts, qui, retranché derrière le comptoir, un tabouret dans chaque main, fait la plus belle et la plus noble résistance. Mais comme il est écrit, et, qui pis est, prouvé, qu'il n'y a ni valeur, ni raison, ni justice, qui ne doivent céder au nombre, et que la Providence est toujours pour les gros bataillons, après une demi-heure du combat le plus inégal, où Zaméo distribua maints horions qu'on lui rendit avec usure, force lui fut de capituler et de mettre bas les armes. On le reconduisit à l'hôtel, et je le vis arriver au milieu de ses vainqueurs, qu'il menaçait encore de la voix et du geste. Je voulus connaître les détails de cette aventure : « Maître, me dit-il, c'est encore un effet de la civilisation : j'avais soif, ces gens-là m'ont donné à boire; ils ont voulu me faire payer le service qu'ils m'avaient offert; je n'avais point d'argent, j'ai cru me tirer d'affaire avec de la considération, j'ai dit que je m'appelais le chevalier Zaméo : l'un d'eux m'a répondu

---

¹ Les Caraïbes n'ont point de barbe.

que j'étais un fripon, je l'ai rossé; ils se sont tous jetés sur moi; et parcequ'ils m'ont assommé, ils prétendent m'avoir vaincu. Dans mon pays, les querelles se vident corps à corps; on serait ce qu'on appelle ici déshonoré, si l'on se mettait dix contre un; il est vrai qu'on nous appelle des sauvages. »

Je me rassurai quand je sus de quoi il s'agissait; je payai le dégât et la dépense qu'avait faits mon Caraïbe, à qui j'adressai une réprimande dont il saisit fort bien la morale, sans pourtant concevoir pourquoi ce titre de chevalier, qui me valait tant d'égards, avait été pour lui la cause d'une aventure aussi désagréable.

Nous songeâmes à quitter Bordeaux. J'avais besoin d'une voiture: Zaméo, qui m'accompagna chez le carrossier, ne connaissait encore que deux manières de voyager, à pied sur terre, ou en pirogue sur l'eau. Je m'amusai de la surprise qu'il témoigna en voyant ces petites chambres de cuir (pour parler son langage), où il ne concevait pas qu'on passât une heure sans étouffer. J'achetai, à sa prière, un vieux *calesin* espagnol d'une forme très peu élégante, mais d'une structure solide et commode; je m'arrangeai de deux bonnes mules galiciennes avec un *arriero* de Palencia, lequel était venu conduire en France une famille de *liberales* exilés d'Espagne. Zaméo lia conversation avec eux, et s'informa du motif qui les forçait à s'expatrier. Il fut bien surpris d'apprendre que les uns étaient chassés d'Espagne pour avoir mangé du lard le vendredi, et les autres parcequ'ils n'en voulaient pas manger du tout. Il leur offrit des lettres de recommandation pour la Guiane, où l'on mange tout ce que l'on trouve, et vint ensuite me demander si l'Espagne était en Europe.

Nous voilà tous les trois roulant sur les grandes routes de la Gascogne. Presque aussi étranger que mes deux compagnons de route à la civilisation européenne, je remarquais cependant avec peine qu'ils sentaient plus vivement ses abus que ses bienfaits. Tout ce qui portait un caractère d'utilité publique leur plaisait sans les étonner. Les grands chemins leur paraissaient bien imaginés; mais le soleil dardait à plomb sur la tête, et ils regrettaient les petits sentiers tracés sans art sous l'ombrage des forêts. Dévorés par la soif au milieu d'arbres couverts de fruits qu'ils n'osaient cueillir, ils se rappelaient avec amertume qu'aucun garde champêtre, sur les bords de l'Orénoque, n'empêche le voyageur altéré de se rafraîchir la bouche avec le citron qu'il trouve sur sa route. Je n'avais pas de peine à leur faire comprendre que le droit de propriété était un des grands avantages de l'état de civilisation : mais ils m'embarrassaient en me demandant si les hommes, dans cet état, étaient meilleurs et plus heureux.

J'allais leur répondre, lorsque nous entendîmes un grand bruit de mousqueterie dans un bois qui bordait le chemin. Un moment après nous en vîmes sortir un petit corps de troupes; quelques cavaliers se détachèrent, et vinrent s'emparer de nos mules et de nos voitures pour transporter des blessés au village voisin. Nous fûmes obligés de suivre à pied. Tout en cheminant auprès du commandant de l'escorte, nous apprîmes de lui tous les maux auxquels la France était en proie, et qu'aggravait encore le fléau des guerres civiles, dont nous avions sous les yeux les déplorables effets.

Lorsque l'officier eut fini de parler : « Maître Paul, me dit Zaméo, vous rappelez-vous l'année du débordement où la tribu des Zangaïs, excitée par le mauvais esprit, et divisée sur la couleur des plumes dont nous parons nos têtes, tourna contre elle-même ses flèches victorieuses? Mon père Oyatoë commandait les plumes rouges; déjà plusieurs *carbets*[1] avaient été détruits; un combat terrible allait s'engager : vous paraissez au milieu des Zangaïs; vous parlez, leur fureur s'apaise, et le *calumet* de la guerre est éteint pour toujours. J'étais bien jeune alors; mais Oyatoë m'a souvent répété vos paroles, et je les ai fidèlement retenues :

« Braves Zangaïs, leur dites-vous, quelle rage

---

[1] Hameaux des Indiens caraïbes

« vous anime, et quel sang allez-vous verser? N'êtes-
« vous pas tous les enfants du Grand-Fleuve? Ces
« cabanes que vous incendiez ont vu naître vos fils;
« ces champs que vous ravagez couvrent les osse-
« ments de vos pères : brisez vos flèches; arrachez
« ou confondez ces plumes dont l'aspect vous irrite,
« et suivez-moi sous le grand palmier où votre chef,
« le vieux Atalégo, l'ancien de la forêt, vous attend
« pour vous consoler et pour vous bénir. »

« Le mauvais esprit, continua Zaméo, souffle aujourd'hui sur la France; retournons sur nos pas, courons après ces guerriers, vous leur tiendrez le même langage, et vous les réconcilierez comme vous avez autrefois réconcilié les Zangaïs.

« — Mon ami, lui répondis-je, je parlais à des sauvages, qui sentent beaucoup et qui raisonnent peu; nous sommes maintenant chez le peuple civilisé qui sent le moins et qui raisonne le plus : je perdrais mon temps et mes discours.

« — Je ne vois pas encore ce que nous avons gagné à changer de pays, reprit Zaméo. — Ni moi non plus, » lui répondis-je.

Arrivés au village, on y déposa les blessés; nous remontâmes en voiture, et nous arrivâmes à Paris.

N° III. [31 juillet 1815.]

LES CONSTITUTIONS.

> *Let us make a stand upon the ancient ways, and then look about us and discover what is the strait and right way, and so walk in it.*
> BACON, *Essais.*
>
> Arrêtons-nous un moment sur les anciennes routes, regardons ensuite autour de nous pour découvrir quel est le chemin le plus droit, et marchons-y d'un pas ferme.

Mon premier soin, en arrivant dans un pays avec l'intention de m'y établir, a toujours été de connaître les lois d'après lesquelles il était gouverné, les conditions que m'imposait la nouvelle société dont je devenais membre, et de savoir quels étaient mes droits et mes devoirs. J'ai trouvé presque par-tout, il est vrai, les premiers trop restreints, et les autres trop multipliés : mais enfin c'est un contrat dont on vous fait connaître les charges; vous pouvez n'y pas souscrire : une fois engagé, vous devez vous y soumettre.

Nouvel Épiménide, je viens de me réveiller en

France, après un sommeil d'une quarantaine d'années. Dans ce long intervalle, le temps a fait table rase; je ne retrouve pas un être, pas une chose, j'ai presque dit pas une idée de ma connaissance : les hommes, les institutions, les mœurs, les usages, tout a changé. Bacon n'admettait que deux causes d'une vicissitude aussi complète: un déluge ou un tremblement de terre, il oubliait une révolution. Celle qui a produit en France de si grands changements ne m'était pas tout-à-fait inconnue : avant même que le bruit des principales secousses qui l'ont accompagnée eût retenti jusque dans les forêts de la Guiane, cette catastrophe m'avait été annoncée par l'émigration de quelques hommes doués de ce même instinct que l'on a remarqué dans les rats; instinct qui les avertit de quitter un vieux édifice un instant avant qu'il s'écroule [1].

Tout jeune que j'étais lorsque je quittai mon pays, je croyais avoir acquis, sur les bancs de l'école, le droit de juger très sévèrement mes compatriotes, en les comparant à ces Grecs, à ces Ro-

[1] C'est ici le lieu de relever une erreur qui s'est, je crois, glissée volontairement sous la plume de *l'Ermite de la Chaussée-d'Antin*, dans un petit précis de mes aventures, dont il a fait le sujet de son cvi*e* numéro. Je ne suis point revenu en France pendant la révolution, comme il le dit (voyez le tome III, page 327), et ce ne fut pas une sentence de déportation du directoire qui me conduisit sur les bords de l'Orénoque, où j'étais établi avant que la révolution commençât.

mains, avec lesquels j'avais été pour ainsi dire nourri. Le parallèle que je me plaisais à établir entre les colosses de l'antiquité et nos petites figures modernes m'inspirait pour ces dernières un mépris, un dégoût, qui déterminèrent ma passion pour les voyages. Je crus qu'il en était des hommes comme des temps, que les plus éloignés étaient les meilleurs.

Je pourrais aujourd'hui me prévaloir de l'avantage négatif de n'avoir pris aucune part à la révolution, et me présenter comme médiateur entre des partis dont aucun n'a de reproches à me faire; mais, quoique le moment soit mal choisi pour un pareil aveu, je dois pourtant convenir que les circonstances ont plutôt manqué à mon caractère que mon caractère n'aurait manqué aux circonstances. Tout ce qui tend à consacrer les droits d'une nation, à établir son indépendance, à fonder sa grandeur, agit si fortement sur mon esprit, qu'il est probable que j'eusse contribué, du moins par mes vœux, à une réforme dont j'aurais attendu de semblables résultats. J'affirme encore aujourd'hui que cette révolution politique, dès long-temps préparée par celle des mœurs, était devenue inévitable. L'intensité des maux qu'elle a produits est due en grande partie aux efforts des uns pour la comprimer, et à l'impatience des autres pour la faire éclore. Dans toute espèce d'innovations, a dit un homme de génie, les hommes devraient suivre l'exemple du plus grand des innovateurs, du temps, qui procède avec lenteur, et par degrés imperceptibles, dans les changements continuels qu'il ne semble que méditer alors qu'il les opère.

Sans m'occuper plus long-temps de rechercher les causes de la révolution, ou d'en blâmer les moyens, je me borne à examiner quelques uns de ses effets.

Le caractère français, qui avait survécu à l'anarchie de Charles VI, aux fureurs de la Ligue, aux folies de la Fronde, et même au délire révolutionnaire (si je dois en croire les observations de mon prédécesseur), paraît avoir subi, depuis deux ans, un changement total qui ne laisse plus subsister un seul trait de sa physionomie primitive. La cause en est dans ce passage subit et sans transition des plus brillants succès aux plus cruels revers. Les lois de la physiologie s'appliquent, en certains cas, au moral comme au physique; et de même qu'un être organisé ne peut, sans une altération sensible, parcourir simultanément l'échelle du thermomètre, et passer de l'extrême chaleur au froid le plus vif, un peuple ne peut, sans éprouver une grande commotion morale, descendre tout-à-coup du premier rang qu'il occupait parmi les nations au degré d'humiliation où nous nous trouvons réduits. Cette circonstance explique honorablement, à mes yeux, l'absence de toute gaieté chez le peuple jadis le plus gai de la terre. La persévérance qu'il a mise à poursuivre la liberté à travers tant d'écueils, tant de malheurs, tant de sacrifices, l'absout pour jamais du reproche de frivolité qu'on lui adressait avec tant de raison. Souvent égaré par ceux qui l'ont conduit depuis vingt-cinq ans, j'observe cependant qu'il s'est constamment dirigé vers le même but; que, du sein des factions les plus opposées, un même cri s'est constamment fait entendre : *la Constitution*. C'est cette Constitution qu'il m'importait de connaître; en ma nouvelle qualité de citoyen français, je voulais étudier, méditer, apprendre par cœur ce pacte social, si laborieusement enfanté, si impatiemment attendu, et sur lequel reposent irrévocablement les destinées de la France.

J'avais hâte de me procurer ce bréviaire du citoyen, et j'entrai à cet effet chez un libraire du Palais-Royal, à qui je demandai la Constitution. Laquelle monsieur veut-il avoir? — Comment, laquelle? Est-ce qu'il y a plusieurs Constitutions? — nous en avons eu quatre dans cette année seulement:

La Charte royale,

L'Acte additionnel,

Le projet de la Chambre des représentants,

Et finalement la Charte avec des modifications.

— Je veux avoir la Constitution française, le recueil des lois fondamentales du royaume, en un mot, la Constitution qui me garantit mes droits de citoyen, et qui me prescrit mes devoirs de sujet.

— Voici la Charte royale.

— Toute réflexion faite, je serais bien aise de comparer cette Constitution avec celles qui l'ont précédée; donnez-moi les autres.

— Toutes?

— Oui, toutes.

— Voici :

1° Le recueil des cahiers des Trois Ordres, en 1789;

2° La Constitution de l'Assemblée constituante, en 1791;

3° La même, révisée au commencement de 1792;

4° La Constitution républicaine de 1793;

5° Les décrets de la Convention, portant création d'un gouvernement révolutionnaire légalement constitué;

6° La Constitution de l'an 3, avec un directoire;

7° La Constitution de l'an 8, avec des consuls;

8° La Constitution impériale;

9° Le gouvernement despotique institué par des sénatus-consultes;

10° La petite Constitution du sénat, en vingt-neuf articles, du mois d'avril 1814;

11° La Charte royale, en juin 1814;

12° L'Acte additionnel aux Constitutions de l'empire, en mai 1815;

13° Le projet de Constitution de la chambre des représentants, en 1815;

14° La Charte royale avec des modifications, en juillet 1815.

Muni de ce ballot de Constitutions, je courus m'enfoncer dans ma retraite pour y réfléchir à mon aise sur le sujet le plus important qui puisse être offert à la méditation des hommes.

Avant de connaître sous quel régime je vivais, je voulus savoir sous lequel il m'eût été le plus doux de vivre, et chacune de ces Constitutions fut tour-à-tour l'objet de mon examen.

Le luxe typographique qui distinguait au premier coup d'œil celle de l'assemblée constituante annonçait l'importance qu'on y avait sans doute attachée. Les hommes les plus éclairés de la fin du dix-huitième siècle avaient concouru à la rédaction de ce pacte social, dont chaque article avait été l'objet d'une discussion lumineuse; trois années entières avaient été employées à perfectionner ce travail, qui n'avait cependant pas échappé à cet esprit démagogique dont l'influence commençait à se faire sentir. La Constitution de 1791 renfermait deux vices essentiels : la concentration du pouvoir législatif dans une seule chambre, et l'état de nullité où se trouvait réduite l'autorité royale, sans défense contre l'usurpation graduelle d'une assemblée unique et permanente, ou sans force contre les entreprises de l'anarchie, dont la première attaque a suffi pour renverser le trône et détruire la monarchie.

La Constitution républicaine de 1793 est une de ces jongleries politiques dont la nation, sans avoir jamais été la dupe, a souvent été la victime. Cette Constitution dérisoire, où sont consacrés les principes de la liberté la plus absolue, du républicanisme le plus pur, après avoir servi de préface au décret portant création de l'horrible gouvernement révolutionnaire, fut précieusement enfermée le même jour dans une espèce d'arche dont on n'a jamais songé à la tirer.

Les Constitutions de l'an 3 et de l'an 8 n'avaient fait qu'indiquer cette séparation, cette pondération des trois pouvoirs qui maintient leur équilibre, et assure leur indépendance. Il était aisé de s'apercevoir que le conseil des *cinq-cents* et celui des *anciens*, tous deux amovibles, tous deux émanés de la même source, et composés des mêmes éléments, ne présentaient que deux divisions d'une même chambre, dont l'une ne pouvait conséquemment servir à l'autre de contre-poids. Dans ces Constitutions, le pouvoir exécutif manquait de cette unité qui fait sa force, de cette hérédité qui peut seule perpétuer et régulariser son action.

La Constitution impériale, en créant un trône héréditaire et un sénat inamovible, remédiait à ces graves inconvénients ; mais un corps législatif muet, un conseil d'état transformé en fabrique de lois, des sénatus-consultes qui n'étaient autre chose que l'expression servile de la volonté du prince, avaient fini par anéantir toutes les Constitutions de l'empire, qui n'étaient plus qu'un vain mot. Pendant dix ans, le despotisme pesa sur la France ; la gloire y tenait lieu de liberté.

Mais la gloire du trône accablait les sujets.
CORNEILLE.

En relisant la Charte royale avec toute l'attention que l'on apporte à la lecture d'un contrat qui nous engage personnellement, je me suis convaincu avec un extrême plaisir qu'elle renfermait tous les éléments de cette liberté publique pour laquelle la nation combat depuis vingt-cinq ans, et dont les bases ont été posées par elle-même, dès 1789, dans les cahiers des trois ordres : une monarchie héréditaire dans la famille en possession du trône depuis plus de deux cents ans, un monarque inviolable, des ministres responsables, des juges inamovibles, la séparation du pouvoir législatif, une égale répartition de l'impôt consenti par les représentants de la nation, la liberté individuelle qui place tout citoyen sous la sauvegarde des lois, et l'affranchit de la crainte de se voir, à son réveil, inscrit sur les tables de proscription, la liberté de conscience que nulle puissance humaine n'a le pouvoir de restreindre, et la liberté de la presse qui seule peut tenir lieu de toutes les autres. La Charte royale, où se trouvent toutes ces garanties, est sans doute un grand bienfait du monarque à qui la nation la doit: peut-être serait-il à desirer qu'elle ne fût pas une simple concession du trône; mais les modifications qu'elle va recevoir achèveront sans doute de lui donner ce caractère national si nécessaire à sa durée, et les Français alors n'auront plus qu'un vœu à former; c'est qu'on l'exécute.

Le plus profond des publicistes, Montesquieu, savait bien qu'il est plus facile de faire de bonnes lois que de les maintenir; aussi disait-il, en parlant de Charlemagne : *Il fit d'admirables règlements; il fit plus, il les fit exécuter.*

N° IV. [7 AOUT 1815.]

LES ENFANTS D'AUJOURD'HUI.

*Abstineas igitur damnandis: hujus enim vel
Una potens ratio est, non crimina nostra sequentur
Ex nobis geniti : quoniam dociles imitantes
Turpibus ac pravis omnes sumus.*
JUV., sat. XIV.

Faisons donc en sorte que nos actions soient irréprochables, de peur que nos enfants ne s'autorisent de nos travers; car nous naissons tous imitateurs dociles de la perversité.

Le temps se peint tout entier dans les générations vivantes : les vieillards représentent le passé, les hommes faits le présent, et les enfants l'avenir : dans le vaste tableau de la vie humaine, les premiers offrent leur exemple, les seconds leurs actions, et les autres leurs espérances. Je crois pouvoir me dispenser de dire plus clairement pourquoi mes premières observations se portent de préférence sur ces derniers : l'expérience n'a point encore démenti leurs promesses; je puis du moins les doter, par anticipation, de toutes les qualités que je leur desire; et pour que rien n'altère le sentiment que je leur porte, c'est à leurs parents que je m'en prends des défauts que je remarque en eux. J'entre dans la carrière que j'ai à parcourir par le côté le moins pénible; on a besoin, pour se préparer au spectacle des hommes de ce pays, de remonter graduellement l'échelle des âges : il y a des dangers contre lesquels il faut s'aguerrir.

Comme il n'est point d'objet plus important que celui de l'éducation des enfants, il n'en est pas sur lequel les théoriciens se soient plus exercés. Le plus éloquent, le plus ingénieux de tous ces instituteurs spéculatifs est, sans contredit, l'auteur d'*Émile*. Choqué, comme tous les bons esprits, des vices de l'ancienne éducation, il a cru qu'il suffisait, pour faire mieux, de faire autrement; et, partant du faux principe que tout est bien en sortant des mains de la nature, et que tout se corrompt en société, il a voulu, comme dit Voltaire, nous apprendre à marcher à quatre pattes. Ses brillantes théories sur l'éducation ont eu le sort de ses éloquentes rêveries politiques : celles-ci ont formé des hommes à systèmes au lieu de créer des hommes d'état; les autres n'ont produit que des enfants mal élevés. L'ancien système d'éducation tendait à étouffer le germe pour le mûrir; on en presse aujourd'hui le développement par tous les moyens possibles; on veut avoir des hommes à quinze ans, au risque de n'avoir que des enfants à quarante.

Je suis déjà un personnage fameux dans la forêt de Senart; les enfants courent après moi avec une expression de joie qui ne ressemble pas mal à des huées. Je pourrais tirer quelque vanité de cette ressemblance avec le philosophe de Genève, si je pouvais me dissimuler que Zaméo partage avec moi cette espèce d'hommage, dont je me passerais volontiers. Je suis plus flatté des visites de Paris que m'amène de temps à autre madame de Lorys : c'est une manière commode de me faire passer en revue des gens dont je mets à profit la curiosité, et que j'observe tandis qu'ils me regardent.

Dimanche dernier, cette dame vint me prendre dans mon ermitage pour m'emmener dîner à une lieue de là chez une madame de Moronval, connue par l'excès, ou plutôt (comme je ne tardai pas à m'en apercevoir) par l'ostentation de sa tendresse maternelle. Il n'était que cinq heures; la compagnie était dispersée dans le parc lorsque nous arrivâmes; madame de Lorys passa dans l'appartement de madame de Moronval, qui achevait sa toilette, et me laissa seul avec un petit garçon de huit ou neuf ans qu'elle avait embrassé en l'appelant Eugène : c'était le fils de la maîtresse du logis. Il courut à moi en faisant claquer un grand fouet qu'il levait à deux mains, en m'adressant brusquement la parole : « Comment t'appelles-tu ? me dit-il. — Mon petit ami, lui répondis-je en lui présentant l'adresse d'une lettre, je n'ai pas l'habitude de décliner mon nom : voyons si vous saurez l'épeler. — J'aime mieux que tu me le dises toi-même, » continua-t-il en me tirant par la basque de mon habit. Je fus obligé d'en passer par-là; et, pour me remercier de ma condescendance, le petit homme ajouta : «Tu es bien vieux et bien laid. » Je tâchai de lui faire comprendre qu'il n'avait pas dépendu de moi d'éviter ce double inconvénient, et qu'il n'était pas honnête de m'en faire le reproche; mais, au lieu de m'écouter, il m'arracha si brusquement le chapeau *unicorne* que j'ai substitué à mon bonnet arménien, qu'il enleva en même temps la petite perruque dont j'ai cru devoir, par supplément, couvrir mon front chauve, depuis que j'habite un pays où la politesse est d'aller nu-tête. Cette espiéglerie ne m'amusa pas du tout. Je me levai pour courir après le sot enfant, qui se sauva chez sa mère en emportant ma dépouille. Elle parut un moment après avec lui, se confondit en excuses sur ce qu'elle appelait un enfantillage; et, tout en grondant son fils d'un ton à lui donner l'envie de recommencer, elle avait toutes les peines du monde à s'empêcher de rire de la figure que je faisais, et de celle que la nature m'a faite.

Je rajustai ma coiffure en balbutiant à cette bonne mère un compliment ironique sur la gentillesse de monsieur son fils; elle y répondit en me présentant mademoiselle Émilie, sa fille, petite personne bien droite, bien réservée, bien raisonnable, en tout l'opposé de son frère, sans en être mieux pour cela.

La cloche du dîner se fit entendre; tous les convives, parmi lesquels se trouvaient plusieurs enfants de différents âges, rentrèrent successivement, et l'on se mit à table : je vis avec plaisir que les enfants, confiés aux soins d'une gouvernante, allaient dîner dans une autre pièce. M. Eugène, en nous quittant, eut le soin de nous prévenir qu'il viendrait au dessert.

Le dîner fut triste, on parla beaucoup de politique, et, comme chacun avait la sienne, on ne s'entendit bientôt plus : c'était à qui confondrait mieux les préjugés et les principes, les devoirs et les affections; à qui défendrait avec plus de chaleur les intérêts particuliers, sous le nom d'intérêt public; à qui montrerait plus d'entêtement dans ses opinions, plus de dédain pour celles des autres; les femmes intervinrent dans la discussion, et, mettant, comme à l'ordinaire, leurs passions à la place de leurs pensées, l'exagération ne connut plus de bornes : toutes les formules d'une malveillance contenue, d'une animosité polie, avaient été épuisées; il ne restait plus que des injures à se dire : fort heureusement la remarque d'une de mes voisines sur une figure *tatouée* que je porte à la main gauche vint faire une petite diversion. Madame de Lorys, qui m'appelle son *homme des bois*, attira l'attention sur moi en parlant du pays d'où je venais, du long séjour que j'avais fait parmi les sauvages: on me fit à-la-fois vingt questions, auxquelles on s'empressait de répondre pour moi. Quand il me fut permis de me faire entendre, je déclarai, comme le Huron de Voltaire, que j'arrivais d'un pays où chacun parlait à son tour, et répondait lui-même à la question qui lui était faite: je satisfis à toutes celles qui m'avaient été adressées de manière à intéresser la curiosité de mon auditoire; et la conversation commençait à reprendre ce caractère de gaieté, d'urbanité française que la politique lui avait fait perdre, lorsqu'un cri aigu échappé à l'une de ces dames interrompit tout-à-coup l'entretien: on sut bientôt qu'il s'agissait d'une *nouvelle espièglerie* d'Eugène. L'insupportable enfant, qui s'était glissé sous la table sans qu'on l'eût aperçu, *s'amusait* à piquer la jambe d'une jeune dame dont l'air décent et la figure aimable n'avaient point échappé à mes observations.

On eut beaucoup de peine à faire sortir le petit vaurien du fort où il s'était retranché, et l'on ne parvint à l'en tirer que par la menace de le priver du dessert que l'on avait servi. Tous les enfants, au nombre de neuf, étaient accourus; dès ce moment, on ne fut plus occupé que d'eux seuls.

Les mères se complimentaient mutuellement sur leur jolie famille. Quel âge avait celui-ci? dans quelle pension était élevé celui-là? Combien de temps cette petite fille était-elle restée en nourrice? et autres questions de cette importance, auxquelles ceux qui s'en embarrassaient le moins avaient l'air de s'intéresser davantage.

La persécution ne faisait que commencer. A peine rentrés dans le salon pour y prendre le café, le père d'un de ces marmots, la tasse à la main, voulut nous donner une idée des connaissances historiques de son fils; et, d'une voix qui commandait l'attention, lui demanda quel roi de France avait succédé à Charles VIII. L'enfant répondit, sans hésiter, que c'était Charles IX. Les trois quarts de l'assemblée, en admirant la promptitude, la précision de la réponse, ne firent que peu d'attention au petit défaut d'exactitude qu'on pouvait y reprendre, et parurent, ainsi que l'historien en jaquette, oublier le bon Louis XII, le brave François Ier, le galant Henri II, et son fils François II, premier époux de l'infortunée Marie Stuart.

Madame de Moronval, qui n'attendait que l'occasion de faire briller sa fille, la fit avancer au milieu du cercle, et avec le ton de la confiance la plus maternelle : « Émilie, lui dit-elle, dites-nous ce que c'est que les hamadryades?—Maman, répondit la petite, tu aurais dû m'interroger d'abord sur les dryades, dont les premières ne sont qu'un dérivé. » A ce mot de *dérivé,* madame de Moronval jeta sur les assistants un coup d'œil circulaire, auquel chacun répondit par un mouvement d'admiration. Ce fut bien mieux ou bien pis lorsque mademoiselle Émilie, à la *demande générale* de la compagnie, qui n'y songeait pas, se mit à danser hors de mesure un pas de ballet où elle déploya toute la disgrace anguleuse de sa petite personne. On l'applaudit beaucoup, et sa modeste mère ne parut pas satisfaite. « Mon cœur, lui dit-elle, il est aisé de voir que vous n'avez pas fait vos *battements* ce matin. » On me rit au nez, parceque je demandai à cette dame si elle destinait sa fille au théâtre. Un grand homme sec, qui lisait un journal dans un coin, se contenta de sourire à ma question de manière à me faire croire que du moins quelqu'un l'avait entendue.

Une autre petite fille, piquée du peu d'attention que l'on faisait à elle, voulut aussi jouer son rôle; et, s'avançant au milieu du cercle : « Maman, dit-elle, veux-tu que je te dise ce que c'est que la *sensible* ou la *dominante* dans la gamme diatonique majeure? » La mère de cette enfant, que j'avais déjà quelques raisons de croire elle-même très sensible et passablement dominante (au ton qu'elle avait avec son mari), voulut bien ajourner la proposition, ce qui n'empêcha pas quelques hommes de s'échapper à la dérobée. J'aurais bien voulu les suivre; mais j'étais aux ordres de madame de Lorys.

Pour arrêter l'émigration, on demanda des tables de jeux; avant qu'elles fussent disposées, il nous fallut entendre estropier sur le piano une sonate de Mozart par cette inévitable petite Émilie, à qui sa mère faisait inhumainement recommencer tous les passages qu'elle manquait, ce qui pouvait éterniser notre supplice. Il finit enfin; et l'on se mit à jouer.

Le jeu d'échecs est le seul que je n'aie pas oublié. Le grand homme sec dont je parlais tout-à-l'heure me proposa une partie; je l'acceptai comme un moyen d'échapper à l'importunité des enfants. Nous étions à-peu-près de même force, mon adversaire et moi; j'avais perdu la dremière partie, j'étais en train de gagner la seconde; il était probable qu'en très peu de coups mon homme allait être *échec et mat :* je jouissais d'avance de mon triomphe et de la surprise de mon adversaire à la vue d'un *échec à la découverte* que je lui préparais; un maudit enfant, auquel je ne puis penser de sang-froid, en courant dans le salon, où il jouait, vint se jeter en travers sur l'échiquier, avec lequel il roula sur le parquet. Dans la colère qui me possédait, et que ces dames augmentaient encore par des éclats de rire très incivils, je maudissais tous les enfants du monde. « Avez-vous bien le courage, me dit d'un ton moqueur la mère de notre étourdi, d'en vouloir à ces pauvres petits innocents?—Parbleu! madame, lui répondis-je avec une brusquerie un peu sauvage, des innocents comme ceux-là me réconcilieraient avec Hérode. » Les ris redoublèrent, et madame de Moronval, pour me consoler, me cita l'exemple de *Saint Preux*, à qui pareil malheur était arrivé. Je n'aurais pas conseillé au petit drôle d'imiter *Julie*, et de me présenter sa joue.

On vint très à propos prévenir madame de Lorys que sa voiture était avancée; je pris congé le plus honnêtement qu'il me fut possible de la maîtresse de cette maison, où je me promis bien de ne pas revenir pendant les vacances. Je fus près d'une heure avant de retrouver mon chapeau et ma canne, que cette troupe de marmots avaient cachés dans le jardin, et qu'ils s'amusaient à me faire chercher. Un laquais me les rapporta, nous partîmes.

Pendant la route, je fis convenir madame de Lorys que des enfants élevés de cette manière ne pouvaient manquer d'être un jour des hommes fort insupportables et des femmes très ridicules ; et que si l'ancienne éducation mettait trop de distance entre les enfants et les parents, la nouvelle établissait entre eux des rapports trop familiers. Peut-être reste-t-il à trouver un terme moyen entre ces deux écueils.

N° V. [18 août 1815.]

LA BOURSE.

> .... *Quid non mortalia pectora cogis,*
> *Auri sacra fames!*
> VIRG., *Énéide*, liv. III.
>
> De quoi l'amour du gain ne rend-il pas capable?

Si je recommençais ma vie, et si j'étais libre de me choisir un état, ce serait encore à la marine que je donnerais la préférence. Je ne connais rien de plus honorable pour la nature humaine que la conquête de ce terrible élément, d'où la nature semblait nous avoir bannis. Rien ne m'a rendu plus fier de ma qualité d'homme que la vue d'un vaisseau voguant à pleines voiles sur les mers, bravant les écueils et les tempêtes, et réunissant des peuples que sépare l'immensité de l'océan. Quand je pense que c'est au génie du commerce que l'art de la navigation doit sa naissance et ses progrès, l'admiration que produit en moi l'effet remonte nécessairement à la cause.

Je ne suis pas bien sûr, quoi qu'en ait dit Gessner, que ce soit un amant qui, le premier, ait eu l'idée de creuser un tronc d'arbre pour traverser le fleuve qui le séparait de sa maîtresse; mais ce dont je répondrais, c'est que le premier qui entreprit de se frayer sur mer un chemin sans trace au milieu des tempêtes et des abymes (soit qu'il appartînt à la nation des Éginétes, comme le dit Moïse, ou à celle des Phéniciens, comme le prétend Strabon) dut être un homme éminemment hardi et industrieux, et qu'il se proposa pour but de s'enrichir par un commerce d'échange avec les peuples des contrées lointaines.

Le superflu, pour les nations civilisées, est peut-être un besoin plus impérieux que le nécessaire pour celles qui ne connaissent encore que les besoins de la nature. Il est plus aisé au sauvage de la Guiane de se priver d'une partie de sa ration de patates, de la double natte qui lui sert de lit, qu'à un traitant de se passer de sucre, d'édredon et de liqueurs de la Martinique; mais ce café dont le riche indolent aspire le parfum avant d'en savourer le goût n'est arrivé de Moka, dans cette tasse de porcelaine de Sèvres qu'il tient négligemment à la main, qu'après avoir mis en action, dans les quatre parties du monde, cinq cents bras que le commerce fait mouvoir. Le commerce est le lien qui unit, qui rapproche tous les peuples de la terre; il adoucit les mœurs, il ajoute aux avantages de la paix, il affaiblit les maux de la guerre, et lorsque tout autre rapport a cessé d'exister entre deux nations, il ménage encore de l'une à l'autre un moyen de communication que la puissance souveraine elle-même ne saurait interrompre.

La volonté d'un commerçant, exprimée dans une lettre de change signée sur un comptoir de Lyon ou d'Amsterdam, recevra dans toute l'Europe une exécution plus exacte, plus rigoureuse que tel ordre d'un souverain appuyé par trois cent mille baionnettes : tels sont les avantages et les bienfaits du commerce, dont je me détourne brusquement pour n'en plus considérer que les abus.

J'ai toujours remarqué que les abus sont d'autant plus odieux qu'ils ont leur source dans des institutions plus utiles et plus respectables; c'est ainsi que le fanatisme se produit à l'ombre de la religion; que les rapines de quelques gens de robe s'exercent sous le voile de la justice, que les fureurs de l'ambition trouvent un prétexte dans l'amour de la gloire, et que les honteuses spéculations de l'agiotage s'autorisent du nom et des droits du commerce.

Les gens de mon âge se souviennent encore de l'impression qu'a laissée dans le souvenir et dans la fortune des familles le fatal système de Law, qui mit la France à deux doigts de sa perte. Sa fatale influence fit éclore une nuée de vampires qui spéculaient dans la rue Quincampoix sur les malheurs publics, et qui ont eu pour héritiers naturels les agioteurs du Perron et les joueurs de la Bourse.

La Bourse, qui se tenait dans ma jeunesse rue Vivienne, à l'hôtel de la Compagnie des Indes, était le rendez-vous de tout ce qu'il y avait de plus considéré dans une profession où l'honneur était la première mise de fonds. Ce qu'on appelait alors le crédit était le résultat d'une réputation sans tache, d'une probité héréditaire, et d'une confiance établie sous ce double rapport. Ces vertus exigées dans les premiers négociants servaient de modèle à ceux des classes inférieures, et, depuis le riche banquier de la place des Victoires jusqu'au plus petit mercier de la rue Saint-Denis, chacun avait une réputation à soutenir et un crédit à conserver. Paris, m'a-t-on assuré, possède encore quelques uns de ces vertueux négociants qui semblent avoir été réservés, comme ces vieux chênes au milieu d'un vaste taillis, pour donner une idée de la hauteur où s'élevaient jadis les arbres de la forêt.

Je me trouvais à dîner, la semaine dernière, chez madame de Lorys, à côté d'un M. David Orioles, dont le nom me rappelait une de ces vieilles réputations commerciales. Je pris la liberté de le consulter sur mes petits intérêts, et je le priai de m'indiquer une manière à-la-fois sûre et avantageuse de placer quelques fonds dont le produit pût me suffire pour arriver, à l'abri du besoin, au terme très prochain de ma carrière. Le capital est un héritage dont je dois compte à cette bonne Ottaly, à ce fidèle Zaméo, que j'ai emmenés si loin de leur patrie. J'aurais désiré que M. Orioles se chargeât de notre petite fortune.

« Monsieur, me dit-il, à toute autre époque je n'aurais pu prendre votre argent qu'à un intérêt de quatre pour cent, et ce taux-là ne peut pas vous suffire; dans les circonstances actuelles, je ne croirais pas vous donner, avec ma fortune entière, une garantie suffisante de la vôtre; mais vous pouvez trouver à la Banque de France les sûretés que je ne puis vous offrir. » Il entra ensuite avec moi dans quelques détails sur les avantages du placement qu'il me proposait, et je me décidai à changer, dès le lendemain, mon numéraire contre des *actions*.

Je ne savais pas encore pourquoi mon voisin de gauche écoutait avec tant d'attention une conversation qui n'avait rien de bien intéressant pour un tiers; il se chargea, un moment après, de m'expliquer le motif de sa curiosité.

En sortant de table, il me prit à part : « Vous avez, me dit-il, l'intention de placer des fonds; vous ne pouviez vous adresser plus mal qu'à M. David Orioles : c'est un homme d'une grande probité, j'en conviens avec tout le monde, mais en affaires de banque il n'entend rien, absolument rien. Le bon homme en est encore aux vieilles routines, et, parcequ'il est dans l'ornière, il se croit dans la route. Le fait est que le commerce, comme toutes les autres branches de l'économie politique, a fait depuis trente ans des progrès immenses; la science de la banque, en particulier, s'est enrichie de nouvelles formules qui ont, en même temps, simplifié et agrandi ses calculs. Les capitaux, entre des mains habiles, sont aujourd'hui, de toutes les propriétés, la plus sûre, la plus productive, et la seule que l'impôt ne puisse atteindre. Autrefois la routine des opérations de banque réduisait les capitalistes à un intérêt de 10 ou 12 pour cent; aujourd'hui, nous avons des moyens infaillibles pour doubler annuellement notre capital. Voilà, monsieur, ce que je puis vous prouver par le fait, si vous daignez me confier vos fonds. »

M. Duvernet, c'est le nom de cet habile homme, s'annonçait avec tant de confiance, s'énonçait avec tant de clarté, que, pour la première fois de ma vie, je me sentis aiguillonné par l'amour du gain. Il m'assigna un rendez-vous pour le lendemain, à une heure, au café Tortoni. M. Orioles, qui me vit sortir avec lui, fit un mouvement d'épaules dont je puis aujourd'hui m'expliquer l'intention.

Je trouvai mon homme à l'heure et au lieu qu'il m'avait indiqués; je montai dans son cabriolet, et nous nous rendîmes à la Bourse; chemin faisant, il m'initia dans quelques uns des mystères de l'agiotage. « Nous avons fait, me dit-il, une heureuse alliance de la finance et de la politique. Nos opérations ont pour base le mouvement d'oscillation que les événements de la paix ou de la guerre impriment aux effets publics : le crédit de l'état, modifié par les circonstances réelles ou présumées, nous sert à asseoir nos calculs, et nous jouons ce qu'on appelle *à la hausse* ou *à la baisse*, sur des données éventuelles, auxquelles le grand art est d'ôter ou de donner le degré de vraisemblance utile à nos projets du moment. » J'ouvrais de grands yeux, j'écoutais de toutes mes oreilles, et je ne concevais rien à cette algèbre politico-financière. « Vous serez au fait dans un moment, » continua-t-il.

Nous arrivâmes dans la seconde cour du Palais-Royal, que nous trouvâmes remplie de gens distribués par groupes, dont les uns chuchotaient avec inquiétude, tandis que les autres écoutaient quelques fragments de lettres qu'on leur lisait en confidence : il résultait de toutes ces voix un bourdonnement mercantile d'un effet assez monotone. Pendant cette causerie préparatoire, un grand nombre de cabriolets, de calèches, entraient dans la première cour ; les agents de change en descendirent : deux heures sonnèrent, et la cloche annonça l'ouverture de la Bourse officielle pour la négociation des effets publics.

J'entrai avec la foule dans une vaste salle du plus

triste et du plus misérable aspect, où je fus étonné du très petit nombre de négociants et de courtiers de commerce qui s'y trouvaient. Je n'entendais pas dire un mot de change, de remises, d'assurances, en un mot, de tout ce qui a rapport aux grands intérêts commerciaux qui se traitaient de mon temps à l'hôtel de Nevers. J'en témoignai ma surprise à mon proxénète. « C'est du petit commerce que vous vous informez, me dit-il ; ces gens-là entrent rarement ici : la Bourse est maintenant réservée à ces grandes opérations que nous appelons *le jeu de la rente*, et dans lequel vous serez bientôt intéressé. » Je lui fis l'observation que je voulais placer mes fonds, et non les jouer. « Laissez-moi faire, continua-t-il, je sais mieux que vous ce qu'il vous faut : nous voulons acheter. » On crie la rente à 61 : « C'est *trop haut*, il faut la faire *descendre*. Je vois un homme qui va nous y aider d'autant plus facilement qu'il a des effets à vendre. » Aussitôt il compose sa figure, et aborde une espèce de *gobe-mouche* auquel il se contente de serrer la main en levant les yeux au ciel. « Qu'est-ce? lui demande celui-ci.—Comment! vous ne savez pas?....—Non, vraiment!—Le démembrement est décidé. Je sors de chez un secrétaire de légation : la France est réduite à quinze départements; j'en ai la liste dans ma poche... Sur-tout ne me citez pas. » Et il s'éloigne. Celui auquel il a fait cette confidence court au *parquet*[1] des agents de change, et donne ordre au sien de vendre à 60. Cette baisse subite est proclamée; on en cherche la cause; elle circule à l'oreille: la nouvelle prend de la consistance, et nous revient, une demi-heure après, enrichie de circonstances et appuyée de preuves qui ne permettent plus d'en douter. *La baisse* continue: en vain les *coulissiers*[2] qui ont intérêt à *la hausse* cherchent-ils à en démontrer l'invraisemblance: l'alarme est répandue, l'heure se passe, la cloche sonne, et le dernier cours est proclamé à 58.

« Ce n'est pas encore le moment d'acheter, me dit mon conseil; nous avons encore dix sous à gagner sur le *cours du ruisseau*[3]. » Je n'entendais rien à ce qu'il disait, mais j'étais décidé à me laisser conduire. Le marché fut conclu; le *marron*[4] me coucha sur son *carnet*, après quoi je me trouvai acquéreur de 2500 francs de rente en tiers consolidé, sans avoir rien déboursé et sans posséder aucun titre. Je voulus me faire expliquer cette énigme.
« Vous avez fait un marché conditionnel, me dit-il,

---

[1] L'enceinte où se tiennent les agents de change, au milieu de la Bourse.

[2] On appelle *coulissiers*, en termes de Bourse, des gens qui n'ont d'autre état que celui de jouer sur les fonds publics.

[3] Cours après la Bourse.

[4] Faiseur d'affaires non accrédité.

et les valeurs que vous avez achetées ne sont qu'imaginaires; mais attendez à demain, et vous verrez que le résultat n'en est pas moins positif. »

Me voilà donc, à mon insu, lancé dans l'agiotage. Le lendemain, j'étais de bonne heure au Palais-Royal, impatient de savoir quelle affaire j'avais faite.

La Bourse s'ouvre au taux de la veille; M. Duvernet arrive. « Je sors de l'Élysée-Bourbon, me dit-il assez haut pour être entendu de tous ceux qui nous entourent; les choses vont à merveille; les alliés *veulent que la France soit grande et forte*, ce sont leurs propres expressions: on paie au Trésor à bureau ouvert; et non seulement nous ne perdrons pas un pouce de terrain, mais il est plus que probable que nous recouvrerons une partie de la Belgique. » Ces propos, à l'appui desquels on produit des lettres confidentielles, des témoins irrécusables, font, en peu de temps, remonter la rente; elle est demandée à 61 fr. 50 c. « Vendez vite, me dit M. Duvernet, vous venez de gagner trois mille francs. » Je ne revenais pas de ma surprise, et je remerciais le ciel de m'avoir fait faire la connaissance d'un aussi habile homme.

Pendant que je me félicitais de ma bonne fortune, une rumeur sourde circulait dans la Bourse; on y parlait de la faillite énorme d'un agent de change. Cette banqueroute entraînait la ruine de vingt capitalistes, dont cet homme faisait valoir les fonds. J'attendais les mille écus que j'avais si facilement gagnés, lorsque M. Duvernet, la figure décomposée, vint m'apprendre qu'il se trouvait, ainsi que moi, compromis dans la faillite de cet agent de change, avec lequel il avait traité en mon nom.

Je fus un peu honteux de mon début dans les affaires, et je retournai chez madame de Lorys, où je trouvai M. Orioles, à qui je fis part de ma déconvenue. « Comment! à votre âge, me dit-il, vous vous avisez de faire le métier de joueur! — Je n'ai pas joué, lui répondis-je; j'ai spéculé. — Vous avez joué le plus détestable de tous les jeux, celui dont on soumet les chances aux événements les plus funestes, où l'on spécule sur le discrédit, sur les désastres publics. Je ne vous citerai qu'un fait pour vous faire connaître l'esprit qui préside à ces infernales spéculations. Dans la capitale de la France, le jour où l'on a été instruit de l'épouvantable résultat de la bataille de Waterloo, les fonds publics ont éprouvé une *hausse* considérable; ils ont *fléchi* le jour de l'entrée du roi. Je crois pouvoir me dispenser de vous en dire davantage, et c'est à vous de voir maintenant s'il vous convient de placer votre argent à un pareil intérêt. Vous l'avez remarqué vous-même, les véritables négociants, les courtiers avoués du commerce, les agents de change qui tiennent à l'estime publique (et c'est le plus grand nombre) ne prêtent point leur ministère à ces ignobles opérations, où l'on est d'ailleurs bien plus sûr de se déshonorer qu'on ne l'est de s'enrichir. »

Cette leçon ne fut point perdue; je me promis bien de ne plus reparaître à la Bourse, et je me contentai d'acheter, par l'entremise de M. David Orioles, une trentaine d'actions de la Banque, dont je pourrai toucher le *dividende* sans avoir à me reprocher les vœux que je forme pour voir augmenter ma petite fortune.

[N° VI. [28 AOUT 1815.]

LES LINGÈRES.

*At Venus obscuro gradientes aëre sepsit,
Et multo nebulæ circùm dea fudit amictu.*
VIRG., *Énéide*, liv. I.

Elles marchent dans l'ombre, et Vénus étend autour d'elles un voile de nuages.

Il en est des hommes amoncelés dans une grande ville comme des cailloux roulés dans un fleuve : leurs angles s'émoussent, leurs aspérités disparaissent; tous finissent par affecter la même forme. Le frottement est plus immédiat, plus continuel à Paris qu'ailleurs; aussi les caractères distinctifs y sont-ils plus polis et plus usés qu'en tout autre endroit. Le ridicule s'y attache à tout ce qui sort de l'ordre commun : un habit d'une forme inusitée est déjà une prévention contre celui qui le porte, et sert au moins de prétexte pour en faire provisoirement un sot.

Je croyais avoir bien choisi mon moment pour accoutumer les Parisiens à un costume un peu étrange, auquel je tiens par habitude, et je ne me croyais, à cet égard, guère plus ridicule que les Cosaques du Don et de la Tamise, qui sont aujourd'hui nos concitoyens; mais comme je n'ai ni carabine, ni lance, ni fusée à la Congrève pour faire respecter mon accoutrement, il faut bien en faire le sacrifice, et ôter aux badauds la petite distraction que je leur ai procurée pendant plusieurs jours. Après tout, je conviens que je n'étais pas moins déplacé sur les bords de la Seine avec ma redingote à capuchon, en poil de chèvre sauvage, que je ne l'étais sur les bords de l'Orénoque avec mon habit français et mon chapeau à trois cornes.

Madame de Lorys a exigé que je fusse habillé par *Léger,* coiffé par *Doyen*, et botté par *Sakosky*. J'ai promis de leur abandonner le soin de ma toilette, à condition qu'on me permettrait de me moquer de moi-même, ce qui est moins déplaisant, comme dit *Bridoison*, que de laisser ce plaisir aux autres.

Ma modeste garde-robe, étrangère à toute espèce de luxe, ne devait rien à l'art du tisserand et de la lingère; mon linge de corps se bornait à quelques chemises en tissu d'écorce d'arbre, qu'Ottaly possédait le secret de fabriquer et de blanchir : ce fut la première chose qu'il fallut remplacer. Il est convenu qu'il est de certaines emplettes qui ne peuvent être bien faites que par des femmes : madame de Lorys voulut absolument m'accompagner chez sa lingère, et présider elle-même à la confection de mon petit trousseau.

Un homme accoutumé à se passer de tout depuis quarante ans a de la peine à concevoir combien il y a de choses indispensables; j'en fis à grands frais l'apprentissage chez la lingère.

Tandis qu'elle mettait ma bourse à contribution, je m'amusais, sur le comptoir où l'on m'habillait de toutes pièces, à prendre une espèce de revanche à ma manière, au moyen des notes qui me fournissent aujourd'hui la matière de mon discours.

Ce magasin de lingerie est situé dans le plus beau quartier et dans l'une des plus belles rues de Paris; son enseigne est modeste et de bon goût; c'est *à la Ruche*. Jamais emblème ne fut mieux choisi: autour d'un comptoir en bois d'acajou, une douzaine de jeunes filles, sous les ordres d'une maîtresse dont la surveillance n'a rien de trop sévère, s'occupent à différents travaux à l'aiguille; un costume où la simplicité le dispute à l'élégance ajoute un charme tout particulier à cette réunion de petites lingères, presque toutes d'une figure agréable et d'une tournure qu'on ne trouve qu'à Paris.

Dès qu'un étranger entre dans le magasin, l'une de ces jeunes filles, chargée seule de ce soin, vient poliment s'informer de ce qu'il desire; les autres, sans paraître discontinuer leur travail, le suivent d'un regard curieux, et se communiquent par le même moyen, d'un bout du magasin à l'autre, les observations malignes que sa présence ou ses emplettes leur suggèrent.

J'étais émerveillé de la grace facile avec laquelle ces jolies marchandes débitaient leur petit catéchisme sur les avantages inappréciables de tous les objets qu'elles voulaient nous faire acheter; sur la qualité, la force, la finesse des toiles, des perkales, des batistes, qu'on ne pouvait, à les en croire, trouver ailleurs au même prix. Je n'ai jamais entendu faire un plus fréquent et un plus heureux emploi de cette figure de rhétorique que l'on appelle *euphémisme*, de cette politesse affectueuse et décevante qui distingue en général les marchands de Paris. Ces petites sirènes trouvèrent dans madame de Lorys un adversaire que l'expérience et l'habitude avaient mis en garde contre leurs séductions; cette dame mettait autant d'amour-propre à bien acheter que les autres mettaient d'intérêt à bien vendre. Les discussions de ce genre sont ordinairement fort longues, parceque les femmes y trouvent deux avantages, celui de parler chiffons tout à leur aise, et celui d'afficher une sorte de supériorité en fait de ruse et d'adresse sur des gens qui en font métier. Je laissai madame de Lorys débattre mes intérêts en multipliant mes dépenses, et j'allai m'asseoir dans un coin de la boutique, mes tablettes à la main, cherchant à ne rien perdre des scènes à tiroir dont j'étais spectateur.

Une voiture à larges armoiries s'arrêta devant la porte du magasin : un laquais ouvrit la portière, et j'en vis descendre, à l'aide de deux serviteurs, dont l'un était son époux, la plus volumineuse baronne de la chrétienté, accompagnée de sa fille, dont l'air triste fut la première chose que je remarquai. A l'empressement qu'on mit à recevoir cette famille, il était aisé de voir qu'elle était attendue. Madame la baronne, essoufflée du trajet, après s'être reposée un moment dans un vaste fauteuil, après avoir salué d'un sourire de protection la maîtresse du magasin, demanda à voir le trousseau commandé pour sa fille. Celle-ci, que sa mère affectait d'appeler d'avance du nom de comtesse, ne paraissait rien moins qu'enchantée de son titre futur, et ne jetait qu'à peine un regard inquiet sur les futiles merveilles qu'on étalait à ses yeux. Les tissus les plus fins de l'Inde et de l'Europe, façonnés en *canezous*, en *dormeuses*, en peignoirs, où les plus riches dentelles de Bruxelles et d'Alençon serpentaient en festons, se relevaient en tuyaux, en touffes inappréciables, ne pouvaient fixer son attention mélancolique. Je crus en reconnaître l'objet dans un jeune homme qui venait d'entrer, et qui marchandait des cravates à l'autre extrémité du magasin, en chuchotant avec la petite lingère qui les lui faisait voir. J'aurais pu croire qu'un billet qu'il lui remit, et qu'elle cacha dans son fichu, était arrivé à son adresse, si je n'avais surpris en même temps les regards furtifs qui m'indiquaient sa véritable destination. Quelque étranger que je sois depuis long-temps à un pareil langage, j'en ai cependant conservé l'intelligence. Je ne fus donc pas étonné de voir la gentille ouvrière s'approcher de la jeune demoiselle, et, tout en lui montrant des *pèlerines à la vestale* d'un goût tout-à-fait nouveau, lui glisser, avec une adresse qui aurait défié les yeux d'Argus, le billet mystérieux, dont la vue fit monter un pied de rouge au front pâle et charmant de la triste fiancée. A ce signal, auquel le jeune homme ne se méprit pas, il sortit en saluant, avec un air poli, mais réservé, madame la baronne, qui l'apercevait pour la première fois, et qui partagea entre lui et sa fille un regard courroucé où je trouvai le texte d'une foule de conjectures.

Je croyais être le seul qui me fusse aperçu de ce petit manége, et je me félicitais intérieurement de ma pénétration. Un homme de moyen âge, appuyé sur le comptoir, où il attendait son compte, me dit en frottant avec malice les verres de ses lunettes : « Vous avez beau observer, il se passe ici des choses que vous ne voyez pas. Cette petite fille vient de vous surprendre par son adresse à remettre un billet doux; vous avez peine à concevoir qu'avec ces yeux bleus, avec ces grandes paupières qui se baissent avec tant de modestie, avec des manières si ingénues, si enfantines, on soit aussi rusé? Que penserez-vous donc quand vous saurez que, depuis que nous sommes là, elle a déjà donné deux rendez-vous, sans préjudice des engagements plus sérieux qu'elle a depuis six mois avec un vieux chef de bureau qui prend à elle beaucoup d'intérêt? Vous n'avez pas remarqué, j'en suis sûr, un petit homme en cravate noire, qui est resté collé contre la vitre pendant dix minutes. Un des mouchoirs de l'étalage, dérangé avec intention, lui a permis de compter les doigts de la main que l'on a étendue vers lui, pour lui faire connaître l'heure où l'on se propose de sortir. Cet officier en redingote polonaise, qui est venu il n'y a qu'un moment acheter des *madras*, a été averti par elle qu'il doit l'attendre dans son cabriolet au moment du feu d'artifice de Tivoli, où son chef de bureau doit la conduire, et pendant lequel il serait possible qu'il la perdît un moment dans la foule.

« Vous doutez-vous (continua-t-il en se rapprochant de moi) que cette grande brune, tout auprès de vous, dont la mise se distingue ici même par son extrême simplicité, ait déjà ruiné un entrepreneur des vivres et deux agents de change? que cette même grisette, en bavolet et en tablier blanc, qui joue à ce comptoir un rôle d'ingénuité, possède un très joli hôtel au faubourg Poissonnière, et qu'à sept heures du soir elle y dispute de luxe et d'élégance avec les femmes les plus riches de Paris?

« Sa voisine de gauche, dont l'air est si moqueur et la physionomie si espiègle, a des habitudes plus conformes à son état, et des mœurs plus excusables, sans être plus régulières. Étrangère à tout calcul d'intérêt, elle ne prend conseil que de son cœur, lequel n'a d'autre tort que de lui en donner trop souvent de nouveaux. Hors du magasin, où elle travaille avec beaucoup d'assiduité, on ne la rencontre qu'au pourtour de l'Ambigu-Comique ou dans les bosquets du Jardin-Turc: c'est la Ninon des grisettes. Elle compte déjà plus d'un La Châtre dans ses conquêtes.

« Voulez-vous un contraste du genre le plus aimable? Regardez, à la place habituelle de la maîtresse de la maison, cette jolie fille en tablier noir, qui ne voit rien de ce qui se passe autour d'elle, que rien ne distrait de son ouvrage: c'est la fille d'un militaire tué à la bataille d'Eylau. Sa mère a long-temps sollicité la faveur de la faire entrer aux Orphelines de la Légion-d'Honneur; malheureusement elle s'est trouvée trois fois en concurrence avec la nièce d'un premier commis de la guerre, avec la fille naturelle d'une actrice, et avec la cousine d'un commissaire-ordonnateur; aussi n'a-t-elle pu obtenir une place où elle n'avait d'autre droit que le sang de son père. Le travail de cette aimable enfant, vrai modèle de piété filiale, est aujourd'hui la seule ressource qui reste à sa mère; elle trouve le moyen d'en doubler le produit en se chargeant de la tâche de ses compagnes, qui n'ont trouvé que cette manière de lui faire accepter leurs secours. Toujours la première à l'ouvrage, elle ne le quitte qu'au moment où l'on ferme le magasin, pour aller se livrer auprès de sa mère à d'autres occupations qu'elle met au nombre de ses délassements. Cette conduite exemplaire n'attire point sur elle des regards dont elle ignore même le danger, et ne lui laisse d'autre perspective qu'une vie laborieuse et obscure, à moins pourtant que le fils de la maîtresse de cette maison, qui m'a souvent parlé de cette jeune fille, n'ait le bon esprit de découvrir en elle toutes les vertus, toutes les qualités qui ne peuvent manquer d'en faire un jour la plus aimable épouse et la plus vertueuse mère de famille.

« Telle est, monsieur, l'histoire d'une classe de femmes dans laquelle se trouve un assez grand nombre d'exceptions honorables de la nature de celle que je viens de vous citer: un extérieur décent, des occupations sédentaires, des habitudes modestes, leur attirent une espèce de considération dont plusieurs sont véritablement dignes, et qui les place au premier rang de ce qu'on est convenu d'appeler les grisettes.... »

Mon *cicerone*, qui s'apercevait du plaisir que je

trouvais à l'écouter, m'en eût appris davantage, si madame de Lorys, dont les emplettes étaient terminées, ne m'eût appelé pour assister aux comptes, et pour faire avec moi le dénombrement des articles destinés à rajeunir ma toilette. Je ne voulus pas quitter celui qui m'avait donné avec tant d'obligeance d'utiles renseignements, sans savoir où je pourrais le retrouver; la connaissance d'un pareil homme me parut bonne à cultiver, et j'ai lieu de croire que mes lecteurs, auprès de qui je veux l'introduire, me sauront gré de le faire intervenir quelquefois dans mes observations sur les mœurs de la capitale, qu'il a étudiées d'une manière tout-à-fait nouvelle.

N° VII. [4 SEPTEMBRE 1815.]

UNE JOURNÉE AUX BORDS DE L'ORÉNOQUE.

> .. .. *Quid trepidas in usum*
> *Poscenti ævi pauca?*
> Hor., ode viii, liv. II.
>
> Pourquoi tant d'inquiétudes pour une vie qui demande si peu.

L'homme est né pour vivre en société, je le crois; mais le bonheur dont sa condition est susceptible ne se trouverait-il pas entre les deux extrêmes de l'état si improprement appelé de nature, et le plus haut degré de civilisation? C'est ce qu'il est permis de soutenir à tout homme qui a passé une partie de sa vie avec des Caraïbes, et l'autre avec des Parisiens. Il y a long-temps qu'on a dit qu'on ne sent jamais mieux le prix de la santé que lorsqu'on est malade; j'éprouve en ce moment qu'il faut vivre au milieu du tumulte et de l'agitation d'une grande ville, pour apprécier le calme de la solitude.

Je conçois tout le ridicule qu'il y aurait à renouveler d'anciennes disputes pour ou contre la civilisation; tout est dit sur ces paradoxes philosophiques, où je ne vois encore de bien prouvé que l'éloquence d'un de ceux qui les ont soutenus.

Je remarque d'abord que les apôtres les plus zélés de l'état de la nature en ont toujours parlé fort à leur aise, et que c'est au milieu des peuples civilisés qu'ils connaissaient bien, qu'ils nous ont fait de belles dissertations sur les sauvages qu'ils ne connaissaient pas. Le chef de cette école anti-sociale, Rousseau, jugeait des plaisirs que les Hottentots et les Iroquois doivent trouver à vivre dans les forêts, d'après ceux qu'il avait goûtés lui-même dans les bois de Montmorency et d'Ermenonville; il déclamait contre le luxe dans le salon de la maréchale de Luxembourg; et, parcequ'il trouvait que tout allait assez mal dans le grand monde où il vivait, il en concluait que tout devait aller bien dans un état de choses absolument contraire. Il le soutint; mais il ne fut cependant pas tenté d'en faire l'expérience.

Je l'ai faite; je me suis séquestré d'un monde où j'avais vécu; j'ai brisé des habitudes prises; j'ai déraciné de mon esprit des préjugés que j'avais appris à regarder comme des maximes positives; et après avoir examiné la question pendant une quarantaine d'années, je suis arrivé à croire qu'il y a plus de plaisirs dans l'état civilisé et moins de maux dans l'état sauvage; plus de besoins, et par conséquent plus de crimes dans le premier; moins de rapports, moins de devoirs, et par conséquent moins de vertus dans l'autre; en un mot, que, pour celui qui place le bonheur dans le repos, dans l'innocence et dans la liberté, il vaut mieux être né sur les bords de l'Orénoque qu'aux rives de la Seine. Rousseau, quoi qu'il en dise, eût été le plus malheureux des hommes, si le sort l'eût réduit à faire sur lui-même l'application de ses théories. Combien de fois j'ai ri sur ma natte, en songeant à la figure qu'il eût faite à ma place au fond des déserts de la Guiane, obligé de s'extasier tout seul sur les beautés de la nature, sans trouver un archevêque pour fulminer des mandements contre lui, un sénat de Genève pour l'exiler, un Opéra pour jouer ou refuser ses pièces; sans trouver, en un mot, personne pour l'admirer ou même pour le persécuter! Rousseau, dans cette position, serait resté méconnu comme le chevalier de Pageville; et, probablement, avec les moyens et le besoin de la célébrité, il eût été beaucoup plus à plaindre.

Le pays des Zangais [1], que j'habitais au bord de l'Orénoque, est une de ces contrées où la nature semble avoir voulu réunir, dans un espace de quelques lieues, toutes ses richesses et toutes ses

---

[1] Les Espagnols les nomment Maypouras.

merveilles. Sans l'aversion que certaines gens m'ont fait prendre pour le genre descriptif, je sens que j'aurais de la peine à résister au plaisir de faire connaître à mes lecteurs cette vallée délicieuse, où me rappellent de si tendres et si douloureux souvenirs.

J'y fus amené par une douzaine de Caraïbes qui me rencontrèrent aux environs du lac Amio, où j'avais d'abord eu l'intention de m'établir. En pays civilisé, j'aurais pu craindre qu'on ne vît en moi qu'un honnête espion diplomatique, et qu'on ne me fît juger militairement, en attendant que mon ambassadeur daignât me réclamer. Les sauvages ne sont pas aussi avancés en politique : un étranger n'est pour eux qu'un homme; fussent-ils anthropophages, quand ils ne sont pas pressés par la faim ils punissent le mal qu'on leur fait, et non celui qu'on pourrait leur faire.

Je n'eus pas plutôt manifesté l'intention de me fixer parmi eux, qu'ils m'aidèrent à bâtir une cabane et l'approvisionnèrent de tous les objets utiles. Pendant quelques jours, ils m'apportèrent du gibier confit dans le miel et des patates, en échange des colliers de verre et de mille bagatelles dont j'étais amplement fourni, et auxquelles ils paraissaient d'abord attacher beaucoup de prix. Mais les goûts de la vanité s'usent bien vite chez les sauvages, et les besoins de la nature s'y renouvellent aussi souvent qu'ailleurs. Je ne tardai pas à m'apercevoir qu'ils se lasseraient de fournir à ma subsistance, et qu'il faudrait bientôt songer à y pourvoir moi-même. Une semaine s'était à peine écoulée depuis mon arrivée chez les Zangaïs, dont je commençais à comprendre le langage, lorsque le chef de la tribu, le vieux Atalégo, entra un matin dans ma cabane ; et, me présentant un arc, un casse-tête, des filets, et une jeune fille nommée Amioïa, qui faisait partie de son cortége : « Paul, me dit-il, nous t'avons jusqu'ici traité comme un voyageur, et nous t'avons donné l'hospitalité : aujourd'hui tu deviens un des nôtres ; reçois donc, en signe d'adoption, une femme pour te servir et t'aimer, un filet pour te nourrir, et des armes pour nous défendre. » Cela dit, le fils du grand fleuve me donna le singulier baiser d'usage, s'assit sur ma natte, et nous fumâmes au même calumet.

J'étais dans la force de l'âge, adroit et vigoureux ; à ces qualités, utiles dans mon nouvel état de sauvage, je joignais quelques connaissances et une industrie que je pouvais y appliquer d'une manière avantageuse pour moi et pour la petite société dont je devenais membre. Je ne tardai pas à me faire remarquer dans l'art de construire et de conduire une pirogue ; je devins bientôt aussi habile à manier un arc que je l'étais à me servir du fusil. Le succès que j'obtins, dans une de nos expéditions guerrières, me valut l'honneur de voir décorer ma hutte d'une douzaine de chevelures enlevées à nos ennemis, les Otomacas, et me donna dans la tribu une grande considération, que le temps ne fit qu'accroître.

Destiné à vivre dans ce pays, mon premier soin fut d'en connaître les lois; celles des Zangais sont aussi simples que leurs mœurs : le code de ce pays n'est pas plus long qu'un de nos bulletins. Tous les grands intérêts de l'État sont réglés par l'assemblée des chefs, présidée par *l'ancien de la tribu;* celui-ci décide la paix ou la guerre, sur la demande des premiers.

La guerre décidée, les Zangais en état de porter les armes se rendent au bord du grand lac; ils se choisissent un chef, marchent à la rencontre de l'ennemi, le combattent, imposent la loi s'ils sont vainqueurs, ou la reçoivent s'ils sont vaincus. Si pourtant cette loi leur paraît trop dure, un noble désespoir s'empare d'eux : ils brûlent leurs habitations, enlèvent leurs femmes, leurs enfants, détruisent leurs plantations, et ne laissent aux vainqueurs que des débris et des ruines. Pendant le temps que dure leur exil, ils laissent croître leurs cheveux comme les femmes, brisent leurs flèches devant leur *fétiche,* qu'ils couvrent de terre, et mettent à mort le guerrier qui les commandait.

Les travaux se partagent entre les deux sexes conformément aux vœux de la nature : les hommes construisent les cabanes, font la guerre, vont à la chasse et à la pêche; les femmes tressent des nattes, évident des calebasses, préparent la liqueur du cocotier, et veillent aux soins des enfants.

Les fêtes sont des jeux publics où chacun vient montrer sa force et son adresse; le vainqueur, s'il n'est pas marié, a le droit de se choisir une femme parmi toutes les filles de la tribu.

Le passage suivant, que j'extrais de mon journal, achèvera de faire connaître un peuple dont j'aurai quelquefois occasion de comparer la barbarie des mœurs avec la civilisation des nôtres.

22 janvier 1788.

Nous avons essuyé cette nuit un ouragan terrible : le torrent s'est débordé avec une telle violence, que nous n'avons eu que le temps de nous réfugier dans notre habitation d'hiver [1].

La veille, on avait aperçu un jaguar [2] sur le revers de la montagne. A la pointe du jour, nous nous sommes mis en course pour l'attaquer dans son repaire. Amioia voulait absolument me suivre avec l'enfant qu'elle allaite; j'ai exigé qu'elle restât à la case : elle a pleuré sur mes flèches [3].

---

[1] Les sauvages de cette partie de la Guiane habitent sur les arbres dans les saisons des pluies.

[2] Espèce de tigre.

[3] Les Caraïbes sont persuadés que les larmes d'une femme rendent mortelles les blessures de leurs armes.

Nous avons poursuivi le jaguar pendant plusieurs heures : blessé par Zaméo, l'animal furieux s'élançait sur lui; je l'ai atteint d'une flèche à la tête; il est resté sur le coup.

Au retour de la chasse, nous nous sommes tous rendus, suivant l'usage, au *carbet* d'Atalégo. L'ancien de la tribu, aux pieds duquel nous avons déposé notre chasse, a prononcé à haute voix la prière au Grand-Serpent. En la répétant comme les autres, je ne fais que donner un nom plus noble au grand Être à qui elle s'adresse.

Le vénérable Atalégo s'assit ensuite sous le grand palmier pour rendre la justice.

Un Zangais avait fui dans le dernier combat : il ordonna que sa femme, ses enfants, et ses armes lui seraient enlevés, jusqu'à ce qu'il eût lavé sa honte dans le sang des ennemis.

Un vieillard accusa son fils Atiboë de l'avoir mis hors de sa cabane, et de refuser de le secourir. « C'est donc à moi de prendre ce soin, dit Atalégo, car je suis le père de tous les Zangais; mais Atiboë vieillira, ses enfants apprendront comme il a traité son père, et il recueillera l'ingratitude qu'il a semée. » Atiboë prit son vieux père dans ses bras, et le reporta dans sa cabane.

Deux jeunes Zangais se présentèrent ensuite : tous deux réclamaient la propriété d'un prisonnier otomacas, que chacun disait avoir fait. Atalégo se fit amener le prisonnier. « Si nous n'avions pas aboli, leur dit-il, la coutume adoptée par nos aïeux de manger les prisonniers faits à la guerre, je partagerais celui-ci, et je vous en donnerais à chacun la moitié; mais puisque cet usage n'existe plus parmi nous, et que vous réclamez tous deux, à titre d'esclave, un homme qui ne peut avoir qu'un maître, je lui rends la liberté, pour que sa présence en ces lieux ne soit pas entre vous un sujet continuel de discorde. »

Un des parents de l'ancien de la tribu avait acheté d'un Zangais sa pirogue, ses palmiers, et ses nattes; il réclamait encore ses armes et sa cabane, que celui-ci lui avait également vendues. Le grand chef annula cette partie du marché, et motiva son arrêt sur ce qu'un homme avait le droit de disposer de son superflu, et ne pouvait, même volontairement, se priver du nécessaire.

Le soleil avait atteint la cime des cocotiers, lorsque je suis rentré dans ma cabane. Ma chère Amioia m'attendait dans l'enclos d'arbustes qui entourait notre habitation; elle y avait préparé notre repas du matin, et je l'ai trouvée balançant le berceau de sa fille, qu'elle avait suspendu entre deux citronniers sauvages.

J'ai déjà acquis la preuve qu'on oublie plus facilement ses plaisirs que ses chagrins. C'est donc pour rappeler un jour à ma mémoire les plus doux moments de ma vie, que je cherche à me rendre compte du sentiment délicieux que j'éprouve dans le hamac où je m'endors sans souci de la veille, sans inquiétude du lendemain, entre les objets de mes plus douces affections.

Les chants du pimalot [1], qui ne se font entendre que lorsque la grande chaleur est passée, m'ont averti de l'heure de la pêche. Nous nous sommes tous embarqués sur ma grande pirogue, où j'essayais pour la première fois d'adapter des voiles que nous avions fabriquées avec les débris de ma garde-robe européenne. Le courant du fleuve nous emportait assez vite : nous n'avons fait usage de notre voilure que pour le retour.

Nous remontions le fleuve, après avoir fait une excellente pêche. Des cris aigus partent du bois que nous cotoyons : nous approchons du rivage ; je saute à terre, Zaméo me suit, et nous trouvons une femme que des sauvages d'une tribu voisine s'efforçaient d'entraîner dans la foret. Notre attaque, aussi brusque qu'imprévue, met en fuite les ravisseurs. Cette femme, à qui la frayeur prête des ailes, court vers le fleuve, et se jette dans notre barque, où la bonne Amioia s'empresse de la recevoir et de la rassurer. Nous la suivons de près, et nous remettons à la voile.

[1] Oiseau de l'Amérique méridionale.

Cette femme se nomme Ottaly : c'est une jeune mulâtresse née à Cayenne ; elle avait été achetée par un planteur espagnol, dont l'habitation est très enfoncée dans les terres. Quelques Indiens d'une peuplade anthropophage l'avaient enlevée, et se préparaient sans doute à lui donner la mort, lorsque le ciel nous a envoyés à son secours.

Notre retour à la voile a été une espèce de triomphe. Vingt pirogues sont venues au devant de la nôtre, et notre pêche a été si abondante que nous en avons distribué la plus grande partie.

Atalégo, à qui nous avons présenté Ottaly, est venu prendre part à notre repas du soir, pendant lequel Amioia et Zaméo ont chanté des airs zangais en s'accompagnant d'une espèce de guitare à trois cordes, de mon invention.

Après avoir allumé des feux autour de la cabane, pour écarter les nuées de moustiques que l'extrême chaleur avait fait éclore, nous avons fumé le calumet en buvant la liqueur enivrante du cocotier, et nous nous sommes endormis sur des nattes jusqu'au retour de l'aurore, qui doit nous ramener les mêmes travaux et les mêmes plaisirs.

A ce tableau d'*Une journée aux bords de l'Orénoque*, j'ai l'intention d'opposer la peinture d'*Une journée aux rives de la Seine*.

N° VIII. [25 SEPTEMBRE 1815.]

LES HOMMES DE LOI.

> Au barreau, protéger la veuve et le pupille,
> C'est là qu'à l'honorable on peut joindre l'utile ;
> Sur la gloire et le gain établir sa maison,
> Et ne devoir qu'à soi sa fortune et son nom
>   Piron, *Métromanie*, acte III, scène VII

* « Maître (me disait il y a quelques jours Zaméo, que j'avais conduit au Palais pour y faire quelques emplettes), comment s'appelle cette grande maison que nous parcourons, et qui est habitée par des hommes si singulièrement vêtus? — Mon ami, ce vaste édifice se nomme le Palais. — C'est donc là que demeure le grand chef? — Non, c'est là que se rend la justice; et ces hommes en robes rouges et noires sont des magistrats, des gens de loi, dont les uns dispensent la justice que les autres réclament. — Il n'y a donc ici que des honnêtes gens? — C'est le plus petit nombre, comme par-tout ailleurs. La chicane habite aux mêmes lieux que la justice; on y exerce le plus noble ministère ou le plus indigne métier; on y admire la plus belle institution des peuples civilisés, et l'on y maudit les abus sans nombre qui la déshonorent. Dans cette salle où l'on défend aujourd'hui la veuve, on spoliait hier l'orphelin; dans cet antre où le crime trouve aujourd'hui sa punition, l'innocence demain peut se voir condamnée. L'un vend sa conscience, l'autre se voue à la misère plutôt que de la trahir : celui-ci s'applaudit, en montant en voiture, d'avoir soustrait un grand coupable à l'échafaud ; celui-là gémit, en s'en retournant à pied, de n'avoir pu sauver un innocent. » Zaméo ouvrait de grands yeux, et, sans rien concevoir à ces étranges contrastes, voulait savoir pourquoi cette classe d'hommes était habillée si différemment des autres citoyens. Je lui appris que, dans le treizième et dans le quatorzième siècle, la grande robe était le signe distinctif de la science, et que les hommes de loi avaient cru devoir conserver, dans l'exercice de leurs fonctions, un costume imposant par sa gravité.

Tout en causant, nous nous arrêtâmes dans une des galeries devant la boutique d'une marchande mercière, pour y faire l'emplette de ces *mules du Palais* dont l'ancienne réputation, comme celle de certains écrivains, pourrait bien être le seul mérite. Auprès du comptoir, dans un grand fauteuil de cuir noir, était enfoncé un petit homme qui paraissait être un ancien habitué du magasin, et pour le moins un vieil ami de la marchande. Sa petite perruque ronde, ses gros sourcils noirs, sur lesquels se détachaient de longs poils gris, ses petits yeux vairons, son large nez barbouillé de tabac; son habit noir, dont la manche gauche était visiblement sillonnée par les traces de la plume qu'on y avait long-temps essuyée, une certaine odeur de greffe qui s'exhalait de toute sa personne, trahissaient en lui l'un des plus déterminés suppôts de la chicane; mais comme sa physionomie, ainsi que ses discours, participaient de la malice d'un procureur, de l'argutie d'un avocat, et de l'indifférence d'un vieux juge, je ne devinais pas encore à quelle branche de l'organisation judiciaire il pouvait appartenir; je multipliai mes emplettes pour avoir plus de temps à observer ce singulier personnage, dont la profession me fut tout-à-coup révélée par lui-même : « Et vite, et vite, ma robe et ma toque, dit-il à la marchande, je vois un de mes confrères en habit de garde national; l'occasion est belle pour prendre un *défaut* contre lui; je cours à la cinquième chambre faire appeler l'affaire : ce sera toujours un jugement de plus sur le mémoire des frais. » J'eus de la peine à cacher un petit mouvement d'indignation : l'honnête procureur (car il n'y avait plus moyen de s'y méprendre) avait passé sa robe à la hâte, et se disposait à sortir, quand un hasard, dont j'étais loin de prévoir les suites, lui fit entendre mon nom et mon adresse, que je donnais à la marchande. « Le chevalier de Pageville! s'écria-t-il avec un mouvement de surprise et de satisfaction: seriez-vous parent du marquis de Pageville qui avait des terres en Bourgogne? — C'était mon père. — Enchanté de revoir le fils d'un homme aussi respectable; je me nomme Dufain, et j'ai hérité de la liquidation des affaires de feu madame la comtesse de Savignac. Vous vous rappelez sans doute un procès à la poursuite duquel mon aïeul et mon père sont morts? — Dieu veuille avoir leur ame et la vôtre, lui répondis-je avec un peu d'humeur; je ne connais point votre comtesse, et je n'ai jamais eu de procès. — Il est encore temps, me dit-il avec un souris sardonique; » et il sortit pour aller prendre son *défaut*.

Je ne pensais plus à M. Dufain, que j'espérais bien avoir vu pour la première et dernière fois de ma vie, lorsque, le lendemain de ma promenade au Palais, je vis entrer dans ma chambre un homme d'une figure sinistre, lequel tira de sa poche un petit papier qu'il glissa honteusement sur ma table; et, sans attendre que je l'interrogeasse, « Je suis huissier, pour vous servir, me dit-il; je viens, à la requête de M. Dufain, avoué près la cour royale, et fondé de pouvoir de feu madame la comtesse de Savignac. — Eh bien! que me veut-il, votre M. Dufain? — L'exploit ci-joint, dont le coût est de 3 fr. 50 c., vous instruira de la demande qu'il forme contre vous, poursuit l'un possesseur intime depuis 97 ans. » Je ne savais si je devais rire ou me fâcher de cette impertinente visite. L'huissier ne me laissa pas le temps de me décider, et sortit à reculons en me saluant à plusieurs reprises.

J'essayai d'abord de lire l'exploit, pour savoir de quoi il s'agissait; il me fut impossible d'en déchiffrer deux lignes : tout ce que je pus découvrir, c'est que j'étais assigné, *de par le Roi,* qui ne s'en doute certainement pas. Ce grimoire infernal, ce commerce de papier timbré qu'on paie cent fois sa valeur, est une des plus odieuses inventions de cette foule de vampires immatriculés qu'il fait vivre.

Comment, me disais-je (en réfléchissant avec inquiétude sur les suites d'un procès que je craignais d'autant plus que je ne savais pas même de quoi il était question), c'est chez le peuple d'Europe le plus anciennement policé, qu'un misérable, pour trois livres dix sous qu'il me fait payer, acquiert le droit de m'enlever à mon repos, à mes affaires, et de me faire comparaître devant un tribunal où quelque autre faquin, constitué mon adversaire, pourra me diffamer impunément, ou du moins égayer à mes dépens la cour et l'auditoire, s'il croit servir par-là les intérêts d'un client aux gages duquel il a mis son éloquence! Quelle est donc cette sauve-garde des lois qui laisse la tranquillité, l'honneur, la fortune d'un citoyen à la merci de quiconque veut l'attaquer dans les formes juridiques? Mes réflexions augmentaient mes inquiétudes; je courus en faire part à madame de Lorys, qui s'amusa un moment de ma frayeur, et me conduisit chez son avocat.

M. Dorfeuil est un homme d'une quarantaine d'années, digne émule des Gerbier et des Beaumont, et qui jouit, comme ses célèbres devanciers, de la double réputation d'un grand talent et d'une grande probité. Aussi habile jurisconsulte qu'éloquent orateur, il ne se fait pas moins remarquer dans une grande cause criminelle que dans une importante question de jurisprudence civile. Il n'est point étranger à la littérature, qui prête à son éloquence cette élévation d'idées et de sentiments dont elle tire sa plus grande force. « Les beaux-arts, dit Voltaire, élèvent l'ame, et la culture de l'esprit, en tout genre, ennoblit le cœur. »

Nous traversâmes plusieurs pièces, richement décorées, avant d'arriver au cabinet de M. Dorfeuil, où le luxe de la mode se fait peut-être un peu trop remarquer. Plusieurs personnes attendaient dans le salon; il ne fit aucun passe-droit : chacun entra à son tour, soit qu'il fût arrivé à pied ou en voiture.

M. Dorfeuil, qui ne se pique pas, comme la plupart de ses confrères, d'être un homme du monde dans son cabinet, prit d'abord connaissance de l'affaire qui m'amenait chez lui : il fronça le sourcil lorsqu'il entendit le nom de ma partie adverse. « Vous voilà aux prises, me dit-il, avec le plus grand formaliste (pour éviter de me servir du mot propre) que nous ayons au Palais : c'est un homme qui sait mieux que personne se tenir un peu en-deçà de cette limite étroite au-delà de laquelle la loi peut atteindre un fripon; et comme à beaucoup de talent il joint un grand fonds d'effronterie et une avidité insatiable, on l'envisage comme le fléau des honnêtes gens et la providence des coquins. »

Après avoir parcouru l'assignation que je lui présentai, il la jeta sur son bureau avec colère : « Parbleu, ce Dufain est un grand drôle! s'écria-t-il; il est évident, même d'après son exposé, que vous ne devez pas un sou à cette marquise de Savignac; et, néanmoins, je vois dans cet exploit tous les éléments d'un procès de nature à ruiner un fermier-général. — Eh quoi! monsieur, lui répondis-je, vous vous vantez d'avoir des lois! vingt siècles ont à peine suffi pour les mûrir, vous avez passé quarante ans de votre vie à les étudier, et je puis craindre qu'un aigrefin non seulement les élude, mais s'en serve, à la face des tribunaux, pour me ruiner, quand j'aurai pour moi la bonté de ma cause, l'évidence de mes droits, la probité de mes juges, et le talent de mon avocat! Il y aurait de la faiblesse à le craindre et de la démence à le croire. — Je raisonnais ainsi avant d'avoir plaidé ma première cause : l'expérience m'a rendu plus craintif. Quoi qu'il en soit, j'ai l'espérance de démontrer clairement l'infamie de l'action qu'intente aujourd'hui Dufain contre vous. La redevance qu'il réclame a d'ailleurs subi les délais de la prescription ; et sa demande, fût-elle fondée en fait, ne le serait pas en droit. — C'est un moyen dont je ne veux pas me prévaloir ; je pense qu'il est toujours temps d'obtenir et de demander justice. — Rien n'est à négliger avec les gens à qui nous avons affaire ; je vais examiner ces papiers, et vous pouvez compter sur mon zèle. Vous n'avez pas d'avoué ? Je pense que vous ne pouvez mieux faire que de voir M. Datès, dont voici l'adresse. Vous vous y présenterez de ma part, et vous lui porterez le dossier, en lui recommandant de se mettre en règle. Je vous aurais accompagné chez lui, pour nous entendre sur les premières démarches ; mais je suis obligé de me rendre au collège électoral de mon arrondissement, dont je suis secrétaire, en attendant mieux. » M. Dorfeuil prononça cette dernière phrase avec une importance où perçait une lueur de fatuité. Il nous avait reçus en homme de loi ; il prit congé de nous en homme d'état.

Ce ridicule n'échappa pas à la femme de Paris la plus habile à le saisir. « Vous voyez, mon vieux sauvage, me dit madame de Lorys, qu'il n'y a pas si bonne tête qui n'ait une case pour y loger au moins un petit travers ; celui de l'importance s'est niché depuis peu dans le cerveau de M. Dorfeuil. Séduit par l'exemple de quelques uns de nos avocats qui ont figuré, les uns si honteusement, les autres si malheureusement, dans nos assemblées publiques, il se croit appelé aux honneurs de la tribune; et, peu satisfait d'appliquer les lois faites à la défense des intérêts privés, il aspire à la gloire d'en faire de nouvelles. — Eh bien! madame, peut-on blâmer ces messieurs de prendre pour modèle ce Cicéron, auquel les comparent si souvent ceux dont ils gagnent les causes? Ce célèbre avocat romain n'a-t-il pas été sénateur et consul? n'a-t-il pas été appelé le père de la patrie? Pourquoi ses disciples n'auraient-ils pas la même ambition? Les hommes de loi se regardent comme des législateurs *au petit pied;* ils ont plaidé, comme maître *le Dain,* du *côté du greffe*[1]; ils plaideront maintenant, comme maître *Tullius,* du *côté de l'État*: ils ont défendu Milon et Roscius à la barre d'un tribunal; ils attaqueront tout aussi bien Catilina à la tribune. Par-tout où l'on parle, par-tout où l'on dispute, la place des avocats est marquée... à moins pourtant qu'on ne tienne à s'entendre le plus promptement possible. »

Tout en causant en voiture, nous arrivons chez l'avoué Datès : nous voilà dans l'*étude*. Que ce lieu est sombre! qu'il inspire de tristes pensées! En parcourant, d'un coup d'œil, ces énormes *casiers* remplis de dossiers poudreux, je me figure que la ruine

---

[1] VOLTAIRE, *Dictionnaire philosophique.*

de cent familles est peut-être juridiquement établie sur ces monceaux de papier timbré. De larges étiquettes leur servent d'indices. On lit : *Affaires Gros-Jean, demandeur, contre Petit-Pierre, intimé. Arbitrage dans l'affaire de Solange. Première instance dans l'affaire Dubreuil*, etc.

Au milieu de ces archives de chicane, une douzaine d'élèves procureurs assignaient de toute la vitesse de leur plume, et sans faire à nous la moindre attention : le maître-clerc, à qui nous nous adressâmes, nous introduisit dans un cabinet qui ne différait de l'étude que par ses dimensions : nous y trouvâmes M. Datès, assis devant un énorme bureau couvert de papiers, séparés et maintenus par des plaques de marbre, ayant sous sa main un Code civil, une ordonnance de 1667 avec ses commentaires, un répertoire de jurisprudence et le tableau des avoués. Le seul ornement de cette pièce était un portrait de M. le procureur, peint par Durand à une époque où il n'était encore que maître-clerc dans cette même étude que sa défunte femme lui a apportée en dot. M. Datès est un homme froid, sévère, exact, qui appelle probité tout ce que la loi autorise, et qui ne connaît de crime que ce qu'elle défend. Il m'expliqua fort bien sur quels points de droit, sur quels vices de forme, mon adversaire fondait ses prétentions, et me prouva la nécessité d'éclaircir les faits aux yeux des juges par un premier mémoire. Je l'autorisai à faire ce qu'il jugerait convenable. Il rangea mes pièces par ordre, les attacha avec un fil rouge, et les recouvrit d'un papier sur lequel il écrivit, *Affaire Pageville, contre feu la marquise de Savignac, demanderesse.* Cette petite opération achevée, il promit de me faire prévenir du jour où l'affaire serait appelée. Dès-lors, me voilà rangé dans cette classe de malheureux plaideurs qui courent la chance d'être ruinés tout-à-fait s'ils perdent leur cause, et ruinés en partie s'ils la gagnent. Je ne vois qu'un avantage à tirer de cette triste aventure, c'est d'apprendre ce que c'est qu'un procès, et de faire part à mes lecteurs, qui auront plus long-temps à en profiter, des connaissances tardives que je vais acquérir.

N° IX. [9 OCTOBRE 1815.]

LA FÊTE DE SAINT-CLOUD.

> Quel temps choisissez-vous pour nous parler de fêtes?
>
> QUINAULT, *Prol.*

Je commence par répondre à la question que je m'adresse à moi-même dans mon épigraphe : je parle de fête dans les circonstances où nous nous trouvons, parcequ'on en donne, et que, pour qui s'exerce à peindre les mœurs françaises, un pareil trait de caractère est à lui seul un tableau.

Ce que les vrais Parisiens redoutent le plus au monde, après la famine, ce sont les voyages : le pays étranger commence pour eux à quelques toises au-delà des barrières, et une sorte d'inquiétude les saisit au moment où ils n'aperçoivent plus les paternelles tours de Notre-Dame; aussi, dans les fêtes de campagne, qu'ils aiment beaucoup, et qu'ils mettent au premier rang de leurs plaisirs, ont-ils soin de ne pas s'éloigner assez pour perdre de vue ces clochers protecteurs.

Le 10 du mois dernier, je me promenais seul sur les boulevards; le temps était superbe, et la chaussée était couverte de voitures, qui toutes se dirigeaient vers les Champs-Élysées; en cherchant à m'expliquer ce mouvement extraordinaire à une heure de la journée où le beau monde ne se montre pas habituellement, je devinai que cette affluence devait avoir pour objet quelque fête patronale, sans pouvoir me rappeler quelle était celle qui jouissait d'une pareille vogue. Un souvenir qui nous échappe en fait naître un autre : je me souviens que le poète Le Mierre, avec qui j'avais fait mes études au collége des Grassins, était de son temps l'homme de France le plus au courant des fêtes de la banlieue : ce La Fontaine de l'amour-propre, qui s'interrompait de si bonne foi pour essuyer les larmes qu'il versait en lisant ses tragédies, se consolait tout aussi naïvement du peu de monde qu'attiraient quelquefois les premières représentations de ses ouvrages : il ne manquait jamais de donner pour raison du vide de la salle, tantôt le bal champêtre de Nanterre, tantôt la fête de Saint-Maur ou la foire de Besons. Je ne sais pas au juste combien de spectateurs ces fêtes de campagne enlevaient aux pièces de Le Mierre, mais il est certain que plusieurs d'entre elles ont une vogue dont on s'aperçoit dans les salles de spectacle et dans les promenades.

En avançant vers la place Louis XV, les voitures

qui se pressaient dans l'allée du Cours-la-Reine, et les cris des cochers, *Saint-Cloud! Saint-Cloud!* me remirent en mémoire une des plus belles fêtes des environs de Paris. J'avais vu dans ma jeunesse cette fête dans tout son éclat; il me prit fantaisie de comparer mes observations actuelles avec mes anciens souvenirs, et je résolus de me rendre, avec la foule, à Saint-Cloud. J'hésitai un moment sur le choix de la voiture: un carrosse de remise, ou même un fiacre, pour moi seul, était trop cher; une de ces petites voitures qui stationnent sur le quai de la Conférence me semblait trop incommode; une place dans une charrette garnie de paille fraîche et recouverte d'un drap de lit, soutenu par des cerceaux, me paraissait aussi par trop modeste; la vénérable galiote m'offrait tous les avantages d'une voiture douce, sûre, et amusante: elle était au moment de partir; les passagers, sur le pont, attendaient le sigal du départ; leur gaieté bruyante retentissait au loin; des colloques s'établissaient entre les voyageurs par eau et ceux de la grande route; ils s'appelaient par des cris, se donnaient des rendez-vous chez le traiteur ou dans les différentes allées du parc.

Me voilà embarqué avec une cinquantaine de Parisiens de tout âge, de tout sexe, et de toute condition, qui descendaient gaiement la Seine, en se promettant une journée de plaisir. Les figures les plus comiques, les personnages les plus burlesques, semblaient s'être donné ce jour-là rendez-vous sur la galiote, et je n'aurai pas le singulier amour-propre de croire que je fusse un des moins plaisants de la troupe.

Pour me soustraire un moment au tapage qui se faisait sur le pont, je me retirai dans la chambre des voyageurs : elle était encombrée de femmes, d'enfants, de paquets; et ce ne fut pas sans peine que je trouvai une petite place sur une caisse de vin de Bordeaux, à côté d'un gros homme qui me parut avoir une habitude de galiote dont il tirait peut-être un peu trop de vanité. Nous liames conversation; il m'apprit qu'il allait pour la cinquantième fois, par complaisance, à la fête de Saint-Cloud; « C'est un plaisir, continua-t-il, que je ne refuse jamais à ma famille, par la raison que, dans ma jeunesse, mes parents ne me l'ont pas refusé, et que j'ai pour maxime de suivre en tout point les usages de mes pères; d'ailleurs j'ai remarqué que les jeunes gens ont besoin de courir le monde : le peu que je sais, je le dois à mes voyages. » Ce brave homme me mettait sur mon terrain. Je crus voir en lui un moderne Tavernier, et je m'apprêtais à lui parler des Indes, de la Chine, de la Nouvelle-Hollande, lorsqu'il m'apprit que ses courses n'embrassaient guère qu'un rayon d'une dizaine de lieues, à partir de la première borne posée dans le parvis Notre-Dame. Mon commerce, me dit-il, m'a retenu dans les limites étroites que j'étais naturellement porté à franchir; mais du moins j'ai su profiter de ma longue expérience: je puis me vanter de connaître, au moins aussi bien que feu *l'Ermite de la Chaussée-d'Antin*, les mœurs et les habitudes parisiennes. Et sur-le-champ, pour me donner une idée de son talent d'observateur : « Vous voyez, me dit-il, ces petites charrettes couvertes qui se suivent à la file ; chacune contient une vingtaine de personnes de la classe des artisans : la famille entière est transportée pour trente sous, et nous allons les trouver, en arrivant, établis sur la pelouse, auprès de la lanterne de Démosthènes, où ils vont faire, à peu de frais, un très modeste et très agréable repas.

« Ce léger bockey que conduit une jeune femme, n'appartient pas, j'en suis sûr, au petit commis qui l'accompagne, et qui salue, avec tant de grace, des femmes en calèche qui ne le connaissent pas, pour se donner auprès de sa belle l'air d'un homme répandu dans le grand monde. En rentrant ce soir, il renverra le jockey qui est loué, le cabriolet qui est d'emprunt, et la dame qu'il ne possède probablement pas à d'autre titre.

« Voyez, à côté de cet élégant landaw, qui marque sa trace rapide par un tourbillon de poussière, cette modeste voiture dont le nom burlesque est pour les voyageurs une source intarissable de bons mots: un seul cheval y traîne huit personnes entassées comme elles peuvent (et sous différentes dénominations aussi ridicules que celle de l'équipage) dedans, dessus, et derrière la voiture.

« Les propriétaires du landaw vont s'arrêter chez le fameux Griel, les autres chez le traiteur Robert, à l'entrée du pont; il en coûtera 4 ou 5 louis aux premiers, et seulement une douzaine de francs aux seconds, pour un dîner à très peu de chose près semblable. Le commensal de Griel rit de la pratique de Robert; celui-ci se moque de la famille du tabletier qui entre chez le marchand de vin; le tabletier montre au doigt le garçon tailleur et la petite ouvrière qui mangent une salade sur l'herbe, et ceux-ci regardent en pitié ces pauvres diables qui dînent, en se promenant, avec des noix et du pain d'épice. »

Les observations du bonhomme ne manquaient pas d'une sorte de justesse. Il avait avec lui toute sa famille, filles, garçons, enfants et petits-enfants : à en juger d'après ce que j'entendais, l'espoir de toute la mercerie de la rue Salle-au-Comte reposait sur les trois générations dont cet honnête citadin était la souche.

Cet entretien, que j'avais intérêt à prolonger, fut interrompu brusquement par un bruit extraordinaire qui nous ramena sur le pont. Un garçon boucher s'était pris de dispute avec un caporal allemand qui, se croyant encore à la tête de son escouade, s'était mis en devoir d'appliquer à son adversaire une correction que celui-ci avait trouvée par trop tudesque, et qu'il avait prévenue par un vigoureux coup de poing qui fit quitter au caporal le plancher de la galiote, et le culbuta dans la Seine. La dispute alors devint générale : chacun prenait parti, et, dans la chaleur de la discussion, oubliait que l'un des deux champions était près de se noyer. Fort heureusement un de nos mariniers, sans attendre que la question de droit fût éclaircie, se jeta dans l'eau pour en tirer le caporal; et comme il y avait quelque inconvénient à reprendre ces deux hommes à bord, on les débarqua sur la grève, où des gendarmes s'en emparèrent et les conduisirent au poste de la barrière des Bons-Hommes.

Cette aventure suffisait pour nourrir la conversation pendant toute la traversée; mais un nouvel accident vint exciter de plus vives alarmes : à peu de distance du pont de Sèvres, la galiote s'engrava. Jamais navigateurs, battus par la plus terrible tempête, au milieu des rochers de l'Archipel ou sur les *brasses* du Gange, ne se crurent dans un si grand danger. Les femmes, les enfants jetaient les hauts cris; la plupart des citadins, sans être beaucoup plus tranquilles, cherchaient à rassurer leurs compagnes d'un ton à les faire mourir de peur. Les mariniers juraient contre les passagers en cherchant, à force de *gaffes*, à remettre la barque à flot; et quelques esprits forts, du nombre desquels était le mercier de la rue Salle-au-

Comte, gourmandaient la faiblesse des autres avec une affectation de courage tout-à-fait risible. Quelques bateaux vinrent au secours de la galiote; la plus grande partie des passagers y entrèrent, et rendirent grace au ciel, en touchant la terre natale, de se voir arrachés par miracle aux horreurs du naufrage. Par le seul fait de l'allégement de la galiote, elle fut à l'instant même remise à flot, et ceux qui eurent, ainsi que moi, la témérité de rester à bord, arrivèrent une demi-heure après, et sans autre événement, sains et saufs, à Saint-Cloud.

Chacun prit alors sa destination, et se perdit dans la foule. Je m'arrêtai sur le pont pour y jouir un moment de cette joyeuse confusion de charrettes, de chevaux, de piétons, de carrosses de toute espéce, qui se barraient, qui se disputaient le passage. Ce qui donnait à cette fête un aspect qu'elle n'avait point encore offert, et qu'elle n'offrira plus (du moins devons-nous l'espérer), c'est une réunion d'étrangers qui semblaient s'y être donné rendez-vous de toutes les parties de l'Europe, et que l'on reconnaissait à la forme de leurs voitures, à l'équipement de leurs chevaux, à la diversité de leurs costumes. Je ne pense pas qu'il y ait une seule contrée européenne qui ne fût ce jour-là représentée à Saint-Cloud par quelques-uns de ses habitants.

Sans autre but, dans ma promenade, que de voir et d'observer, je passai tour-à-tour en revue les jeux de bagues, les fantoccini, les escamoteurs, les ménageries, les escarpolettes, et les loteries où les pontes, en gagnant à tout coup, vident leur bourse dans un quart d'heure. Après quelques tours dans la grande allée, où je vis étalés presque tous les échantillons de l'espèce humaine, je parcourus les belles pelouses du parc, que je trouvai couvertes (comme me l'avait annoncé mon *cicerone* de la galiote) d'une multitude de convives distribués par groupes autour d'un repas champêtre qu'assaisonnait l'appétit même de ceux qui, ne pouvant y prendre part, laissaient en passant tomber un œil de convoitise sur des mets dont la vue leur rappelait qu'ils n'avaient pas dîné.

J'étais de ce nombre; il était cinq heures, j'entrai chez le fameux Griel. Quel tumulte! quelle affluence! Dix ou douze salles et autant de petits cabinets sur la terrasse du côté de la rivière étaient occupés par une foule de gens qui se disputaient les tables, les chaises et les plats. Les garçons, injuriés, maudits dans tous les jargons de l'Europe, ne savaient auquel entendre. L'un se voyait enlever par un Russe le macaroni commandé par un Italien; l'autre, au lieu d'un *soufflé* qu'attendait une élégante de la Chaussée-d'Antin, surchargeait sa table d'un énorme *roast-beef*, après lequel soupirait une compagnie anglaise.

Je parvins avec beaucoup de peine à me placer

dans un des salons, à l'extrémité d'une table où se trouvaient réunis quelques Polonais qui avaient autrefois servi en France. J'ai prêté l'oreille à leur conversation, et j'y ai trouvé tant de plaisir que je regrette de ne pouvoir le faire partager à mes lecteurs.

Mon dîner fini, je retournai dans le parc. Quelques mots qui se disaient autour de moi me rappelèrent qu'il me restait à voir jouer les eaux. J'allai d'abord à la grande cascade dont la vue, en me rappelant, par une sorte d'analogie mesquine, ces immenses cataractes au bord desquelles je me suis si souvent arrêté dans mes courses, ne servit qu'à me faire remarquer l'intervalle désespérant que laisseront toujours entre eux les prodiges de l'art et les plus simples ouvrages de la nature. En mesurant des yeux l'élévation d'un grand jet d'eau, j'avais un plaisir puéril à entendre répéter autour de moi que ce jet d'eau était le dernier effort de l'art, et qu'il n'en existait aucun autre qui s'élevât à une pareille hauteur. J'ai toujours été fier, pour mon pays, de la moindre supériorité; mais, comme s'il était écrit qu'on dût nous les envier toutes, un jeune Russe, m'adressant la parole avec beaucoup de politesse, m'assura qu'il se trouvait à *l'Hermitage* (en Russie) un jet d'eau de dix pieds au moins plus élevé que celui de Saint-Cloud.

La nuit était venue, je revins dans la grande allée;

la foule y circulait à peine entre deux haies de bou tiques brillantes, où le luxe des lumières ajoutait ou suppléait, dans quelquesunes, à l'éclat des marchandises.

Distingués sur la route et à l'heure du repas, tous les rangs, tous les états sont gaiement confondus dans le cours de la fête; on y jouit pêle-mêle des jeux, des spectacles que l'on rencontre à chaque pas, et au milieu desquels s'écoule la plus grande partie de la nuit.

N° x. [26 octobre 1815.]

LES LIBRAIRES.

> Les livres gouvernent le monde ; c'est dire assez
> de quelle importance est la profession de libraire
> BARBEYRAC.

« On disait autrefois qu'il existait à Paris trois classes entières d'honnêtes gens : les notaires, les curés, et les sergents aux Gardes, on pouvait y ajouter les libraires. Cette corporation jouissait, depuis son origine, de priviléges honorables qui lui furent confirmés, à différentes époques, par de nouvelles ordonnances : elle faisait partie de l'université ; et, en cette qualité, elle était soumise à des réglements qui maintenaient parmi ses membres une discipline sévère. Les libraires de ce temps-là n'étaient pas seulement d'honnêtes négociants, la plupart d'entre eux étaient aussi des savants estimables, dont quelques uns se sont fait un nom dans les lettres. Celui des *Étienne*, des *Robert*, des *Anisson*, n'est pas moins célèbre dans les annales de la littérature que dans celles de la librairie.

« Ce fut à la place Cambrai que s'établirent les premiers imprimeurs-libraires, Martin Crantz et Ulric Gering, que Jean de la Pierre, prieur de Sorbonne, fit venir à Paris vers l'an 1469, tout exprès pour imprimer les Épîtres de Gasparini de Bergame, orateur italien aussi célèbre de son temps qu'il est inconnu du nôtre.

« Ces deux imprimeurs se firent une grande réputation de probité. Ulric Gering, à qui d'utiles travaux avaient procuré une fortune considérable, en employa la plus grande partie à fonder des bourses pour de pauvres écoliers au collége Montaigu, et à encourager les lettres par des avances considérables et des pensions qu'il fit à plusieurs savants dont il avait imprimé les ouvrages.

« Avant l'invention de l'imprimerie, l'état de libraire était plus circonscrit, sans être moins important ni moins honorable. La transcription des manuscrits leur était confiée par l'université, qui déléguait une commission choisie parmi ses membres pour vérifier et approuver les exemplaires : les plus riches bibliothèques se composaient alors de *la Bible*, du *Nouveau-Testament*, et des classiques grecs et latins. L'achat d'un livre était une affaire importante; on en passait le contrat par-devant notaire avec les mêmes formalités que l'on mettait à l'acquisition d'un domaine.

« Dans le dix-septième siècle, les boutiques des

libraires devinrent le rendez-vous des beaux esprits de la capitale; celles de Berbier et de Sercy étaient plus particulièrement fréquentées par les poètes; les érudits se rassemblaient chez Barbin. »

Ces réflexions de mon ami l'encyclopédiste étaient la suite d'une conversation que nous avions eue en nous promenant sur le Boulevard, et qui lui avaient été suggérées par les abus qui se sont introduits dans la librairie, les seuls pour lesquels il ne veuille entendre à aucune compensation.

« Voyez, me disait-il, cet essaim de Normands dont les échoppes garnissent les deux côtés de cette promenade; ces gens-là quittent leur province, où ils vivaient convenablement du métier de porte-balles, pour venir exercer ici la plus nuisible industrie, en vendant, sous le nom de livres, des rapsodies dont ils savent à peine lire les titres. Ces fripiers de la librairie sont en même temps les courtiers de quelques misérables imprimeurs qui spéculent sur la dégradation de nos chefs-d'œuvre littéraires. Ceux-ci calculent, avec une honteuse précision, à quel prix ils peuvent *établir* (pour parler leur langage) un Racine, un Molière, un Boileau, en faisant entrer en déduction de leurs frais la mauvaise qualité du papier, les caractères de rebut, le défaut des marges, et jusqu'à l'incorrection des épreuves qu'ils relisent eux-mêmes : c'est par de semblables pratiques qu'ils parviendront à inonder les quais et les boulevarts de chefs-d'œuvre mutilés, déshonorés, qu'ils vendent à vil prix, au préjudice des bonnes éditions à la confection desquelles les Didot, les Crapelet, ont consacré leurs veilles et leur fortune. »

Nous nous approchons d'un de ces étalages, composé de quatre ais de sapin mal joints, sur lequel étaient alignées quelques centaines de brochures grossièrement décorées des noms les plus célèbres. Le marchand, qui se méprit au mouvement de dédain avec lequel je rejetai un volume de Bossuet qu'il m'avait présenté, m'offrit avec une impudence stupide des livres obscènes dont il nous débita, sans reprendre haleine, le long et impertinent catalogue : son érudition, pour cette fois, mit en défaut celle de mon encyclopédiste. Nous quittâmes ce marchand d'infamies, en l'apostrophant à peu près dans les mêmes termes que le bon homme Géronte adresse à M. Tout-à-Bas dans la comédie du *Joueur*.

« Vous avez l'intention, me dit mon guide, de vous composer une petite bibliothèque de bons livres : vous savez déjà où l'on est sûr de n'en trouver que de mauvais ; je vais maintenant vous conduire chez de véritables libraires, parmi lesquels vous trouverez néanmoins à faire des distinctions de plus d'une espèce. »

Nous nous acheminâmes vers le faubourg Saint-Germain : aux environs de la place Saint-Michel, nous entrâmes, ou plutôt nous descendîmes dans une salle basse tapissée de poudreux volumes, dont la reliure, à la jésuite ou en parchemin, est déja un préjugé favorable aux yeux de certains amateurs. Un vieux homme, relié comme ses livres, était assis devant un bureau vermoulu où il s'occupait à raccommoder la couverture de quelques bouquins, comme on restaure d'anciens tableaux, en s'efforçant de leur conserver cet air de vétusté qui en fait souvent tout le prix. Les reliures de Bozerian, de Simier, ne brillaient pas sur ses tablettes, mais l'encyclopédiste y remarqua des collections reliées par de Romme et par quelques autres relieurs fameux du siècle de Louis XIV.

Nous demandâmes à ce bibliographe quelques livres latins : en nous montrant les éditions des Elzévirs, des Barbou, des Coustellier, des Blindley, des Baskerville, des Didot, il nous fit valoir, avant tout, les *dates*, la *conservation*, les *marges*, les *témoins* : chacune de ces qualités étant à ses yeux d'un prix qui doublait celui du livre, sa bibliothèque entière, estimée sur le même taux, eût valu beaucoup plus que celle de M. de la Valière. Il avait tenu note, sur les *gardes*, du prix auquel chaque ouvrage s'était élevé dans les ventes, et il ne manquait pas de vous produire en témoignage l'extrait des catalogues qui en indiquait le numéro et la *vacation*.

Cette science de la bibliographie, que cet homme

possédait au plus haut degré, et dont il était si fier, ne me parut au fond que le pédantisme assommant d'une érudition puérile, dont le moindre inconvénient est de créer une valeur de convention pour des ouvrages qui en ont une positive dans la nature et dans la correction du texte. Cette réflexion, dont je laissai percer quelque chose dans mes discours, donna une si mauvaise idée de moi au docte libraire, qu'il ne daigna plus me répondre qu'en me disant, « qu'on trouvait à Paris des livres pour tout le monde, mais qu'il n'en tenait que pour certaines personnes. » Comme nous prenions congé de cet original, un de ses confrères venait se pourvoir chez lui, par commission, d'une collection d'éditions *aldines* demandée par un Anglais qui voulait se la procurer à tout prix, pour compléter un corps de bibliothèque dans son château du comté de Westmoreland. Ce noble breton, connu pour un des plus déterminés bibliomanes des trois royaumes, avait donné ordre qu'on lui achetât cette collection et qu'on la lui expédiât à son adresse à Londres, où il doit la retrouver à son retour d'un voyage qu'il va faire aux Indes pour y prendre un commandement.

Nous nous égayâmes, avec beaucoup de discrétion, aux dépens de sa seigneurie, qui achetait des livres pour meubler un château pendant son absence, et nous laissâmes le vénérable bouquiniste regretter, en la vendant deux fois sa valeur, une collection des *Aldes*, à la formation de laquelle il travaillait depuis quinze ans.

« La manie de cet homme, me dit en sortant mon ami, est un charlatanisme habilement calculé chez la plupart de ses confrères, pour tirer parti du ridicule de ces amateurs qui se croient des savants parcequ'ils possèdent des collections estimées par les savants, et qu'ils peuvent se vanter, à tout propos, de ne lire les classiques que dans les *ad usum*, Plutarque que dans *Vascosan*, Cicéron que dans *d'Olivet*, et Tacite que dans *Brottier*. Mais nous voici chez un libraire qui spécule sur un genre de ridicule plus productif, parcequ'il tient à la plus sotte de toutes les vanités. »

Nous entrons dans un magasin richement décoré de plusieurs grands corps de bibliothèque en bois d'acajou, fermés par des portes en glaces, garnis de baguettes de cuivre doré. Les livres exposés sur ces rayons y sont tous enfermés dans des étuis. Là tous les ouvrages sont imprimés sur peau de vélin, sur papier satiné, ou tout au moins sur grand carré de Hollande; le maroquin, le tabis y sont travaillés en reliure de cent manières différentes; les recherches du goût le plus fantastique et le plus dispendieux portent à des prix énormes ces magnifiques curiosités bibliographiques. Chacun des exemplaires se recommande par un mérite particulier; l'un renferme les dessins originaux, l'autre, les premières avec les eaux-fortes : celui-ci est un des trois exemplaires tirés sur papier rose; celui-là est supérieur pour la reliure à l'exemplaire qui se trouve dans la bibliothèque du comte Spencer[1]; cet autre est relié en cuir de Russie gauffré, et sa tranche est enjolivée de miniatures d'un très grand prix, que l'éclat de la dorure permet à peine de distinguer. On ne touche point à ces livres, dont plusieurs même semblent destinés à n'être jamais ouverts, pour peu que l'acquéreur tienne autant que le libraire à n'en point déflorer la tranche.

Nous sortîmes de chez ce bijoutier typographe (qui me demanda pour un La Fontaine, en deux volumes, un peu plus d'argent que je n'en veux mettre à l'achat de ma bibliothèque entière), et nous nous rendîmes au Palais-Royal chez un marchand de nouveautés. Des mannes énormes de brochures encombraient son magasin, où vingt commis étaient occupés à emballer des liasses de pamphlets, de romans, de brochures de toute espèce, qu'il expédiait dans les quatre parties du monde. Mon ami lui ayant fait part de l'intention où j'étais de me former une bibliothèque, il me proposa une collection complète de romans modernes, des *Contes à ma Femme, à mon Fils, à ma Fille, à mon Gendre*;

---

[1] Lord Spencer fit fondre des caractères particuliers pour l'impression d'un *Horace*, dont il ne fut tiré qu'un seul exemplaire; les caractères furent ensuite brisés.

des Mémoires du temps, des Vies privées, des rapsodies prohibées; il me fit part du titre de quelques ouvrages qu'il avait sous presse, me les offrit d'avance avec une remise de trente pour cent, et nous quitta pour parler à un auteur qui lui offrait une traduction de *Florus*, avec un commentaire. « J'ai déjà un roman de *Flora*. — Il ne s'agit point d'un personnage de roman, Florus est un historien. — En fait d'histoire, c'est du Pradt qu'il nous faut; du Pradt, entendez-vous? Faites-nous du Pradt, et je vous le paie cent écus la feuille. »

Je ne jugeai pas à propos d'en entendre davantage, et je sortis de chez ce marchand de papier noirci, avec un peu d'humeur contre mon encyclopédiste, qui semblait prendre à tâche de multiplier des courses inutiles. « J'ai voulu commencer, me dit-il en riant, par vous faire jouer votre rôle d'observateur; je vous ai fait passer en revue les principaux abus d'une profession que je vais maintenant vous faire connaître dans ses rapports les plus honorables. » Nous passâmes les ponts, et il me conduisit chez le célèbre Didot.

Là je trouvai cette noble alliance des lettres, de l'industrie, et du commerce; cette antique probité, cet honneur héréditaire, cet amour de l'art, dont quelques familles ont conservé le précieux dépôt. M. Didot n'était pas chez lui; nous visitâmes, en attendant, ses ateliers, ses magasins, ses fonderies, et ses presses : mon ami me donna l'explication des procédés ingénieux inventés ou perfectionnés par cet habile typographe, à qui l'art est redevable de ses plus notables progrès.

Les classiques anciens, français, et étrangers, composent cette importante librairie ; les éditions de luxe et les éditions usuelles y présentent le même degré de perfection. Le riche amateur, le modeste savant, le studieux écolier, viennent en même temps y meubler leur bibliothèque de livres qui diffèrent de prix sans différer de mérite. Le superbe *Virgile* in-folio, de trois mille francs l'exemplaire, et le modeste *Virgile* stéréotype, à vingt sous, sont également corrects, également estimés. J'éprouvais un mouvement d'orgueil national à me convaincre qu'un imprimeur français rivalisait avec avantage les Bodoni, les Baskerville, les Ibarra ; mais j'étais aussitôt ramené à un sentiment plus modeste, en songeant que, privé de toute espèce d'encouragement, c'est aux dépens de sa fortune que le digne successeur des Étienne et des Plantin s'est acquis, dans l'art typographique, une supériorité qui, partout ailleurs, eût été pour lui une source de richesses.

Ce fut dans ce temple des classiques que je choisis mes pénates. Je m'étais fait une loi de m'en tenir aux seuls auteurs originaux, et de dédaigner les compilateurs, les commentateurs, les annotateurs, les imitateurs, et les poètes médiocres : par ce moyen, ma bibliothèque ne se compose que d'environ six cents volumes, encore mon encyclopédiste soutient-il qu'il y a du fatras.

N° XI. [31 octobre 1814]

LES AÉRONAUTES.

Expertus vacuum Dædalus aera
Pennis, non homini datis.

HOR., liv. I, ode III

Dédale s'élance dans les airs avec des ailes que la nature n'a point données à l'homme.

Le domaine de l'impossibilité se rétrécit tous les jours : les hommes ont envahi les airs; les étrangers ont envahi la France. Si quelque voyageur, nommé Charles ou Robert, parti des bords de la Seine en 1784, était venu me trouver dans les déserts de l'Amérique méridionale, et m'eût raconté sérieusement qu'avant son départ de Paris il s'était élevé au milieu du Champ-de-Mars dans les plus hautes régions de l'air, et qu'il avait plané, pendant une demi-heure, cinq ou six cents toises au-dessus des tours de Notre-Dame, j'aurais d'abord imaginé que ce pauvre voyageur avait perdu la raison, et je n'aurais rien trouvé de mieux à répondre à ce nouvel Astolphe que de l'engager à remonter sur son hippogriffe, et à pousser son voyage aérien jusque dans la lune, pour tâcher d'y retrouver sa fiole de bon sens. S'il eût insisté de manière à me prouver qu'il ne l'avait point perdu, je ne me serais pas cru obligé d'avoir recours aux ménagements d'une politesse qu'on ne connaît pas dans les bois, pour le taxer de mensonge; et je me serais donné le ridicule assez commun de nier, par le raisonnement, une expérience prouvée par les faits.

« Comment exigez-vous que je croie (n'aurais-je pas manqué de lui dire) à un prodige qui contrarie si évidemment la première, la plus immuable des lois de la nature, celle de la pesanteur? » Et, partant d'un principe reconnu, dont j'aurais fait une application fausse, rassemblant à l'appui toutes les notions de physique qu'auraient pu me fournir les éléments de l'abbé Nollet, où j'en étais resté dans mes études, j'aurais entassé les arguments pour prouver à un homme qu'il n'avait pas pu voir ce qu'il avait vu, et qu'il n'avait pas entrepris ce qu'il avait exécuté. Mais si mon voyageur, pour toute réponse à mes belles théories, se fût avisé de former, avec les feuilles sèches du bananier sauvage, une enveloppe sphérique d'une grande dimension; qu'il eût, au moyen du feu, raréfié l'air contenu dans l'intérieur de cette enveloppe, au point de la rendre spécifiquement moins lourde que l'air atmosphérique au milieu duquel je l'aurais vu s'élever; il est probable qu'après un premier moment de surprise j'aurais trouvé cette découverte d'une extrême simplicité, et que je n'aurais plus été surpris que d'une chose, c'est que Toricelli ne l'eût pas faite le jour où il découvrit la pesanteur de l'air.

Quoi qu'il en soit de la difficulté de cette invention, que l'envie du moins ne s'est pas encore avisée de contester à son auteur, on ne peut nier qu'elle n'ait donné lieu à l'entreprise la plus audacieuse que le génie de l'homme ait jamais tentée.

Qu'aurait dit Horace, qui s'extasie en si beaux vers sur la témérité du *matelot au cœur de chêne, armé d'un triple airain, qui, le premier, osa confier un frêle vaisseau aux mers cruelles, sans craindre les vents d'Afrique et les tristes hyades?* Qu'aurait-il dit, s'il eût vu, de son temps, une jeune fille s'élancer, avec le secours de la plus frêle machine, des jardins de Tivoli dans l'immensité des airs; s'y perdre seule au milieu des orages, et, par un prodige d'audace mille fois plus étonnant encore, abandonner volontairement le frêle appui qui la suspend sur l'abîme; et se confier, dans sa chute immense, au léger voile de soie étendu sur sa tête?

Tel est, cependant, le merveilleux spectacle dont je viens d'être témoin dans les jardins d'un autre Tivoli, où m'avait accompagné mon voisin l'Encyclopédiste, avec lequel je me lie chaque jour plus étroitement.

« J'étais à Paris (me disait-il chemin faisant) quand Montgolfier, en 1782, eut la première idée des aérostats, à la vue d'une jupe légère placée sur un de ces paniers dont on se sert pour chauffer le linge, et qui s'éleva jusqu'au plafond de l'appartement, lorsque l'air contenu dans la capacité du panier se trouva raréfié par la chaleur au degré convenable. Cet effet physique, qui s'était probablement opéré cent fois sous les yeux de gens incapables d'en tirer aucune conséquence, ne fut point perdu pour un homme comme Montgolfier, qui s'était fait une étude particulière de l'application des sciences physiques aux arts industriels.

« Cette seule observation lui révéla toute la théorie de l'aérostatique. Le 5 juin, il en fit, à Annonay, un premier essai qui ne lui laissa plus le moindre doute sur le succès d'une expérience qu'on se hâta de répéter aussitôt qu'elle fut connue, et dont l'appareil prit le nom de l'auteur de la découverte. On se passionna pour les *montgolfières;* elles devinrent l'occasion et l'ornement des fêtes publiques. Les femmes ne rêvèrent plus qu'aérostate; chacune voulut lancer le sien, et la police se vit obligée de réprimer par une ordonnance, un amusement qui compromettait la sûreté publique, en exposant au danger d'un incendie la maison ou la grange sur laquelle pouvait s'arrêter le ballon armé d'un réchaud suspendu à son ouverture.

« Ce goût frivole, qui jusque-là ne différait guère de celui des enfants pour les bulles de savon, devint de l'enthousiasme lorsqu'on annonça qu'il se trouvait un homme assez audacieux pour confier sa vie à ce fragile soutien, et pour suivre les chances de sa périlleuse élévation. Un jeune physicien, nommé Charles, perfectionnant la découverte de Montgolfier, imagina d'employer le gaz hydrogène comme moyen d'ascension. Il construisit un ballon en taffetas gommé, au-dessous duquel il suspendit une petite nacelle, et le 27 août 1783 il s'éleva du milieu du Champ-de-Mars, et donna, pour la première fois, au monde le spectacle d'un homme envahissant le domaine des oiseaux.

« Il est impossible de vous donner une idée de l'effet que produisit un pareil spectacle sur la multitude qui en fut témoin. Des cris d'admiration suivirent dans les airs l'audacieux aéronaute, dont l'entreprise eut un grand nombre d'imitateurs.

« A Paris, à Versailles, à Lyon, MM. Pilatre Desrosiers, le duc d'Orléans, le marquis d'Arlandes et Saint-Romain, exécutèrent plusieurs ascensions dans des montgolfières.

« M. Blanchard, qui s'occupait, sous la direction de l'abbé de Viennai, de la construction d'un bateau-volant, à l'époque où M. de Montgolfier fit sa découverte, répéta, dans le Champ-de-Mars, au mois d'avril 1784, l'expérience de M. Charles, et s'éleva beaucoup plus haut que ses prédécesseurs.

« Aucun événement funeste n'avait encore signalé cette découverte; l'abbé Miauland, MM. Pilatre Desrosiers et Saint-Romain en furent les premières victimes. Ces derniers entreprirent de traverser la Manche, au moyen d'une machine où ils avaient combiné les deux procédés de la raréfaction de l'air et du gaz hydrogène, c'est-à-dire de l'action du feu avec son principe. Cette expérience eut le plus fatal résultat : l'aérostat s'enflamma, et les deux voyageurs aériens, précipités d'une hauteur de huit cents toises, tombèrent à quelque distance de Boulogne. Un modeste monument, élevé sur la plage, y conserve le souvenir de leur courage et de l'affreuse catastrophe qui en fut la suite.

« Ce triste exemple n'effraya point Blanchard : un mois après, le 7 octobre 1785, il s'éleva de Douvres, traversa la Manche, et vint descendre à Calais, où sa nacelle est déposée, comme un monument, dans une des salles de l'hôtel-de-ville.

« Blanchard, étranger à la science, était doué d'une intrépidité qui le tira souvent du mauvais pas où l'engageait son ignorance. Je puis vous en citer un trait qui eut pour témoin une ville entière : dans une ascension qu'il fit à Berlin, le mauvais choix des matières qu'il avait employées dans la composition de l'air dont son ballon était rempli, ne lui permettant pas de s'élever avec la totalité de son poids, il eut l'audace de se débarrasser de sa nacelle et de se laisser emporter à une hauteur prodigieuse en s'accrochant, comme il put, aux mailles du filet de son ballon.

« Toutes les expériences qui se succédèrent en différents pays, dans l'espace de dix ans, n'eurent d'autre effet que de satisfaire une vaine curiosité, et de perfectionner la théorie des ballons, sans rien ajouter à leur utilité. L'application qu'on en fit à l'art militaire, à l'époque de la bataille de Fleurus, faisait espérer des résultats qu'on n'a point obtenus.

« En 1797, M. Garnerin réveilla l'enthousiasme qui commençait à s'assoupir, en annonçant l'expérience la plus hardie que l'imagination puisse concevoir. Opposant la surface à la pesanteur, et la résistance de l'air à la chute des corps, il parvint à se rassurer lui-même sur les dangers d'une descente en parachute, dont toutes les lois de la physique lui garantissaient le succès, sans penser que, dans l'exécution, l'erreur la plus légère, le moindre incident, pouvait ramener la question à son expression la plus simple, c'est-à-dire à la chute de l'aéronaute, d'après la loi des *graves* abandonnés à leur pesanteur spécifique. Les spectateurs, au nombre desquels je me trouvais à Mousseaux, en eurent un moment l'angoisse : le parachute éprouva quelque retard dans son développement, et M. Garnerin paraissait devoir retomber sur la terre, en raison directe de sa masse multipliée par le carré de sa vitesse; mais, heureusement, le parachute s'ouvrit, et la descente s'acheva sans accident.

« J'aurais encore à vous parler (continua mon compagnon de promenade) de l'ascension équestre de M. Testu-Brissy, de celles de mesdames Blanchard et Garnerin, des belles expériences du docteur Zambeccari et de M. Roberston; des ridicules essais de *deux voleurs à tire-d'ailes*, en 1801 et en 1802; mais nous arrivons à Tivoli, et vous avez mieux à faire que de m'écouter. »

Pour juger de l'attention que je prêtais à ce discours, et de l'admiration que m'a causée un spectacle auquel j'assistais pour la première fois, il faut se rappeler que je n'avais aucune idée de ce qu'on me racontait et de ce que j'allais voir.

Instruit qu'on se portait en foule à ce jardin, les jeudis et dimanches, pour y jouir du spectacle insipide des danseurs de corde, de l'illumination et du feu d'artifice, je craignais que l'enceinte de Tivoli ne pût, cette fois, contenir la multitude des spectateurs que cette étonnante expérience me semblait devoir attirer; tout concourait à en augmenter l'intérêt : la hardiesse de l'entreprise, qui n'avait encore été tentée que deux fois à Paris; le sexe, la jeunesse de celle qui se dévouait à cet essai périlleux; la noble et touchante résolution qui le lui faisait entreprendre, dans la seule vue d'être utile à sa famille : quels motifs plus puissants et plus honorables pouvait-on offrir à la curiosité? Je fus étrangement surpris, en entrant, de la solitude qui régnait dans un lieu où je croyais trouver la moitié de Paris. « Vous faites trop d'honneur aux hommes, me dit mon compagnon, si vous croyez qu'un sentiment de générosité les guide jamais dans leurs plaisirs : cette expérience aura autant de spectateurs qu'elle peut en avoir; mais tous, ou presque tous, ont calculé qu'elle était de nature à ce qu'ils pussent en jouir *gratis*, aucune autre considération ne s'est présentée à leur esprit : si vous vous transportiez sur les hauteurs de Montmartre et dans les plaines de Mousseaux, vous y trouveriez dix mille personnes de la classe opulente, qui s'y sont rendues pour éviter les frais de leur billet d'entrée à Tivoli. »

Un Anglais qui nous écoutait se mêla poliment de la conversation : « Je vois ici, nous dit-il, plus de mille écus de dépense, et je n'y vois pas quinze cents francs de recette; à Londres, une pareille expérience aurait rapporté, par souscription, trois ou quatre mille guinées à la jeune personne qui va l'entreprendre sans aucun profit. — Pourquoi donc, monsieur, lui répondis-je, ne vois-je pas ici un plus grand nombre de vos compatriotes? — Nous ne sommes pas curieux à Paris; vos journaux n'auraient pas manqué de vous donner le mérite d'une recette dont nous aurions fait les frais. — Vous ne rendez pas justice à nos journalistes; ils sont, pour la plupart, aussi bons Anglais que vous-mêmes; ils vous auraient laissé tout l'honneur de la fête. — Nous avons plus d'amour-propre chez nous qu'en pays étranger; ce que nous faisons à Paris, nous ne l'aurions pas fait à Londres, et nous serions honteux d'aller nous placer, dans nos carrosses, hors de l'enceinte où l'on paie, comme le font en ce moment vos Parisiens. » Cette observation était plus juste que polie; j'y répondis en m'éloignant.

Le petit nombre de spectateurs que nous trouvâmes à Tivoli se composait d'étrangers de marque, et de quelques dames qui se sont chargées de leur faire les honneurs de la capitale. J'aurais pu trouver là, matière à de singulières observations, mais mon attention était absorbée par un seul objet. Pendant qu'on remplissait le ballon, je me faisais expliquer, par mon savant ami, le but des différents préparatifs que je voyais s'achever avec une anxiété inexprimable. Elle augmenta beaucoup à la vue de la jeune personne qui en était l'objet.

Mademoiselle Garnerin, vêtue d'une robe blanche, et le front couronné de fleurs comme une victime, se fit précéder par un petit ballon d'essai qu'elle suivit un moment des yeux; et, s'apercevant qu'il se dirigeait dans l'auréole du soleil couchant, qui le déroba dans un moment aux regards, elle prévint l'assemblée, avec beaucoup de modestie, qu'elle attendrait pour partir que le soleil, plus près de l'horizon, permît aux spectateurs de la suivre des yeux dans sa course.

Le moment arrivé, la gondole, surmontée du parachute, fut attachée au ballon ; mademoiselle Garnerin s'y plaça légèrement, et, sans donner le moindre signe d'inquiétude, elle salua les spectateurs du drapeau blanc qu'elle tenait à la main, et donna l'ordre à dix hommes, qui le retenaient avec effort, de lâcher les cordes du ballon : sa force d'ascension était telle qu'il s'élança comme un trait dans les airs aux acclamations des spectateurs ; je n'y mêlai pas les miennes ; j'étais oppressé par un sentiment plus pénible ; les larmes roulaient dans mes yeux.

Il avait été convenu avec la jeune aéronaute qu'elle se séparerait du ballon au signal de la détonation de trois boîtes d'artifice : on le donne et les yeux s'attachent avec effroi sur la frêle machine qui continue à s'élever. Déja elle avait atteint une prodigieuse hauteur ; les uns craignaient que cette jeune fille, qui montait pour la première fois dans un aérostat, ne s'y fût évanouie ; les autres, et c'était le plus grand nombre, supposaient que, retenue par une frayeur, que chacun éprouvait, à l'abri même du danger, elle ne pouvait se décider à couper, comme une parque fatale, le fil qui la retenait encore à la vie ; mais tout-à-coup un cri général d'épouvante a retenti; la pâleur est sur tous les fronts; le lien est coupé, la nacelle, séparée du ballon, s'abime dans l'espace... Au même moment, le parachute se déploie, le gouffre se ferme, et l'intrépide aéronaute, mollement balancée dans les airs, semble redescendre à regret sur la terre, où tous les vœux la rappellent.

N° XII. [4 novembre 1815.]

LES MÉDECINS.

> Profite, s'il advient, du bonheur du malade,
> Et vois attribuer au seul pouvoir de l'art
> Ce qu'avec la nature aura fait le hasard
> 	Th. Corneille, *Festin de Pierre*

Comme il pourrait fort bien m'arriver d'avancer, à ce sujet, des propositions mal sonnantes à certaines oreilles, je ne ferai pas mal de les mettre tout de suite à l'abri d'un nom dont on ne s'avisera pas de me contester l'autorité. « Si l'on vient à peser mûrement (remarquez bien, lecteurs, que c'est Boërhaave qui parle) le bien qu'ont fait au monde, depuis l'origine de l'art, une demi-douzaine de vrais fils d'Esculape, et le mal que la multitude immense des docteurs de cette profession a fait au genre humain, on pensera, sans aucun doute, qu'il serait beaucoup plus avantageux qu'il n'y eût jamais eu de médecins dans le monde. » *Habemus confitentem reum* ; et j'en prends acte.

Il y a long-temps qu'on a fait l'observation qu'il

n'y avait qu'une route pour entrer dans la vie, et qu'il y en avait mille pour en sortir; eh bien! ôtez seulement la guerre et la médecine; et si vous dites encore avec Virgile, *que les portes de la mort sont ouvertes nuit et jour*[1], vous ne vous plaindrez plus, du moins, qu'elles soient obstruées par la foule qui s'y précipite.

Je soutiens, depuis long-temps, un paradoxe de la vérité duquel je me donne moi-même comme une preuve vivante : c'est que les maladies ne sont point dans la nature, et qu'elles n'ont point d'autre source que notre intempérance, à prendre ce mot dans sa plus grande acception. Je suis né avec un tempérament très faible, je n'ai jamais été malade, et je suis arrivé doucement à un age ou l'on ne meurt plus que de la mort, comme dit Montaigne. Quel remède ai-je employé pour vieillir? celui que Zadig prescrit au seigneur Ogul : j'ai mangé quand j'avais faim; j'ai bu quand j'avais soif, je me suis reposé quand j'étais las.

La plus forte objection morale qu'on puisse faire contre la médecine résulte, selon moi, de l'inconstance de ses principes : en effet, combien de systèmes différents depuis Hippocrate jusqu'au docteur Gall? Molière, chez lequel s'étaient réfugiés la

---

[1] *Noctes atque dies patet atra janua ditis*
VIRGILE

raison et le bon sens qui manquent à tant de fous, *soutient que la médecine est une des plus grandes erreurs qui soient parmi les hommes.* Je ne connais pas de proposition mathématique susceptible d'une démonstration plus rigoureuse : après avoir cité le témoignage de Boërhaave, je citerai encore celui de Guy-Patin, un des médecins les plus savants et les plus spirituels du dix-septième siècle, lequel prétendait que la PHYSIOLOGIE, la PATHOLOGIE, et la SÉMÉIOLOGIE, *n'étaient que les parties accessoires d'une science dont le fond était la* CHARLATANERIE.

Si le fond de la médecine a toujours été le même, les ridicules des médecins ont changé. dans le seizième siècle, leur science se liait à la chiromancie et à l'astrologie judiciaire : Luc Gauric guérissait, ou du moins prétendait guérir, au moyen des planètes et des signes cabalistiques, ce qui n'empêchait pas qu'on ne vécût alors assez long-temps, et qu'il ne fallût un coup d'arquebuse pour tuer, à quatre-vingts ans, le connétable de Montmorency.

Les médecins prirent de la gravité sous Louis XIV, et cette gravité devint plus comique : la robe doctorale et l'énorme perruque qu'ils adoptèrent à cette époque achevaient d'en faire des personnages de théâtre ; et les scènes où Molière les a fait si gaiement figurer sont les meilleurs mémoires que nous ayons sur la médecine de cette époque : les consultations des médecins de *Pourceaugnac* sont de la plus exacte vérité; la Faculté d'aujourd'hui pourrait en contester les formes, mais elle serait obligée d'en adopter les principes. L'auteur du *Malade Imaginaire* était conséquent: il se moquait des médecins, et ne s'en servait pas. Mauvillain, dont il écoutait les ordonnances sans les suivre, était son ami particulier, et lui fournissait les plaisanteries techniques que l'on trouve dans quelques unes de ses pièces.

Quand j'entrai dans le monde, les médecins à grande perruque avaient disparu pour faire place aux médecins à perruque à trois marteaux; l'habit de velours noir, le solitaire au doigt, et la canne à bec de corbin, étaient les signes caractéristiques de la profession; la bonbonnière en écaille blonde dans la poche de la veste n'était pas encore aussi indispensable qu'elle l'est devenue quinze ans plus tard. Les médecins à bonbonnière s'emparèrent des boudoirs, et rivalisèrent avec les abbés pour les succès de salon : une petite maîtresse avait alors son carlin, son docteur, son perroquet, son abbé, son petit jockey, et son grand heiduque. Ces Hippocrates de toilette s'étaient fait un jargon précieux dans le genre de celui de Marivaux; on leur doit l'invention des vapeurs, sur lesquelles ils ont vécu pendant une vingtaine d'années.

Aux médecins poupards succédèrent les Esculapes de Germanie, qui guérissaient toutes les maladies au moyen du magnétisme et de l'électricité;

ceux-ci affectaient une extrême simplicité : le grand habit de drap brun, boutonné du haut en bas, à la manière des quakers, la petite perruque ronde, sans poudre, composaient leur costume : ils se croyaient obligés de faire, au moins une fois dans leur vie, un pèlerinage en Suisse pour herboriser sur les Alpes et s'entretenir avec Tronchin dans un châlet du pays de Vaud.

Tels étaient l'état et l'esprit de la médecine lorsque je quittai la France pour n'y rentrer qu'un demi-siècle après. Une circonstance pénible vient de m'offrir l'occasion d'observer les changements matériels qu'a subis la gent hippocratienne pendant ma longue absence. Ma bonne Ottaly, cruellement éprouvée par un climat et par un régime nouveaux, a failli mourir, faute de deux ou trois plantes de la Guiane qui servent à ses sauvages habitants, de remèdes universels. Ces dictames bienfaisants ne leur sont pas ordonnés par des médecins brévetés ; ils ne sont pas dénaturés en passant par le pilon et l'alambic d'un pharmacien patenté ; peut-être aussi leur vertu salutaire tient-elle à leur application immédiate.

Je ne crois pas à la médecine ; mais beaucoup de gens y croient, et je ne voulais pas prendre sur moi l'événement d'une maladie qui s'annonçait avec un caractère aussi grave. Je fis transporter la malade à Paris, et je courus chez un médecin célèbre que m'avait indiqué madame de Lorys.

J'arrivai chez le docteur; vingt personnages atendaient dans le salon; je fus introduit à mon tour. Le docteur Norville est un homme d'une cinquantaine d'années, dont les manières n'en ont guère plus de vingt-cinq ou trente : ce qui frappe au premier abord, c'est la satisfaction où il est de lui-même, l'estime qu'il se porte, le bien qu'il se veut. Il était en robe de chambre de piqué de la plus éclatante blancheur, assis dans un grand fauteuil d'acajou massif, dont la figure et les attributs d'Hermès, en bronze doré, composaient les ornements : sa bibliothèque, en bois de citronnier, renfermait toutes les richesses de la science; seulement je remarquai que la reliûre des livres était si fraîche, si brillante, qu'il y avait tout lieu de penser qu'on les avait bien rarement ouverts; mais je pouvais croire qu'un aussi savant homme n'avait plus rien à apprendre dans les livres : je n'en doutai plus, en examinant les deux pilastres de la cheminée incrustés d'une vingtaine de médailles d'or et d'argent, que le docteur avait gagnées dans toutes les académies de l'Europe.

M. Norville, après m'avoir fait asseoir, s'informa poliment de l'objet de ma visite, et, sans attendre ma réponse, il me demanda des nouvelles de madame de Lorys. « Quelle femme! continua-t-il; et pourquoi faut-il que notre art ne puisse rien sur la marche du temps? » Puis il me parla de son joli château dans la forêt de Senart, d'une fête qu'il y avait donnée l'année dernière; puis, avec une adresse de transition très remarquable, il m'entretint des élections, où il venait d'être nommé candidat; du premier concert de madame Catalani, où on lui avait pris sa loge; des alliés; de la chute de madame Sacchi; du boulevart de Gand, et de la rentrée de Talma : il se souvint alors que c'était son jour de loge au Français, et sonna pour prévenir qu'il irait dîner chez la comtesse de Sennecourt. « Vous ne m'avez pas dit, reprit-il, ce qui me procurait l'honneur de vous voir; mais je me suis particulièrement appliqué à la *séméiotique*, et je crois déjà connaître la maladie sur laquelle vous venez me consulter.... Vous avez....— Près de quatre-vingts ans; c'est un mal auquel je ne connais qu'un remède, et je laisse à la nature le soin de me l'administrer; je viens vous consulter pour un autre, j'ai amené avec moi d'Amérique.... » On annonça l'imprimeur. Il apportait les épreuves d'un *Mémoire sur les Palpitations*, que le docteur avait lu à la première classe de l'Institut : il renvoya, pour la correction des épreuves, à un jeune étudiant qui avait suivi ses expériences à l'hospice Saint-Louis, et qu'il avait chargé de surveiller l'impression de son Mémoire.

Son secrétaire vint ensuite lui montrer la première intention de la dédicace d'un de ses ouvrages à un prince d'Allemagne. Le docteur y ajouta quelques phrases, dans lesquelles il comparait un souverain qui avait fourni cent vingt-sept hommes à la coalition, au grand Alexandre encourageant Aristote.

A chaque interruption M. Norville me priait de l'excuser : une fois que j'eus pris mon parti sur son impertinence, je m'amusai beaucoup de ses ridicules. Son valet-de-chambre vint lui dire quelques mots à l'oreille, et dans l'instant une jeune femme, qu'un vaste chapeau de paille dérobait à mes regards, fut introduite dans le cabinet du docteur. Il se leva, lui prit la main; je voulais sortir : « Restez, me dit-il; je suis à vous dans un moment; je n'ai qu'un mot à dire à madame; » et il la conduisit dans l'embrasure d'une croisée : pour conserver une contenance discrète, je me mis à feuilleter un livre.

La petite dame, dont la figure très agréable, bien qu'un peu pâle, se réfléchissait à son insu dans une glace en face de moi, ne se doutait pas que je la voyais rougir et baisser les yeux en parlant au docteur, qui l'écoutait avec plus de plaisir que d'attention. Après un quart-d'heure de chuchotage, la dame prit congé. « Voilà ce que c'est, me dit en rentrant le docteur, qui l'avait été reconduire : un mari absent, une erreur de date : c'est embarrassant; mais la médecine est indulgente.... Elle accorde aux femmes six semaines pour se reconnaître.... Vous disiez donc?.... — Que j'ai pour gouvernante une mulâtresse.... — Une gouvernante? de quel âge? — Mais d'une cinquantaine d'années. — C'est différent!

—Je la crois attaquée d'une fluxion de poitrine.... »
On annonça M. Rougeard, et je vis entrer ou plutôt se rouler un homme de quatre pieds de haut, qui me parut en avoir près du double de circonférence : « Eh bien! mon cher, comment allez-vous? —Toujours souffrant.—Vous travaillez trop.— Que voulez-vous, docteur? mes associés sont des bêtes, et mes commis des brutes; je suis obligé d'avoir de l'esprit pour tout ce monde-là. — Quand partez-vous pour votre terre? — J'attends l'adjudication de la fourniture générale. — Encore quelques millions à gagner? — Bah! des millions ; c'est de la santé qu'il me faut, et, pour en avoir, je vous emmène avec moi à la Grimaudière, où je veux passer le reste de l'été; nous y chasserons, vous à cheval, et moi en calèche. — J'ai tant d'occupations!... Je laisse là mes affaires; vous pouvez bien planter là vos malades; ils n'en mourront pas. — Au fait, j'ai besoin d'un mois de solitude pour achever mon grand ouvrage sur le système musculaire... Nous verrons. — En attendant, à quel régime me mettez-vous? — Continuez Tivoli et le vin de quinquina. — Vous dînez demain avec moi; nous nous amuserons, c'est mon dîner d'artistes. Je vous quitte, j'ai rendez-vous *à la guerre*. — Adieu, Rougeard; l'exercice, mon cher, l'exercice, et sur-tout rompez avec la rue de Clichy, je vous en conjure, j'ai mes raisons pour cela. — Adieu, docteur, à demain. »

« Vous ne connaissez pas ce gros homme-là, me dit-il quand il fut parti? il a autant d'or qu'il en pèse : aussi en est-il à sa quatrième banqueroute..... Mais ne perdons pas de vue votre affaire. Votre Américaine a une fluxion de poitrine, dites-vous?.... (On lui remet un billet.) Allons ne voilà-t-il pas qu'on m'attend à l'hôtel de Senneterre? Le duc arrive malade de l'armée. » Il sonne son valet-de-chambre, me demanda la permission de s'habiller; et, tout en faisant sa toilette, il me parle des influences atmosphériques, d'irritation nervale, d'engorgement de vaisseaux lymphatiques, de la nécessité de mettre fin à l'état fébrile; demande son habit vert américain, son lis en diamants et ses ordres étrangers; ordonne pour la malade des rafraîchissements, de l'eau d'orge émulsionnée; ébouriffe ses cheveux devant la glace, promet de venir le lendemain, sans s'informer de l'adresse de la malade, et saute dans son cabriolet en me demandant mille pardons.

J'étais furieux et le mot de faquin bien prononcé fut entendu d'un homme qui sortait avec moi. « C'est bien le nom qui convient à ce docteur freluquet, me dit-il : je venais le chercher pour ma femme qui s'en est engouée comme tant d'autres folles, tandis que nous avons à notre porte M. Daigremont[1],

[1] M. de Montaigre : à l'époque de la première publication de ce volume cet excellent homme vivait encore; il est mort en 1818, à Saint-Domingue, où l'avait conduit le désir d'être utile à l'humanité.

homme d'un vrai mérite, dont elle ne veut pas entendre parler, parcequ'il soigne *gratis* les pauvres de notre quartier. » Je n'avais pas de temps à perdre; je demandai l'adresse de ce médecin, et je me fis conduire à l'extrémité d'une petite rue du faubourg Saint-Germain, dans une maisonnette entre cour et jardin, dont l'aspect me prévint en faveur de celui qui l'habitait. Le cabinet où je fus introduit avait quelque chose de scientifique qui donnait l'idée d'un homme studieux et modeste : on n'y voyait pas, comme chez son confrère Norville, les figures d'Esculape et d'Hygie sculptées ou peintes sur tous les panneaux : trois ou quatre cents volumes, la plupart reliés en parchemin jauni par le temps, et rangés sur des tablettes de noyer; quelques pièces d'anatomie, un herbier, des cadres d'insectes, et les portraits de Linné, de Haller et de Boërhaave, décoraient seuls ce petit sanctuaire de la science. M. Daigremont, au moment où j'entrai, s'occupait d'une démonstration anatomique, en présence de quelques élèves qu'il faisait opérer sous ses yeux. J'exposai en peu de mots l'objet de ma visite, et je le priai de me donner une consultation par écrit, s'il n'avait pas le loisir de m'accompagner à l'instant même. « Je vous suis, me dit-il; les consultations sont des billevesées : je ne connais de médecine que la clinique, et je n'ai d'avis qu'au chevet du lit des malades. » Tout en parlant il prenait sa canne et son chapeau, indiquait à ses élèves ce qu'ils devaient faire pendant son absence, leur donnait rendez-vous pour le lendemain, à six heures du matin, à l'Hôtel-Dieu, et montait en voiture avec moi.

Je m'aperçois, à regret, que j'ai donné trop de place à la critique, et qu'il ne m'en reste plus pour l'éloge. Je dirai donc en peu de mots que le docteur Daigremont visita ma pauvre Ottaly; qu'il lui donna les soins les plus assidus, et qu'en peu de jours elle recouvra la santé. En retournant dans ma retraite, j'ai cru devoir exprimer au docteur ma reconnaissance en quelques lignes; encore n'ai-je eu que la peine de les transcrire:

« Vous ne m'avez point réconcilié avec la méde« cine; mais vous me forcez de convenir qu'il n'y a
« rien de plus estimable au monde qu'un médecin
« qui, ayant dans sa jeunesse étudié la nature, connu
« les ressorts du corps humain, les maux qui le tour« mentent, les remèdes qui peuvent le soulager,
« exerce son art en s'en défiant, soigne également
« les pauvres et les riches, ne reçoit d'honoraires
« qu'à regret, et les emploie à secourir l'indigent[1] »

[1] VOLTAIRE, *Dictionnaire philosophique.*

N° XIII. [7 NOVEMBRE 1815.]

LE LANGAGE
ET LA CONVERSATION.

> *... Qui aut tempus quid postulet non videt, aut plura loquitur, aut se ostentat, aut eorum quibuscum est rationem non habet, is ineptus esse dicitur.*
> CICERO.
>
> Celui-là est un sot et un impertinent, qui parle sans égard aux circonstances et aux personnes avec qui il se trouve, qui s'empare de la conversation, et qui se fait le sujet de son propre discours.

Mon ami l'Encyclopédiste est un excellent grammairien (dans la meilleure acception du mot), et l'un des hommes de France qui connaît le mieux ce qu'on peut appeler l'art de la conversation. Un paradoxe qui lui est très familier, et qu'il soutient avec autant d'esprit que de logique, c'est que la langue française est, sans aucune comparaison, la plus belle des langues modernes: peu s'en faut même qu'il ne lui donne la préférence sur le latin, qui manque, à son avis, d'euphonie et de clarté; la langue française est, selon lui, celle qui se rapproche le plus du grec, c'est-à-dire de la langue la plus parfaite qu'aient jamais parlé les hommes. Je ne m'engagerai ni dans l'examen des raisonnements et des preuves qu'il apporte à l'appui de son opinion; ni dans la discussion des moyens dont il se sert pour repousser les objections qu'on ne manque pas de reproduire sur cette quantité d'auxiliaires, d'articles, de prépositions, de pronoms amphibologiques, qui embarrassent notre langue et garrottent la pensée, si l'on peut parler ainsi, dans les liens de la phrase, quelquefois si difficile à construire. Une question de cette nature n'est pas de celles que l'on peut traiter sans ennui; je me contente d'exposer sa proposition: « La langue la plus parfaite est celle qui réunit au plus haut degré la *clarté*, la *douceur*, la *variété* et l'*élégance*: la langue française est la plus *claire*, il n'y a qu'un avis sur ce point; elle est incontestablement la plus *douce*, car aucune autre n'offre un plus heureux mélange de consonnes et de voyelles; elle est la plus *variée*, car elle se prête également à toutes les formes du style, à toutes les espèces de compositions en prose et en vers, dont elle offre des modèles achevés dans tous les genres; enfin elle est la plus *élégante*, car elle est dans toute l'Europe la langue de la bonne compagnie. Son universalité seule suffirait pour constater sa prééminence. »

En supposant, disais-je à mon philologue, que vous ayez eu raison il y a quarante ans, à l'époque où l'on parlait en France la langue de Bossuet, de Racine, de Montesquieu, et de Voltaire, vous pourriez bien avoir tort aujourd'hui; car il me semble qu'il s'est fait aussi une révolution dans la langue française, dont je puis d'autant mieux juger, qu'absent de ce pays depuis tant d'années, les changements survenus dans le langage sont plus frappants pour moi qu'ils surprennent, que pour vous qui les avez vus naître ; c'est ainsi qu'on a peine à reconnaître, après une longue absence, un ami dont l'âge a changé les traits, et qu'en restant près de lui l'on n'aurait pas vu vieillir. Sans parler de quelques livres nouveaux en grande réputation parmi vous, et que j'ai toutes les peines du monde à entendre, il m'arrive assez souvent de ne pouvoir suivre un entretien, faute de connaître la signification ou la valeur nouvelle des mots qu'on y emploie : je lui citai pour exemple les deux petits dialogues suivants que j'avais écoutés, mais non pas entendus, la veille, chez madame de Lorys : j'en ai sur-tout retenu ce que je n'ai pas pu comprendre avec le secours d'un dictionnaire de l'académie.

Dialogue en jargon à la mode entre la baronne A*** et le chevalier B***.

LA BARONNE.

Vous n'étiez pas hier *aux Bouffes?* C'est d'un ridi-

cule achevé! Il y avait un monde *fou*, et *la* Catalani a chanté *à miracle.*

LE CHEVALIER.

J'étais allé *tout bêtement* aux Français voir *un début;* et puis, s'il faut vous le dire, *maame*, votre opéra *seria* est ennuyeux *à peste.* Il est *inouï* qu'on entende sans cesse vanter ces *niaiseries musicales* qui viennent expirer dans l'oreille à *l'insu* de l'esprit et du cœur; *Il y a pour en mourir.*

LA BARONNE.

Moi, j'ai l'*ame* plus près de la *peau*, et je vous *déclare* que la musique italienne me fait l'effet d'un bain de mélodie; elle détend et *rafraîchit mes nerfs*, dont *l'agacement* continuel est la source de tous mes maux : mais laissons cela; et, puisque vous étiez au *début des Français*, dites-moi ce qu'il faut que j'en pense?

LE CHEVALIER.

La débutante *est jolie femme; le physique* est bien, le débit juste; mais l'intention *décolorée*, le geste *inquiet*, et la parole tant soit peu *filandreuse :* somme toute, cela me paraît *frappé de médiocrité.*

LA BARONNE.

Que voulez-vous? c'est le *cachet* de l'époque: rien n'est bien, rien n'est mal; tout est médiocre; point de formes prononcées, *point de* GRANDIOSE *en quoi que ce soit.* Dans l'impossibilité où l'on est d'admirer ou de critiquer, de pleurer ou de rire, on prend un terme moyen; on bâille; les talents sont *noués*, les vertus *insignifiantes* et les vices *mesquins*. Les hommes *forts*[1] deviennent chaque jour plus rares, et les femmes *se traînent* dans la vie, sans même s'apercevoir qu'elles *passent par la jeunesse*.

LE CHEVALIER.

Vous en excepterez du moins celles qui, comme vous, ne font que d'y entrer.

LA BARONNE.

Et même celles qui n'en veulent pas sortir.

LE CHEVALIER.

Il faut pourtant bien qu'elles s'y décident; car ce n'est probablement ni vous ni moi *qui leur en éviterons la peine*[2]. A propos de peine, *maame*, vous souffrez donc toujours de vos nerfs?

LA BARONNE.

Ne m'en parlez pas: je suis si prodigieusement *nerveuse*, que j'ai failli mourir cette nuit, parceque ma femme de chambre avait laissé sur mon *somno* un pied de *chrysanthême*[3].

LE CHEVALIER.

Je vous observe que vous auriez bien *mauvaise grace* de vous plaindre d'une organisation pour ainsi dire *éthérée*, à laquelle vous êtes probable-

---

[1] Ce qui veut dire hommes à grands talents.

[2] On épargne, on n'évite pas une peine à quelqu'un; on la lui fait éviter.

[3] Vulgairement nommée *marguerite*.

ment redevable de cette sensibilité *exquise,* de ce goût délicat, de ce tact infaillible dont vous êtes douée *par excellence.*

LA BARONNE.

D'honneur, chevalier, je voudrais pouvoir *décliner* des éloges qu'il en coûte si cher de mériter. C'est un supplice de se trouver *en contact* sans pouvoir jamais être en *rapport* avec les objets qui nous environnent; de souffrir du pli d'une feuille de rose, au milieu de gens qui courent nu-pieds sur des ronces, et qui ne peuvent *entendre* ni vos plaisirs ni vos chagrins. Je *me rappelle* à ce sujet *de* vous avoir entendu dire....

(Ici la dame parla plus bas, et j'eus la discrétion de ne pas écouter plus long-temps.)

Je m'approchai de deux hommes à collet brodé, qui causaient tout haut et debout dans l'embrasure d'une fenêtre; je ne me trouvai guère moins étranger à leur langage qu'à celui de la dame *nerveuse* et de son chevalier.

Dialogue en jargon d'assemblée politique, entre MM. C..... et D.....

C.....
J'ai vu le moment où la *motion passait.*

D.....
Fort heureusement *l'ordre du jour* en a fait jus-

tice; ce qu'il y a de plaisant, c'est qu'il a été *invoqué* avec une chaleur extrême par quelques uns de ceux qui avaient d'abord *appuyé la motion.*

C.....

C'est une méprise à laquelle ces bonnes gens sont malheureusement sujets. La majeure partie de toutes les assemblées politiques se compose de membres dont l'éloquence, dans le cours d'une *session*, se borne à l'emploi de ces mots: *appuyé, l'ordre du jour, la question préalable.* Quand ils sont en verve, il leur arrive quelquefois de prodiguer au hasard les richesses de leur imaginative.

D.....

J'aime mieux le silence absolu dans lequel se renferme notre ami L***.

C.....

C'est un homme très utile; il est spécialement chargé des *murmures*, et il s'en acquitte avec beaucoup d'intelligence.

D.....

Vous avez dû être bien content du discours de Z**; il s'est d'abord franchement *établi sur le grand principe* de la souveraineté, et de là, *sans quitter le terrain de la question*, et dominant son sujet de toute la hauteur de sa pensée, il a fort bien prouvé que *le vaisseau de l'État battu par la tempête révolutionnaire, et froissé contre tant d'écueils, ne pouvait trouver d'abri que dans le port de la monarchie* constitutionnelle, vers laquelle il fallait se hâter *d'activer sa marche.*

« Vos deux dialogues me dit mon Encyclopédiste en interrompant ma lecture, ne prouvent point que la langue française ait dégénéré pendant votre longue absence. A l'époque la plus brillante de notre histoire littéraire, n'avons-nous pas eu l'hôtel Rambouillet, dont les *précieuses* ne parlaient pas la langue de Fénélon et de Racine? La comédie des *Mots à la mode*, de Boursault, en est la preuve. Du temps de Montesquieu et de Voltaire, le jargon de Crébillon fils et de Marivaux n'était-il pas à la mode parmi des gens qui se donnaient pour la bonne société? Quant à la néologie, que de nouvelles institutions politiques ont dû nécessairement introduire dans le langage, c'est une véritable acquisition qu'il a faite, et dont il me semble injuste de se plaindre. La science de la législation, comme toutes les autres, a ses termes techniques, que l'usage fait insensiblement passer des assemblées délibérantes, où le besoin les a créés, dans la conversation familière, où ils n'ont pas d'équivalent.

« Les exemples de mauvais goût, de mauvaises locutions, que vous avez cités, et beaucoup d'autres que vous auriez pu citer encore, en vous rappelant quelques dialogues entre les habitués des théâtres du mélodrame et des Variétés, n'empêchent pas que la langue française n'ait conservé toute sa supériorité, et que les Français ne lui doivent une grande partie de l'art de la conversation, où ils excellent. Ce n'est pas qu'on ne puisse assez généralement appliquer aux conversations des gens du monde le proverbe persan, *J'entends le bruit de la meule, mais je ne vois pas la farine;* et qu'on ne songe involontairement, au milieu de gens qui parlent sans s'écouter et sans se répondre, à cette fameuse plaidoirie de trois sourds : le demandeur parlait d'*arrérages*, le défendeur de *pâturage*, et le juge déclare nul le *mariage*, dépens compensés : mais ce reproche que l'on fait depuis si long-temps aux Français, de parler tous ensemble, leur a presque toujours été adressé par des gens qui parlaient tout seuls, et qui voulaient assujettir la conversation familière aux formes d'une discussion méthodique, qui en détruisent en un moment tout le charme.

C'est au talent de causer, dont les femmes de Paris ont fait une étude particulière, qu'elles doivent en partie l'influence qu'elles exercent dans la société ; c'est d'elles que les hommes ont appris ce qu'ils ignorent par-tout ailleurs, que la conversation est un champ ouvert où chacun peut se jouer en liberté, mais que personne n'a le droit de labourer à son profit; qu'il faut y effleurer tous les objets, et ne s'appesantir sur aucun; que la plaisanterie, toujours prête à en bannir la dispute et le pédantisme, doit y respecter constamment la religion, la vieillesse et le malheur. Les femmes, en qualité de modératrices de la conversation, ont posé des bornes au-delà desquelles la contestation dégénérerait en dispute, l'épigramme en sarcasme, et le sel attique en amertume. Une d'elles a dit, avec un grand bonheur d'expression : « Si vous forcez les autres à craindre votre esprit, vous aurez bientôt occasion de craindre leur mémoire.

« Le plus grand fléau de la conversation, en France, c'est la politique : semblable à ces racines vivaces qui s'alongent, s'enlacent, et vous arrêtent à chaque pas dans les allées d'un jardin, la politique a depuis quelque temps envahi le domaine de la conversation : elle se prend à tout, se joint à tout, et trouve le moyen de séparer tout ce qu'elle réunit. Ce qui contribue à propager le mal, c'est que les femmes en sont atteintes, et qu'oubliant, pour la première fois, le plus cher de leurs intérêts, celui de plaire, elles descendent dans une lice où leurs efforts sont des contorsions, et leur triomphe même un ridicule. Heureusement elles commencent à s'en apercevoir, et quelques unes ont déjà repris leur place dans la galerie. »

N° XIV. [11 novembre 1815.]

LES REVENDEUSES
A LA TOILETTE.

> C'est une illustre, au moins, et qui sait en secret
> Couler adroitement un amoureux poulet.
> Habile en tout métier, intrigante parfaite,
> Qui prête, vend, revend, brocante, troque, achète,
> Met à perfection un hymen ébauché,
> Vend son argent bien cher, marie à bon marché.
> REGNARD, *le Joueur*, acte V.

Dans une ville aussi populeuse que Paris, on a besoin d'un métier qui rapproche les distances, les conditions, et les fortunes. Si chaque classe restait invariablement dans les limites qui lui sont assignées, le luxe verrait bientôt rétrécir son domaine. L'éclat de cette grande capitale tient particulièrement au besoin que chacun éprouve de sortir de sa sphère : il en résulte un effet à-peu-près semblable à celui qu'on remarque dans une foule où l'impulsion, communiquée de proche en proche par le dernier rang, se fait sentir jusqu'au premier, qu'elle porte souvent plus loin qu'il ne veut. Dès l'instant que l'humble *ouvrière* veut s'élever à la condition de *grisette*, celle-ci, pour éviter le voisinage, cherche à monter à l'état de *bourgeoise;* dès-lors, la bourgeoise se croit autorisée à prendre les airs d'une *dame*, et la dame, à son tour, s'efforce de prendre des airs de *princesse*.

De ce besoin de gagner l'étage supérieur a dû naître celui d'y paraître convenablement. Il a fallu dès-lors inventer des moyens pour se procurer, avec le simple nécessaire, les commodités de la vie, et les recherches de l'opulence avec les revenus de la médiocrité. De pareils résultats s'obtiennent rarement sans que la délicatesse ait à s'en plaindre; mais du moins faut-il convenir que ce genre d'industrie a été perfectionné, de nos jours, de manière à dissimuler habilement ce qu'il peut avoir de trop honteux.

C'est aux *revendeuses à la toilette* qu'on en est, en grande partie, redevable. Leur profession n'est cependant pas tout-à-fait moderne: elle date déjà de plus d'un siècle dans l'histoire de nos mœurs. Regnard, en 1694, avait déjà mis sur le théâtre une madame *La Ressource*, qui prêtait aux jeunes gens de bonne famille,

> Sur des nantissements qui valent bien leur prix,
> De la vieille vaisselle au poinçon de Paris,
> Des diamants usés et qu'on ne saurait vendre.

Quinze ans après, Le Sage a mis en scène une

madame *Jacob*, que l'on peut regarder comme le prototype des revendeuses à la toilette. Tous les secrets du métier sont développés par cette malheureuse sœur de M. Turcaret:

« Je revends à la toilette, dit-elle : j'ai l'honneur
« de fournir des dentelles, des rubans, et des pom-
« mades à madame Dorimène; je viens de l'avertir
« que j'aurai tantôt un bon hasard; mais elle n'est
« point en argent, et m'a dit, monsieur, que vous
« pourriez vous en accommoder. »

L'intrigue, l'esprit, et les mœurs de mesdames La Ressource et Jacob, sont encore aujourd'hui les qualités de toutes les femmes de cette profession : elles se mêlent de tout, négocient en même temps une affaire d'intérêt et une affaire de cœur; déploient le même talent pour la vente d'un cachemire et pour la remise d'un billet doux; elles se prêtent à toutes sortes de rôles; elles sont veuves ou mariées, mères ou tantes, suivant l'occasion; elles occupent une échoppe, une boutique, une *petite maison* ou un hôtel, suivant la circonstance. Elles ont aux ordres de leurs pratiques, et selon leur rang, un cabriolet, une calèche ou une berline; une maison de campagne, une chambre de bains à Chaillot ou un cabinet au Cadran-Bleu; elles s'introduisent avec la même adresse dans le palais d'une duchesse ou dans le comptoir d'une marchande; elles parlent avec la même facilité le langage de l'honneur et celui de la corruption : revendeuses dans un salon, usurières dans un hôtel garni, émissaires dans un boudoir, elles s'acquittent également bien de ces différents emplois, qui se prêtent un mutuel secours. Personne n'entend comme elles le secret de satisfaire les goûts dispendieux d'une femme, sans effrayer l'avarice d'un mari : comme Figaro, «par la seule force de leur art, elles savent, d'un seul coup de baguette, endormir la vigilance, éveiller l'amour, égarer la jalousie, fourvoyer l'intrigue, renverser tous les obstacles. » Tels sont les traits principaux qui, de tout temps, ont caractérisé cette classe de femmes ; mais je viens d'acquérir la preuve que, de nos jours, leur commerce et leur industrie se sont encore perfectionnés.

Il y a quelques jours que je me trouvais assis, aux Tuileries, auprès d'un homme d'un certain âge, qui, renversé sur sa chaise, appuyée contre un arbre de l'allée du Printemps, nettoyait ses besicles avec une sorte d'affectation minutieuse qui arrêta sur lui mon attention. Je reconnus ce personnage : c'était le même que j'avais rencontré dans un magasin de lingère, et qui m'avait donné sur cette classe d'ouvrières des renseignements qui m'avaient été fort utiles.

Je le saluai ; il se rappela mes traits, et, comme il est assez communicatif de sa nature, nous renouâmes facilement l'entretien. Je le mis sur le chapitre qui m'occupait, et je le laissai parler sans l'interrompre. « Je viens, me dit-il, habituellement passer chaque jour deux heures dans ce jardin; j'y prends des notes pour un journal manuscrit, où je jouis par anticipation du plaisir que je procurerai à mes lecteurs : ce journal est une chronique galante de la capitale. Chaque écrivain a son genre d'érudition; je n'ai point été puiser la mienne dans la poudre des bouquins : peu m'importe de savoir dans quelle ville est né Homère; combien il y a eu d'empereurs du nom de Comnène, ou de rois d'Égypte du nom de Ptolémée. A défaut de gloire et de profit, je veux du plaisir, et j'en trouve beaucoup dans la composition de mon ouvrage : je me garderai bien de le publier de mon vivant, je ne serais probablement pas assez heureux pour que mes contemporaines se contentassent de m'infliger la punition de Jean de Meung; je craindrais d'avoir le sort d'Orphée.

« J'ai recueilli, avec un soin dont je crois être seul capable, toutes les anecdotes, toutes les aventures de coulisses, de salons, de cabinets, de boudoirs, qui se sont passées à Paris depuis vingt-cinq ans. Je ne pense pas qu'il y existe une femme (de celles qui fixent les yeux sur elles, dans quelque classe de la société que ce soit) qui ait pu me dérober une seule de ses intrigues. Ma science va plus loin; j'ai le tarif de toutes les vertus, de toutes les pudeurs de la capitale. Mon ouvrage sera enrichi de notices biographiques sur les beautés parisiennes, sans acception de rang et de fortune; sur les hommes qui leur ont donné des soins ou qui les ont produites au jour, depuis l'ambassadeur jusqu'au moindre fournisseur d'armée. Le seul séjour des alliés, en 1814, me fournit un volume de mon histoire, où l'on trouvera la preuve de la dégénération sensible des *lords* et *gentlemen*, qui ont décidément perdu tout leur crédit auprès d'une classe de femmes dont ils étaient jadis la ressource

« Vous concevez ce qu'un ouvrage de cette nature a dû me coûter de peines, de recherches et d'études; j'ai été, et je dois en convenir, singulièrement aidé dans mon travail par les revendeuses à la toilette; j'en ai six des plus fameuses à mon service, et je fais à chacune d'elles un traitement annuel, dont je me rembourse à-peu-près sur les renseignements qu'elles sont obligées de venir prendre chez moi.

« Ces femmes me tiennent au courant de toutes les mutations qui s'opèrent dans les liaisons amoureuses. J'ai mon livre de *transferts*, sur lequel je porte ces changements; ce qui me donne le moyen de suivre dans toutes leurs phases ces petits astres terrestres, depuis le moment où ils paraissent sur l'horizon jusqu'à leur déclin.

« De toutes les revendeuses à la toilette que j'emploie, la plus habile et la plus célèbre est, sans contredit, la fameuse *Dubreuil*: chaque état a son génie; celle-ci peut se flatter de posséder le génie du sien.

« Madame Dubreuil, poursuivit mon chroniqueur, est une femme de quarante ans; les notes que je me suis procurées sur son compte, et quelques traces qu'on retrouve encore sur sa figure, indiquent qu'elle a été très jolie et qu'elle a su pendant vingt ans apprécier un pareil avantage. Elle a été tentée, s'il faut l'en croire, de se retirer en province, où certain hobereau voulait, en l'épousant, trouver dans ses épargnes le moyen de relever son vieux donjon; mais le sort en a autrement disposé. Madame Dubreuil a un cœur sensible qui nuit à sa fortune: elle croit devoir rendre aux autres les services qu'elle en a reçus, et sa longue expérience est un bienfait dont elle se croit comptable envers la génération nouvelle. Une figure honnête, un maintien décent, une grande habitude du monde, une discrétion à toute épreuve, et un génie inventif pour qui tout est moyen, même l'obstacle, sont pour elle des ressources inépuisables qui ne lui permettent pas de regretter celles que le temps a taries: elle connaît mieux que personne au monde les besoins d'une jolie femme dont les principes luttent contre les goûts, et sa discrétion lui a assuré la plus brillante clientelle.

« C'est à madame Dubreuil que M. N*** a dû pendant long-temps l'avantage d'entretenir avec un luxe égal et sa femme et sa maîtresse : les dentelles, les cachemires de l'épouse, passaient aux mains de la courtisane, en échange des diamants que celle-ci recédait à la revendeuse à la toilette, qui se contentait d'en changer la monture avant d'en faire hommage à madame au nom de son mari. Par ces échanges, opérés à l'insu des parties, M. N*** s'est fait, avec le moins de frais possible, la réputation d'un mari généreux et d'un amant prodigue.

« Ce qui distingue plus particulièrement madame Dubreuil de la foule des entremetteuses, c'est l'emploi libéral qu'elle fait de son crédit, de son expérience, et même de sa bourse, pour avancer et produire dans le monde les jeunes personnes qui lui semblent dignes d'y figurer un jour; je pourrais vous en citer plusieurs qui brillent aujourd'hui sur nos grands théâtres, et qui lui sont redevables de la robe et de la voiture dont elles se sont servies pour faire leur première visite au chambellan ou au gentilhomme de la chambre de qui elles sollicitaient un ordre de début.

« Habile à protéger la fortune de celles qui s'élèvent, madame Dubreuil se permet quelquefois, par compensation, d'aider à la ruine de celles qui se précipitent, et de tirer le meilleur parti possible de leur chute. Personne ne s'entend mieux qu'elle à acheter au plus bas prix ce qu'elle a vendu au plus haut. Son bon cœur ne l'abandonne cependant pas au milieu de ses spéculations : elle est toujours prête à tendre une main secourable à celle dont elle s'est approprié les dépouilles; elle la suit dans sa détresse, et ne manque pas de saisir, pour l'en tirer, l'occasion qui se présente ou celle qu'elle fait naître.

« Admise dans l'intimité du boudoir, elle sait à propos faire intervenir la partie mercantile de son art dans ces moments où elle n'a de prix que celui que l'amour veut bien y mettre : ces instants fort courts, habilement saisis, lui ont souvent procuré le paiement de créances tout-à-fait désespérées. Un talent qui lui est encore tout particulier, c'est celui de se ménager la faveur des femmes de chambre : elle sait que ce sont des intermédiaires indispensables pour arriver aux maîtresses; et, par une réciprocité de procédés utiles, plus d'une soubrette a vu récompenser, par les honneurs du salon, les services qu'elle lui avait rendus dans l'antichambre. Le rang et la condition ne sont rien pour madame Dubreuil : elle voit toujours l'étoffe d'une grande dame dans la matière première d'une jolie fille.

« La morale de mon livre, car mon livre a la sienne, tout frivole qu'il paraît être, continua mon historien de ruelle, sera de prouver que les mœurs des femmes galantes de l'époque où j'écris ont gagné beaucoup, sinon en pureté, du moins en décence; que le vice a quelque chose de moins scandaleux, et que, si Paris compte encore beaucoup de femmes *qui font parler d'elles*, aucune autre grande ville au monde ne renferme peut-être un plus grand nombre de celles dont *on ne parle pas.* »

N° XV. [15 novembre 1815.]

MON PROCÈS[1].

> *Quæ venit indigne pœna, dolenda venit*
> OVIDE, ep v.
>
> On peut se plaindre d'un mal qu'on n'a pas mérité.

M. Datès, mon procureur, a beaucoup d'affaires dans la tête, et moi je n'en ai qu'une, laquelle me cause, il est vrai, beaucoup plus d'embarras et d'inquiétudes que ne lui en donnent toutes celles dont il est chargé. Il se passe peu de jours sans qu'il me voie arriver chez lui muni de quelque papier timbré, dont mon portier me gratifie tous les soirs au moment où je rentre chez moi. L'habitude ne diminue pas l'espèce d'effroi que j'éprouve à la vue de ce détestable grimoire, que je n'ai jamais moins compris que depuis que je commence à le déchiffrer. On ne s'imagine pas tout ce qu'une perruque de procureur peut enserrer de ruses, de détours de

---

[1] Voyez *les Hommes de loi*, page 80.

chicane, quand on n'a pas lu attentivement, et d'un bout à l'autre, une requête ou une assignation : le préambule n'est qu'inquiétant; les conclusions font frémir; et je mets en fait qu'il n'y a pas d'honnête homme, étranger aux mœurs du Palais, qui puisse y lire de sang-froid le détail de tous les malheurs dont la justice le menace. Je n'oublierai jamais la nuit que m'a fait passer la première assignation que j'ai reçue pour ce malheureux procès : je me croyais déja condamné, aux termes de l'ordonnance,

« A payer à madame de Savignac, ou à ses ayants-
« cause, les sommes dues par le domaine de Page-
« ville, estimées depuis le commencement de l'in-
« stance, au moyen du capital et des intérêts au
« taux voulu par la loi, à la somme de cent vingt-
« deux mille cinq cent trente-deux livres tournois,
« et ce, sans préjudice de cinquante mille francs de
« dommages, applicables aux héritiers Savignac;
« plus, le recours à exercer contre ledit chevalier
« de Pageville, pour les dégradations et dépérisse-
« ment que lesdits domaines pourraient avoir souf-
« ferts entre ses mains; le tout payable dans le délai
« d'une année; se réservant, le demandeur, de pour-
« suivre l'exécution de la sentence à obtenir, par
« toutes voies de droit, et même par corps, le cas
« échéant. »

A la lecture de ces réclamations juridiques, l'indignation et le découragement s'étaient emparés de moi; je maudissais du fond de mon cœur cette société, ou plutôt cette caverne, dans laquelle j'étais venu si vieux me jeter à l'étourdi : combien je regrettais mes savanes, mes forêts, ma cabane, où je vivais à l'abri des recors, des huissiers, et des procureurs !

J'attendis le jour avec impatience. M. Datès n'était pas levé lorsque je me présentai chez lui; je passai une heure d'angoisse à l'attendre dans son étude. Je lui remis, tout effrayé, le papier timbré que j'avais reçu la veille; il le prit avec indifférence, et, après en avoir lu les deux premières lignes : « Ce n'est rien, me dit-il, rien qu'une assignation à huitaine à la troisième chambre. — Eh! monsieur, vous n'avez pas lu les infernales conclusions?... — Je les devine. — Ne croyez-vous pas que le parti le plus sage serait de me cacher en attendant? — Vous cacher! perdez-vous l'esprit! Tout ce qui vous effraie est purement de protocole; ces conclusions sont de forme, et celles que j'ai prises en votre nom contre Dufain et consorts les mèneraient tous à l'hôpital, si nous en obtenions la dixième partie. — Vous ne pensez pas qu'il y ait de risque pour ma liberté? — Je pense que votre affaire est imperdable, et que Dufain, parvînt-il, comme il en est capable, à mettre votre bon droit en question, vous et lui seriez enterrés depuis dix ans avant qu'on obtint un arrêt définitif. Je me fais fort, au besoin, d'exciper de vingt incidents, qui tous doivent être plaidés, sans compter autant de jugements par défaut, dont nous sommes maîtres de poursuivre la cassation. — Croyez-vous nécessaire que j'aille voir mes juges? —Vous-même? c'est à-peu-près inutile; cependant comme c'est un moyen que votre partie adverse ne négligera pas, je ne vois pas d'inconvénient à en user. Vous remettrez à chacun d'eux un exemplaire de votre mémoire. — J'ai donc fait un mémoire?—Vous, c'est-à-dire votre avocat, M. Dorfeuil; mon confrère Dufain y est habillé de main de maître. » En disant cela, M. Datès me remit vingt-cinq exemplaires d'un factum in-4° de dix-huit feuilles d'impression, où mon affaire se trouvait exposée dans un *précis* de cent quarante-quatre pages. Les clients se pressaient dans l'antichambre de mon procureur; je le quittai pour aller prendre connaissance de mon mémoire. Je le trouvai clair et laconique sur le point de fait; mais tellement embrouillé, tellement obscur sur le point de droit, que, juge dans ma propre cause, ma justice aurait fort bien pu embarrasser ma conscience: dès le lendemain je songeai à faire mes visites.

Les préparatifs de cette cérémonie, jadis si importante pour un plaideur, m'occupèrent toute la journée. Je consultai madame de Lorys: « Il y a une trentaine d'années, me dit-elle en souriant, que j'aurais pu vous éviter cette peine; aujourd'hui, nous ne pesons pas plus l'un que l'autre dans la balance de la justice, et vous ne gagneriez rien à emprunter ma voix. » Elle m'indiqua la marche que je devais suivre, l'habit que je devais prendre. Dès l'aube, comme *Chicaneau*, je me mis en course pour aller solliciter mes juges.

Ma liste à la main, mon paquet de mémoires dans la voiture, je m'acheminai vers le domicile du premier inscrit: c'était M. Jannissac. Je m'étais procuré des renseignements sur chacun de mes juges; je savais que celui-ci était issu d'une ancienne famille de robe, et que cet avantage lui donnait à ses propres yeux un degré de considération qu'il se témoignait volontiers lui-même. Je frappai à une porte-cochère d'assez belle apparence; on tira le cordon, et je m'adressai à une petite loge à droite, sur laquelle étaient écrits ces mots sans orthographe: *Parlé au Suisse*. Ce Suisse était une vieille portière qui blanchissait des bas de soie; elle me dit assez brusquement de m'adresser au laquais; ce laquais, que je cherchais partout, n'était autre qu'un palfrenier qui lavait une antique berline: il quitta sa voiture; et, laissant ses sabots au pied du grand escalier, ce maître Jacques, en qualité de laquais, me conduisit jusqu'au salon, où, devenu valet de chambre, il me laissa pour aller prendre les ordres de son maître.

J'attendis la demi-heure d'étiquette; je la passai à examiner l'ameublement de la pièce où je me trouvais. La tapisserie, qui remontait à la fondation des Gobelins, représentait les amours d'Antoine et de Cléopâtre. Deux grands tableaux en regard; l'un, d'après Bourdon, offrait un épisode des guerres de la Fronde; l'autre, peint par Vanloo, représentait la justice sous la figure d'un président à mortier, en robe rouge, foulant aux pieds des factums : je crus y découvrir quelques allusions à la famille de M. Jannissac. Après avoir bien examiné ces deux tableaux et quelques vieilles caricatures visiblement dirigées contre le chancelier Maupeou, je pris un livre que je trouvai sur la cheminée, et je lus quelques pages d'une histoire du parlement de Paris pendant son exil à Pontoise.

M. le conseiller parut, et m'aborda par trois petites salutations où semblaient s'être réfugiés tout le cérémonial, toute la gravité de l'ancienne robe. Il prit mon Mémoire, qu'il roula dans sa main en m'assurant qu'il en avait déjà connaissance; il articula les mots d'*équité*, de *principes*, d'*examen scrupuleux;* et, après m'avoir poliment reconduit jusqu'à la moitié du salon en balançant sa tête avec beaucoup de dignité, M. le conseiller Jannissac me congédia d'un geste de protection dans lequel je crus découvrir une foule de choses, et, entr'autres, la nécessité de rétablir les parlements. Je descendis sans autre cérémonial; et remontant en voiture, je me fis conduire au faubourg Saint-Germain, chez M. Dorson.

J'appris qu'il habitait la campagne, et qu'il n'avait à Paris qu'un pied-à-terre, où on ne le trouvait que les jours d'audience. Je me faisais inscrire sur la liste de son portier, lorsque je le vis arriver dans une petite voiture de Sceaux, et descendre à sa porte. Au petit mouvement d'humiliation que je surpris sur sa figure, je compris qu'il n'était peut-être pas indifférent au gain de mon procès de lui laisser croire que je n'avais pas remarqué la modeste voiture qui l'avait amené. Il décacheta, *avec ma permission*, quelques lettres qu'il trouva chez son portier, et passa devant moi *pour me montrer le chemin*. Je fus introduit dans un entresol dont l'ameublement en fusils de chasse, en carnassières, en poires à poudre, ne rappelait en rien la profession de celui qui l'occupait.

M. Dorson m'assura qu'il connaissait parfaitement mon affaire, sans se douter que j'avais reconnu mon mémoire parmi les papiers qu'on venait de lui remettre. L'heure l'appelait au Palais; il me demanda la permission de s'habiller devant moi; je crus devoir profiter de l'occasion pour lui donner quelques explications importantes sur le fond du procès que l'on m'avait si injustement suscité : l'attention qu'il me prêtait ne l'empêchait pas de m'interrompre, de temps en temps, pour sonner son domestique, pour lui donner des ordres, pour faire monter la portière et l'interroger sur les commissions dont il l'avait chargée pendant son absence. Il ne parut s'apercevoir de l'inconvenance de son procédé que lorsqu'il me vit prendre congé de lui sans achever la phrase que j'avais commencée. Alors il redoubla de politesse, d'égards, et me laissa convaincu qu'il ne suffit pas d'avoir les qualités de son état, mais qu'il faut encore en avoir la vocation pour le bien remplir.

Le troisième Rhadamanthe chez lequel je me présentai demeurait à la Chaussée-d'Antin; il était au moment de sortir, son cabriolet l'attendait dans la cour, et son jockey me pria de ne pas retenir son maître trop long-temps. Celui-ci me reçut le plus cavalièrement du monde, et trouva le moyen de m'apprendre, pendant les cinq minutes de conversation que nous eûmes ensemble, « qu'il avait vingt-huit ans; qu'à défaut d'une compagnie de hussards qu'il sollicitait, il y a trois ou quatre ans, il avait obtenu, à sa grande surprise, une place de conseiller dans une cour supérieure; qu'il l'avait acceptée pour faire quelque chose; mais qu'il finirait un jour ou l'autre par troquer sa simarre contre un dolman, qui lui siérait beaucoup mieux; qu'au demeurant, il avait reçu mon Mémoire; qu'il me promettait de s'en occuper, et de faire pour moi tout ce qui serait en son pouvoir; puis, se rappelant tout-à-coup qu'il m'avait vu chez madame de Lorys, il m'assura, en termes pleins d'obligeance, qu'il prenait à mon affaire l'intérêt le plus vif; » mais comme il s'aperçut que je me préparais à mettre sa bienveillance à l'épreuve en entrant avec lui dans quelques explications sur la nature et l'origine de mon procès, « il me pria de remettre l'entretien à la première assemblée de madame de Lorys, où il ne manquerait pas de se trouver tout exprès pour m'entendre. » Cela dit, en me reconduisant jusqu'au bas de l'escalier, il sauta dans son cabriolet, et disparut au grand trot de son cheval.

J'étais bien tenté de borner là le cours de mes visites, dont je n'apercevais encore ni le but, ni l'utilité; le nom de Laxeuil, que je trouvai sur ma liste, en me rappelant celui d'un magistrat dont la réputation héréditaire avait traversé sans tache les années orageuses de notre longue révolution, me décida sans peine à remplir envers lui une formalité qui pourrait fort bien n'être qu'un abus.

Je me fis conduire chez ce magistrat: il habite une petite maison dans l'île Saint-Louis, dont l'extérieur décent prévient en faveur de l'ordre et de l'aisance de celui qui l'occupe. Au coup de sifflet du portier, un domestique vint me recevoir, et me conduisit dans une salle du rez-de-chaussée, où M. de Laxeuil déjeûnait en famille: il tenait sur ses genoux un enfant de cinq ans auquel il s'amusait à faire épeler le frontispice d'un Télémaque; une de ses filles, âgée de douze ou treize ans, dessinait dans l'embrasure d'une croisée, et madame de Laxeuil faisait à sa belle-mère, infirme, la lecture d'un journal.

Ce magistrat, dont la gravité n'a rien d'austère, me reçut avec une politesse froide, la seule qu'on soit en droit d'exiger de l'homme en place qui ne vous connaît pas; il remit son fils à sa gouvernante, et me pria de passer dans son cabinet; tout y inspirait le respect et la confiance: une antique bibliothèque en garnissait le pourtour; sur la cheminée, un buste en bronze du chancelier de l'Hôpital servait de pendant à celui de d'Aguesseau; un beau portrait de Mathieu Molé se trouvait en regard avec celui de M. de Malesherbes. Des mémoires de parties, des rapports, plusieurs dossiers étiquetés avec soin, étaient rangés sur un vaste bureau placé au milieu du cabinet.

M. de Laxeuil me parla de mon affaire avec autant de précision que de clarté; et, sans me laisser même entrevoir son opinion, il me dit en souriant que le nom de mon adversaire était de bon augure pour ma cause. En me reconduisant jusqu'à la porte extérieure, par un excès de civilité dont j'étais redevable à mon âge, il s'éleva poliment contre cette coutume abusive des visites en matière de procédure, dont la séduction, en dernière analyse, était toujours le motif, quelquefois même à l'insu de ceux dont elle dirigeait les démarches.

La leçon ne fut point perdue ; j'achevai de payer mon tribut à l'usage, en me faisant écrire chez ceux de mes juges à qui j'évitai l'ennui de ma visite : et, tranquille autant qu'on peut l'être en se reposant sur son bon droit, j'attendis mon jugement.

N° XVI. [19 NOVEMBRE 1815.]

UNE NUIT AU CORPS-DE-GARDE.

> *Quid est suavius quàm bene rem gerere bono publico!*
> PLAUTE, *les Captifs*, acte III, scène II.
>
> Quoi de plus honorable que de bien s'acquitter d'un devoir qui tend à l'utilité publique.

La révolution a produit bien des maux : elle a causé de grands ravages, de grands malheurs, de grandes injustices ; tout le monde en convient : la révolution a déraciné de honteux préjugés, d'intolérables abus ; elle a amené des réformes indispensables, et fondé des institutions utiles : voilà ce qu'on ne saurait nier, et ce dont il importe de convaincre des hommes dont la mémoire est sujette à tromper le jugement, et qui s'arment trop souvent des regrets du passé contre les espérances de l'avenir.

Au premier rang de ces institutions utiles fondées au sein de nos orages politiques, comme le nid de l'alcyon au milieu des vagues, il faut compter l'établissement de *la Garde nationale*. Rien de plus noble dans son but, de plus généreux dans son exécution, que cette association volontaire des habitants d'une même ville, où chacun, tour-à-tour soldat et citoyen, veille pour le repos de tous, et s'endort le lendemain dans une sécurité dont il trouve à son tour la garantie dans la vigilance des autres.

Je conçois tout ce qu'un pareil état de choses doit avoir eu de pénible, dans le principe, pour cette classe de Parisiens à qui il en coûte tant de se *désheurer*, comme dit le cardinal de Retz; qui, totalement étrangers à la discipline militaire, n'avaient jamais reçu d'ordres que de leurs femmes, et dont la pendule réglait invariablement les pacifiques habitudes; mais, d'un autre côté, j'ai vécu si long-temps parmi les nations sauvages, pour qui le mot patrie est synonyme de famille, où les charges et les bénéfices de la société sont si également répartis, où l'intérêt de l'individu est si étroitement lié à l'intérêt de la peuplade, que je n'estime peut-être pas assez les avantages de cette civilisation européenne à laquelle nous devons ces armées régulières sur qui reposent au dehors la défense et la gloire de la patrie, et ces légions de gendarmes, chargées dans l'intérieur du maintien de l'ordre et de la tranquillité publique.

Un petit billet que j'ai trouvé la semaine dernière chez mon portier a donné lieu à ces réflexions, et me fournira la matière de ce Discours : c'était un *billet de garde*. En achevant de le lire avec le secours de mes lunettes, je jetai malheureusement les yeux sur une glace en face de laquelle j'étais placé, et où je trouvai la preuve que le sergent-major de ma compagnie, en me commandant de service, n'avait pas consulté mon extrait de baptême. Pour toute réclamation, je résolus de me présenter en personne, et je mis à honneur de passer, à près de quatre-vingts ans, une nuit au corps-de-garde. N'ayant pas dû compter sur l'invitation qui m'était adressée, je n'avais pas songé à me faire faire un uniforme; en conséquence, je me rendis au lieu qui m'était assigné, muni de deux ou trois gilets bien chauds, recouverts d'une redingote bleue, laquelle, à l'aide d'un petit chapeau à trois cornes et de deux baudriers en sautoir, me donnait une certaine tournure militaire qui pouvait, à la rigueur, me tirer de la classe des *bisets*[1].

Ma présence dans les rangs excita un mouvement de surprise auquel je m'étais attendu; mes camarades, parmi lesquels je ne comptais pas de contemporains, paraissaient vouloir se contenter de cette preuve de mon dévouement, et l'officier, s'approchant de moi avec un respect tout-à-fait lacédémonien, m'autorisa très obligeamment à regagner mon logis : je tenais à mettre à fin mon entreprise,

---

[1] Nom que l'on donne familièrement aux gardes nationaux qui ne peuvent ou ne veulent pas s'habiller.

et je lui demandai la permission de monter ma dernière garde.

Notre poste était composé de vingt hommes, commandés par un sous-lieutenant. Nous partîmes de la cour de la Bibliothèque, où nous avions été réunis, pour nous rendre dans la rue du Lycée, près du Palais-Royal. Nous prîmes possession du poste avec tous les honneurs militaires; le sergent numérota ses hommes pour les factions, et, afin de m'en éviter la fatigue, on exigea que je fisse les fonctions de caporal.

Je venais de placer ma dernière sentinelle au bas du grand escalier du Palais, quand on vint nous requérir en toute hâte pour porter du secours à un malheureux, renversé par un cabriolet qui lui avait cassé la jambe au coin de la rue du Coq : aussitôt on tire de dessous le lit de camp la civière dont chaque corps-de-garde est muni. On envoie chercher des porte-faix; il ne s'en trouve pas sur la place : deux de nos jeunes gardes nationaux, les plus étrangers à ce métier par leur rang dans le monde, s'offrent obligeamment à en servir; ils endossent la bricole, et je les suis avec quatre hommes armés. Nous arrivons; la foule se pressait autour du blessé gémissant entre les bras de quelques femmes qui lui prodiguaient des secours et sollicitaient pour lui la pitié publique, dont il avait déjà reçu de nombreux témoignages; nous nous faisons jour jusqu'à lui. Je donne ordre de le placer sur la civière; il ouvre languissamment les yeux, et n'aperçoit pas plutôt la garde nationale, qu'à la grande surprise des spectateurs il se relève avec l'agilité d'un écureuil, et s'enfuit à toutes jambes. Nos camarades, non moins alertes que lui, se mettent à sa poursuite, l'amènent au corps-de-garde, où il nous fait l'aveu d'un genre d'industrie déja signalé, au moyen duquel il mettait un impôt sur la pitié publique. Quelques jours de prison ne l'auront probablement pas décidé à renoncer à une profession qu'il exerce depuis plusieurs années avec autant d'habilité que de profit.

Installés dans notre corps-de-garde, le tambour se mit en devoir d'allumer le poêle avec quelques cotrets de bois vert, dont l'épaisse fumée nous força bientôt d'abandonner la place, et d'aller pendant quelques moments chercher un refuge dans le café voisin : les camarades, en attendant l'heure de la faction, se mirent à jouer aux dames et au domino.

Les alertes sont fréquentes dans le voisinage du Palais-Royal : la première eut pour objet un filou qui s'était glissé à la Bourse, et qui, malgré nos recherches, parvint à se perdre dans la foule : la seconde fois, il était question d'un scandale donné en plein-jour par quelques *demoiselles* qui n'ont d'immunités pour l'exercice de leur profession qu'après le coucher du soleil. Nous fûmes requis, une heure après, pour prêter main-forte à des agents de police chargés d'une saisie chez un libraire : à l'air calme et presque satisfait de celui-ci, pendant qu'on enlevait de chez lui une centaine d'exemplaires d'un ouvrage mis à l'*index*, j'aurais parié que ce contrebandier littéraire avait mis la plus grande partie de l'édition en sûreté, et qu'il avait compté sur cette visite de la police pour donner à un insipide libelle la vogue d'un livre défendu.

La nuit approchait ; chacun revenait au poste après avoir été dîner chez soi ou chez les restaurateurs des environs. Le tambour apportait au corps-de-garde les carricks, les manteaux, les capotes et les bonnets fourrés dont les plus prévoyants ont soin de se munir pour passer la nuit : ceux-ci marquaient, par un oreiller ou par une couverture, leur place sur le lit de camp ; ceux-là jouaient à la triomphe ou au piquet sur le poêle ; d'autres fumaient ; d'autres, en cercle autour de la lampe, écoutaient la lecture d'un journal que faisait à haute voix l'un des camarades ; et l'officier, le cigare à la bouche, dans son grand fauteuil, donnait ses ordres pour le service de la nuit avec autant de sang-froid que Chevert au siège de Prague.

La première patrouille que nous fîmes sortir, et que je commandais, fut appelée par la clameur publique, sous les galeries du Palais-Royal, dans une maison de jeu où un jeune homme venait de se brûler la cervelle, sans que cet événement eût interrompu la *taille*. Pendant que le commissaire de police dressait procès-verbal, dans la chambre voisine, d'une catastrophe dont la victime expirait sous nos yeux, un homme de notre escouade, que j'avais posé en faction à la porte de la salle où l'on jouait, s'amusait à perdre tout l'argent qu'il avait sur lui. A en juger par la fureur où l'avait mis la somme qu'il avait déja perdue, il est permis de croire que si je ne l'eusse pas relevé à temps, il eût pu fournir au commissaire de police l'occasion d'un second procès-verbal : tant il est vrai qu'en fait de passion il faut éviter l'occasion, qui séduit toujours, sans compter sur l'exemple, qui ne corrige presque jamais! Nous ramenâmes au corps-de-garde un officieux qui se trouva nanti, par hasard, de la montre du jeune homme mort, qu'il s'était empressé de secourir.

En achevant notre tournée sous les arcades, nous réglâmes plus d'un différend entre les nymphes qui peuplent ces galeries et quelques officiers étrangers disposés à croire que le droit de conquête s'étend aussi sur cette espèce de muséum, dont l'enlèvement n'aurait pas produit d'aussi vives réclamations que celui du Louvre.

Vers une heure, tout était tranquille au corps-de-garde : les lectures, les jeux, les chants avaient cessé; tout le monde, excepté moi, dormait d'un profond sommeil, et le silence de la nuit n'était interrompu que par le ronflement d'un gros *bisel*, dans le nez duquel l'air s'engouffrait avec un bruit épouvantable. Tout-à-coup la sentinelle crie *au feu!* en un moment le poste est sur pied, et un détachement de dix hommes, dont je fais partie, se porte en hâte vers le lieu où se manifeste l'incendie.

Nous arrivâmes avant les pompiers, et notre premier soin, en approchant d'une maison en feu dont les habitants jetaient les hauts cris, où le danger s'accroissait par l'épouvante et par le désordre, fut d'enfoncer les portes et d'en faire sortir le plus promptement possible les femmes, les enfants, sur qui se porte le plus pressant intérêt, et auxquels sont dus les premiers secours. C'est une justice à rendre aux Parisiens : il n'est pas d'hommes au monde plus sensibles à la pitié; la garde nationale, que l'on peut regarder comme l'élite des habitants de cette grande ville, ne pouvait manquer de donner en cette circonstance l'exemple du zèle et du courage : les postes voisins se joignirent au nôtre; les pompiers accoururent; et telles furent la promptitude, l'intelligence et l'efficacité des secours, qu'en moins de deux heures un incendie qui menaçait tout un quartier fut éteint sans qu'il en coûtât la vie à personne, et sans que le feu eût étendu ses ravages au-delà de l'appartement où il s'était manifesté.

Il était près de trois heures lorsque nous rentrâmes; et, tout en buvant un bol de punch que notre officier avait fait préparer, nous nous entretenions du drame dont nous venions d'être témoins et acteurs. Une nouvelle aventure vint nous offrir le sujet de la petite pièce.

Nous vîmes arriver un bon bourgeois, d'une cinquantaine d'années, porteur d'une de ces figures qu'on ne trouve qu'à Paris, dont la candeur a quelque chose de si comique, et l'importance quelque chose de si burlesque, qu'on commence toujours par rire de leur présence avant de connaître l'objet de leur visite: celui-ci, dont la maison était voisine de notre corps-de-garde, venait nous prier de le faire rentrer chez lui. « Il avait été dîner à la campagne chez un ami où il devait coucher; mais cet ami, qui logeait plusieurs officiers étrangers, n'ayant pas de lit disponible, il avait été forcé de revenir; et sa femme, jalouse à l'excès, refusait de lui ouvrir la porte: il se réclamait d'un de nos camarades, avec lequel il était intimement lié, et qu'il savait être de garde au poste que nous occupions. »

La personne dont il invoquait le témoignage avait obtenu, je ne sais sur quel motif, la permission de s'absenter pendant quelques heures de la nuit; on n'en montra pas moins d'empressement à rendre au pauvre mari le service qu'il venait réclamer: trois hommes furent commandés avec moi, pour aller sommer sa dame de le recevoir.

Nous frappons à coups redoublés: une fenêtre de l'entresol s'ouvre, l'épouse délaissée paraît, et, d'un son de voix très doux qui semblait appartenir et qui appartenait en effet à une très jeune femme, elle nous fait l'énumération des griefs qu'elle avait contre son mari; celui-ci s'excuse d'un ton de vérité qui nous persuade en même temps qu'il nous fait rire : nous commençons par intercéder pour lui; la jeune dame, qui paraissait vouloir gagner du temps, nous invite, au nom des mœurs, à faire passer à son mari la nuit au corps-de-garde; nos jeunes gens, qui se mettent d'autant plus volontiers à la place de ce dernier que sa femme, dont ils distinguent les traits au clair de la lune, leur paraît fort jolie, insistent pour qu'elle ouvre; j'en donne l'ordre formel, en menaçant d'employer les moyens de rigueur; elle se décide enfin : après quelques minutes la porte de l'allée s'ouvre; nous montons sans lumière avec le mari, qui se confond en remerciements, et nous ne le quittons qu'après l'avoir entendu refermer sur lui la porte de son appartement. Nous retournons au corps-de-garde; nous étions quatre quand nous en sommes sortis, nous sommes cinq en y rentrant, et dans ce nombre se trouve le garde national absent par permission, dont le bon mari s'était particulièrement réclamé : sa présence inattendue excita d'interminables éclats de rire, qui redoublèrent à la vue de son sabre et de sa giberne placés sur la même épaule, et d'une de ses guêtres mise à l'envers.

N° XVII. [23 novembre 1815.]

L'AMBITIEUX.

> Je ne charge pas un ennemi seul ; j'attaque une armée entière.
>
> ... ... *Non Siculæ dapes*
> *Dulcem elaborabunt saporem;*
> *Non avium cytharæque cantus*
> *Somnum reducent*........
>
> Hor., ode 1, liv. III
>
> Les mets les plus exquis ont perdu pour lui leur saveur ; le chant des oiseaux, les instruments de musique les plus harmonieux, ne lui rendront point le sommeil

De toutes les passions qui tourmentent le cœur humain, l'ambition, que l'âge augmente, que les revers irritent, que les succès enflamment, qui ne connaît ni but, ni repos, ni trêve ; l'ambition, dis-je, est l'ennemie la plus irréconciliable du bonheur de l'homme. Cent moralistes l'ont dit avant moi : à l'appui de leurs préceptes, je me contenterai de citer un exemple, et de présenter à mes lecteurs un tableau dont la vue a fait sur mon esprit une impression profonde que je desirerais leur faire partager.

Le procès dans lequel je suis engagé m'a fait retrouver un parent assez proche, dont je ne soupçonnais pas même l'existence; et le besoin des renseignements que je ne pouvais obtenir que de lui m'avait conduit, il y a deux mois, dans la terre qu'il habite aux environs de Creil, sur les bords de l'Oise. L'image du bonheur ne s'était jamais offerte à mes yeux sous un aussi ravissant aspect.

M. de Sergis, âgé de quarante-cinq ans tout au plus, homme d'esprit, possesseur d'une grande fortune dont il faisait le plus honorable usage, était l'époux d'une femme de dix ans plus jeune que lui, dont la beauté n'était que la moindre des perfections; il est impossible de réunir plus de vertus, de talents et de graces. Le ciel, qui semblait avoir pris à tâche de combler M. de Sergis de toutes ses faveurs, lui avait donné deux enfants (un fils de dix-sept ans et une fille de seize) doués de ces figures idéales qu'Angélica Koffmann ou Prudhon se sont plu à créer.

Je fus accueilli avec une extrême bonté dans cette heureuse famille, dont l'habitation charmante aurait mérité d'être décrite par le chantre des *Jardins*.

Je retournai souvent dans ce château, où j'aimais à me convaincre que la félicité humaine avait enfin trouvé un asile. Un jour que M. de Sergis était absent, je crus, pour la première fois, remarquer un nuage d'inquiétude et de tristesse sur la figure de sa femme. Mon âge, mes relations de parenté, donnèrent un prétexte à mon indiscrétion ; je lui fis part d'une remarque qui m'alarmait. « M. de Pageville, me dit-elle avec un profond soupir, vous m'avez souvent félicitée sur mon bonheur ; je le croyais inébranlable sur les bases où je l'avais fondé, cependant j'ai tout lieu de craindre de le voir incessamment renversé... (répondant, sans l'attendre, à une question que la surprise allait m'arracher); l'ambition, continua-t-elle, s'est emparée du cœur de mon époux : les événements politiques, en lui rappelant ce qu'il doit à ses ancêtres, l'égarent sur ce qu'il se doit à lui-même et à ses enfants. Il s'est montré à la cour ; on s'y est souvenu de son nom : dès ce moment les fumées de l'ambition, les rêves de la grandeur ont troublé ses esprits, altéré son jugement, et peut-être détruit pour toujours son repos et le nôtre. »

Cette dame entra avec moi dans le détail des circonstances qui avaient amené cette révolution subite dans les principes et dans le caractère de son époux ; elle me parla de ses nouvelles liaisons, de ses projets ambitieux dont il ne faisait déjà plus mystère, et finit par me prier instamment d'employer, pour le ramener à des idées plus saines, tous les moyens de persuasion que pouvait me suggérer ma longue expérience des hommes.

Ce jour-là même je le vis arriver à la campagne

dans l'étrange appareil d'un ancien courtisan de *l'OEil-de-Bœuf;* il embrassa d'un air distrait sa femme et ses enfants, et donna l'ordre à ses gens de tout préparer pour retourner le lendemain à la ville.

« En trois jours, j'ai terminé de grandes affaires, me dit-il en s'asseyant près de madame de Sergis, qui l'écoutait avec une inquiétude visible : j'ai fait l'échange de cette terre, qui est beaucoup trop loin de Paris, contre un des plus beaux hôtels du faubourg Saint-Honoré; j'ai obtenu pour Jules (c'est le nom de son fils) un brevet de sous-lieutenant de cavalerie, et j'ai reçu pour ma fille, ajouta-t-il en se penchant à l'oreille de sa femme, des propositions de mariage auxquelles je n'ai pas voulu répondre, toutes brillantes, tout inespérées qu'elles sont, avant de vous avoir consultée. » Madame de Sergis, après avoir pris un prétexte pour faire sortir ses enfants, voulut représenter à son mari « que les études et les dispositions de son fils l'appelaient dans la carrière des lettres; qu'ils avaient déjà contracté pour leur fille une sorte d'engagement où tous les rapports de goût, d'âge, de convenances, se trouvaient réunis; » mais il écouta ces représentations avec tant d'impatience, il répondit d'un ton si sec, que madame de Sergis se leva et sortit pour cacher l'émotion trop vive dont elle n'était plus maîtresse.

« On n'accusera pas ma femme d'être ambitieuse, dit-il avec un sourire forcé. — Non, sans doute;

mais ce reproche, mon cousin, ne pourrait-il pas vous atteindre?—Du moins je ne pense pas qu'il puisse raisonnablement s'adresser à celui qui se borne à faire valoir ses droits et à se replacer à son rang dans l'ordre social. — Vous étiez si bien!

Du desir d'être mieux naît le malheur des hommes,

a dit je ne sais plus quel poète. Est-il un rang dans la société au-dessus de celui où vous a placé la fortune? Riche, indépendant, honoré, chéri de tout ce qui vous entoure, vous jouissez des biens que les autres espèrent; et, quelque souhait que vous formiez maintenant, vous ne pouvez plus *aspirer qu'à descendre*. — Mon dieu, j'ai goûté les charmes, et je connais le prix de cette *médiocrité d'or* que vous me vantez après Horace; mais on ne se doit pas seulement à soi-même, à sa famille; on a des devoirs à remplir envers son prince, envers ses concitoyens; et quand on est, comme moi, sur le chemin des honneurs, je pense qu'il y aurait plus d'égoisme que de modestie à les fuir. Je vous dirai, à vous, mon cousin, ce que je n'ai pas encore osé dire à ma femme, que l'habitude a, pour ainsi dire, confinée dans la vie domestique : Je suis à la veille d'obtenir une très grande place et toutes les dignités qui l'accompagnent. Quelle excuse, quel prétexte même aurais-je pour la refuser? Je vous le demande à vous-même, en vous priant de vous rappeler que j'ai quarante-cinq ans, et qu'un de mes aïeux a occupé le poste éminent que l'on paraît vouloir m'offrir. — Puisque vous me permettez de m'expliquer franchement, je vous répondrai qu'il est telles circonstances où les hommes en place qui se croient élevés ne sont qu'en l'air, et où les services que l'on peut rendre, avec les intentions les plus pures et le zèle le plus ardent, ne peuvent balancer le mal que l'on peut faire par le défaut d'expérience, de lumières et de talents supérieurs qu'exigeait alors une place de cette importance pour être dignement remplie; et, puisque vous parlez de votre illustre aïeul, je dois vous montrer, dans sa réputation même, l'écueil où viendra nécessairement échouer la vôtre. On s'armera de sa force contre votre faiblesse; et, feignant de vous mesurer avec lui, on vous rabaissera de toute sa hauteur. — Avec de pareilles craintes, les descendants d'un grand homme se verraient toujours condamnés à l'obscurité. — Non; mais ils doivent éviter de briguer une gloire parrallèle.... — On ne peut juger les hommes que par comparaison avec leurs contemporains; et, comme dit Cicéron: *Que les grands soient un modèle pour le public, c'est tout ce qu'on leur demande.*[1] — En voyant de près ces grands au milieu desquels vous

---

[1] *Cæteris specimen esto; quod si est tenemus omnia*
　　　　　Pensées de CICÉRON.

allez vivre, vous en serez bientôt désabusé. Pour se désenivrer, il suffit, à ce qu'on assure, de dormir à l'ombre de la vigne : vous reconnaîtrez la chimère après laquelle vous allez courir ; mais vous ne serez pas maître de renoncer à sa poursuite. Fontenelle a fort bien comparé la soif de l'ambition à celle de l'hydropique, qui *s'irrite et s'accroît à mesure qu'on cherche à la satisfaire.....* »

Je mis en usage tout ce que mon esprit, mon cœur et ma mémoire purent me fournir d'arguments, pour démontrer à Sergis qu'il avait déjà fait un mauvais marché en troquant son château contre un hôtel, et qu'il se préparait à en faire un bien plus mauvais encore, en échangeant le bonheur dont il jouissait contre de brillantes illusions auxquelles il avait déjà fait le sacrifice des sentiments les plus doux, et qui finiraient par exiger celui des devoirs les plus chers. Le raisonnement qui ne sait que convaincre l'emporte rarement sur la passion qui persuade. Mon cousin trouva que je prêchais à merveille, me remercia de mes conseils, et ne les suivit pas.

J'avais été long-temps sans le revoir. La voix publique m'apprit le double malheur dont il avait été frappé coup sur coup : il avait marié sa fille à un homme puissant, qui fut disgracié et forcé de s'expatrier un mois après son mariage ; son fils, dont il avait forcé l'inclination pour le faire entrer au service, avait été tué en duel en prenant la défense de son beau-frère, attaqué dans son honneur par un de ses camarades.

Je sentis tout ce que ma vue pouvait avoir de pénible pour M. de Sergis dans les premiers moments de sa douleur; je me contentai de me faire écrire à sa porte.

Mon procès, à la veille d'être jugé, et dans lequel il doit intervenir comme un des héritiers de la dame qui plaide contre moi du fond de son tombeau, me força, ces jours derniers, de me présenter chez lui. Jamais contraste plus affligeant n'avait frappé mes yeux : madame de Sergis, chez laquelle je fus introduit d'abord, et que j'eus de la peine à reconnaître, tant le chagrin avait altéré ses traits, portait, contre l'usage, le deuil de son fils; l'empreinte aride du désespoir était sur sa figure. Elle retrouva quelques larmes en me voyant. Quelle autre consolation pouvais-je lui donner que de pleurer avec elle? En contemplant cette femme adorable (que j'avais vue, quelques mois avant, la plus heureuse des épouses et des mères), flétrie par la douleur, sans famille, seule au milieu d'un palais où le désespoir habitait avec elle, je faisais de douloureuses réflexions; la présence de son mari m'en fit naître de bien amères.

Je le trouvai dans un cabinet où je ne parvins qu'en traversant la foule des solliciteurs qui se pressaient dans les salons et dans les antichambres; il ne me dit pas un mot de sa femme ni de ses enfants; son air était sec, son front soucieux. Il était aisé de voir, au premier coup d'œil, que le poids des affaires écrasait sa faiblesse, qu'il errait dans un labyrinthe où chaque pas l'égarait davantage. Il convint avec moi qu'il ne s'était imposé qu'un honorable tourment : sans cesse entouré d'envieux et de flatteurs, tourmenté par des lettres anonymes, espionné, calomnié, persécuté par des ennemis déguisés sous toutes les formes, il n'avait de repos ni jour ni nuit, et cependant son plus grand supplice était la crainte de perdre une place devenue pour lui la source intarissable de tous les maux dont il était assiégé. Quel dédommagement y trouvait-il pour tant de périls, tant de souffrances, tant d'inquiétudes?... On l'appelait MONSEIGNEUR.

N° XVIII [27 NOVEMBRE 1815.]

MON PROCÈS JUGÉ[1].

> Comment y aurait-il des procès au monde, si jamais une mauvaise cause ne trouvait d'avocat pour la défendre ? C'est une question que je soumets à toutes les académies de jurisprudence.
> DIDEROT.

Les trois plus mauvaises nuits que l'on puisse passer dans ce monde sont, je crois, celles qui précèdent un jour de noces pour un jeune homme qui épouse une vieille femme ; un jour de première représentation pour un auteur qui débute dans la carrière du théâtre ; un jour d'audience pour un plaideur qui attend un jugement d'où dépend sa fortune. L'état sauvage, n'eût-il sur l'état civilisé d'autre avantage que de mettre les hommes à l'abri de cette triple épreuve, on ne doit pas s'étonner qu'il ait trouvé de si zélés défenseurs.

Qui m'eût dit, il y a trois mois, quand je parcourais les vastes galeries du Palais pour y acheter

[1] Voyez page 157.

des mules ; quand je répondais aux questions ingénues que me faisait Zaméo sur les noirs habitants de ces antiques voûtes; qui m'eût dit alors que, quatre-vingt-cinq jours après, j'y rentrerais avec la crainte d'en sortir ruiné; que j'aurais à y répondre aux arguties frauduleuses d'un marchand de paroles, salarié pour travailler à ma ruine, pour égarer l'opinion de mes juges, pour m'enlever, par un arrêt en forme, un héritage dont ma famille est en possession de temps immémorial?

Un mot de mon avocat m'avait appris, lundi dernier, que ma cause devait être jugée le lendemain : j'eus beau appeler la philosophie à mon secours; j'eus beau me dire qu'il était bien difficile que la justice, quelque injuste qu'elle pût être, ne m'en laissât pas assez pour le petit nombre de jours qui me restaient à vivre; je n'en passai pas moins une de ces nuits qui paraissent si longues à l'inquiétude qui veille. Tous les détours de la chicane, tous les défauts de formes, toutes les fausses applications de principes dont mon adversaire pouvait s'armer contre moi, se présentèrent en foule à mon imagination; et comme la crainte ne s'effraie pas moins des chimères qu'elle se forge que l'espérance ne se repaît des illusions qu'elle se crée, je voyais déjà des oppositions entre les mains de mes fermiers; mon patrimoine en vente par autorité de justice; les huissiers, les greffiers envahissant mon domicile, et procédant par *vacations* aux saisies, aux inventaires, aux procès-verbaux, dont le prix devait finir par absorber le peu qu'aurait pu me laisser l'exécution littérale du jugement porté contre moi.

Ce fut au milieu de ces tristes réflexions que je m'acheminai vers le Palais, où j'arrivai de très bonne heure, comme ces faux braves qui ne croient jamais arriver assez tôt au rendez-vous. Me voilà dans cette grande salle, si bien nommée des *Pas-Perdus;* tantôt les yeux fixés sur la porte de cette *seconde chambre,* que je comparais en ce moment à la boîte de Pandore; tantôt regardant avec inquiétude les gens qui passaient près de moi en robe noire, et auxquels je me croyais obligé de prodiguer les saluts, dans la peur d'indisposer, sans les connaître, quelques uns de ceux à qui j'allais avoir affaire : ma politesse s'étendait jusqu'aux huissiers, jusqu'aux garçons de salle.

Je voyais arriver, les uns après les autres, mes confrères les plaideurs, marchant à la suite de leurs procureurs, lesquels répondaient avec tout le sang-froid de la plus imperturbable indifférence aux questions vives et multipliées que ceux-là leur adressaient. Vinrent ensuite les avocats : les uns avec le portefeuille sous le bras; les autres, en vieux praticiens rigides observateurs des anciens usages, munis d'un sac gothique sans lequel **Perrin Dandin** ne pouvait faire un pas. Que de figures à peindre, que d'observations à faire, pour un homme moins occupé d'intérêts personnels que je ne l'étais alors!

En tout lieu la personne que l'on cherche est toujours la dernière que l'on trouve : tandis qu'au milieu de cette foule (où j'aurais pu me croire au bal de l'Opéra, si j'avais eu l'esprit à la danse) je cherchais à reconnaître mon procureur et mon avocat sous leur domino, je me trouvai face à face avec ma partie adverse. Mon sang s'alluma tout-à-coup à la vue de ce vieux coquin, dont les yeux vairons semblaient me dire : « Tu ne t'attends pas aux « coups que nous allons te porter. » Il passa tout près de moi, et me salua d'un air si insolent et si goguenard, en soulevant son crasseux bonnet, que j'eus un moment l'envie de prendre avec ma canne un à-compte sur la justice qui m'était due, et que j'avais bien peur de réclamer en vain ; mais j'aperçus M. Datès ; je courus à lui, et lui témoignai la crainte que j'avais eue qu'il n'arrivât trop tard.

« Je ne suis pas, me dit-il en riant, de ceux qui viennent deux heures avant l'audience chercher des clients dans la grand'salle : le procureur dont la clientelle est faite, dont tous les moments sont employés, ne vient pas ici perdre un temps précieux ; il ne s'y rend qu'au moment même où sa présence peut être utile.

« Les trois quarts des avocats et des procureurs que vous voyez dans cette salle n'ont sous le bras que des dossiers d'apparat, de vieilles procédures de rebut qu'ils ont achetées avec leur étude, dont ils connoissent à peine l'objet, et qu'ils n'apportent que pour se donner une contenance : l'air affairé qu'ils affectent avec des clients de louage

N'en impose qu'aux gens qui ne sont pas d'ici.

Si vous écoutiez leur conversation, vous seriez tout surpris d'apprendre qu'il est question de la pièce nouvelle, d'un article de journal... »

L'arrivée de mon avocat ramena l'entretien sur mes affaires personnelles. « Au choix de l'avocat plaisant ou du plaisant avocat que notre partie adverse a fait, me dit M. Dorfeuil, je crois avoir deviné leur système d'attaque, et je ne suis pas embarrassé de le ruiner de fond en comble : il y a un côté comique dans votre affaire ; mon confrère Bawler ne manquera pas de s'en saisir : la plaisanterie est un genre d'escrime où il excelle, et ce ne serait pas la première cause qu'on aurait gagnée à la pluralité des quolibets : heureusement je me suis mis en garde contre ses sarcasmes et ses bons mots. — En cherchant à les repousser à force de raison, prenons garde d'ennuyer l'auditoire et d'endormir *Messieurs;* ce ne serait pas la première cause qu'on aurait perdue tout d'un somme. — Ne craignez rien, je ferai en sorte de tenir mon homme éveillé ; nous avons pour nous le fait et le droit ; mais nous avons à nous défendre de la forme contre des gens qui savent tout le parti qu'on peut en tirer. Dufain ne s'en cache pas; le code est son Évangile, et tous ses cas de conscience sont décidés par son avocat. Je suis casuiste aussi, et je connais son *for intérieur.*

— Si ma cause était celle d'un autre, je ne serais embarrassé que de savoir ce que la partie adverse pourrait dire à l'appui de la sienne. — De fort bonnes choses, peut-être : ce n'est pas faute d'avoir des idées très exactes de l'honnêteté que les malhonnêtes gens se conduisent mal; écoutez-les quand ils se défendent, mais sur-tout quand ils accusent; vous ne trouverez à reprendre que l'application qu'ils font des excellents principes qu'ils invoquent... »

M. Dorfeuil fut interrompu par quelques uns de ses clients qui vinrent tour-à-tour lui parler de leur affaire; il répondit à chacun avec autant de clarté, de précision, que s'il n'eût eu à s'occuper que de celle du dernier qui lui parlait. Cependant il avait ce jour-là, sans compter la mienne, trois causes à plaider : une redevance contre laquelle on faisait valoir la prescription; une question d'état civil d'un très haut intérêt; et une demande en résiliation de bail.

Enfin les portes de la chambre s'ouvrirent, les huissiers prirent leur place, et le public du Palais (qui se compose, pour les quatre cinquièmes, de gens désœuvrés qui ont trois ou quatre heures de la journée à perdre), à défaut de séance à la cour d'assises, se porta en foule à cette audience civile. Ma place me fut assignée entre mon avocat et mon procureur : un murmure d'impatience satisfaite annonça l'entrée des juges, dont la contenance grave et réfléchie n'était cependant pas tellement uniforme qu'on ne pût y démêler la trace de leurs différents caractères. L'huissier frappe trois coups, et la séance est ouverte.

Le greffier se mit en devoir d'appeler les causes d'une voix nasillarde occasionée par la pression des deux verres de ses lunettes, qu'il n'a probablement pas voulu changer contre des besicles, par haine pour une invention qui date de la suppression des parlements.

La première cause qu'il appela, par ordre de rôles, était une action en paiement d'une somme d'argent assez considérable, prêtée par un ami, et remboursable à une époque fixée par l'obligation. Le débiteur voulait éviter le terme du paiement, et son avocat ne trouvait rien de mieux pour cela que de présenter un service rendu comme un prêt usuraire; et, attendu que le titre du demandeur, tout incontestable qu'il était, ne *précisait* pas l'origine de la créance, le tribunal, faisant droit aux conclusions du procureur, accorda au débiteur six mois pour s'acquitter. Voilà un homme bien récompensé de son obligeance! J'ai de la peine à croire qu'à l'avenir il prête de l'argent à ses amis.

Dans la seconde cause, il s'agissait d'un tuteur qui avait dissipé le bien de ses pupilles. Le ministère public fit un très beau réquisitoire en faveur des orphelins, dont il se déclara le père. En conséquence, il conclut à ce que tous leurs biens leur fussent rendus avec les intérêts d'*iceux*. Le tribunal rendit un arrêt *conforme*. Malheureusement, l'héritage dont le tuteur infidèle avait à rendre compte était presque tout entier en billets et en créances; la loi ne pouvait atteindre le spoliateur; et les mineurs, nantis d'un jugement qui les réintégrait dans leurs biens, n'en furent pas moins ruinés.

On appela ma cause: un frisson me saisit, et je fis probablement de vains efforts pour dissimuler le trouble et l'inquiétude dont j'étais agité. Je ne fatiguerai pas mes lecteurs en les forçant d'entrer dans les détails, et d'écouter les débats fastidieux d'un procès où il était cependant assez amusant d'entendre une femme morte depuis plus d'un demi-siècle plaider contre un mineur octogénaire. Il me suffira de leur donner une idée du ton que prit l'avocat de ma partie adverse, en citant la première phrase de son plaidoyer:

« Nous venons, dit-il d'une voix claire et syncopée, après un siècle de spoliation, réclamer un bien qui nous appartient par un droit d'hérédité naturelle, et dont un autre est injustement possesseur; car le propriétaire et le possesseur sont bien souvent deux personnes différentes..... Demandez plutôt aux maris et aux amants.... »

Ce premier trait, après lequel M. l'avocat crut devoir s'arrêter, ne produisit aucun effet... « Continuez, Mᵉ Bawler, lui dit avec beaucoup de gravité M. le président; on ne rit pas encore. » Cette observation, dont on rit beaucoup, décontenança l'orateur, et priva probablement l'auditoire d'une foule de bons mots de même espèce qu'il supprima dans le cours de son plaidoyer, ou sur lesquels il crut devoir passer plus légèrement.

L'avocat Bawler ne manqua pas, selon l'usage, d'alonger son exorde de l'éloge de son confrère, *contre l'éloquence duquel il ne trouvait d'appui que dans la justice de sa cause;* puis entrant tout-à-coup en matière par une magnifique prosopopée, il montra la marquise de Savignac « secouant la poussière du tombeau et apparaissant à l'audience pour y réclamer elle-même son patrimoine; patrimoine acquis par les services de ses illustres ancêtres, dont un étranger s'appropriait les nobles dépouilles.... »

Ce mouvement oratoire, dont il crut augmenter l'énergie en agitant avec fureur les grandes manches de sa robe, ne parut pas de meilleur goût que ses plaisanteries; il eut recours alors au genre d'éloquence qui lui est le plus familier : à l'abri de six aunes de ras de castor dont il était affublé, d'un rabat couvert de poussière et de tabac, et d'une toque de feutre qu'il ôtait avec respect chaque fois qu'il s'adressait directement à la cour, ce suppôt de la chicane, abandonnant le point de droit et la discussion du fait, crut pouvoir se permettre impunément les personnalités les plus offensantes : il me représenta « comme un homme qui avait eu de *bonnes raisons* pour aller s'ensevelir aux bords de l'Orénoque, *parmi les Hurons et les Iroquois*, et prétendit que, pour rentrer dans ma patrie, j'avais eu besoin d'invoquer le *bénéfice de mon âge.* » Je ne pus contenir mon indignation ; et, m'approchant de l'oreille de l'orateur, je lui dis qu'il m'en ferait raison au sortir de l'audience. « Je prie la cour, continua-t-il du même ton, d'observer, comme preuve à l'appui de tout ce que j'ai avancé, que le sieur de Pageville vient de provoquer son adversaire en duel dans la personne de son avocat. — J'en demande acte, » s'écria Dufain. Ce petit incident n'eut d'autre suite que d'égayer la cour et l'assemblée. Mᵉ Bawler reprit la parole, et termina sa plaidoirie comme il l'avait commencée, en demandant que je fusse condamné *à payer à la dame de Savignac, ou à ses ayants cause, la somme de* 122,532 *livres tournois, sans préjudice,* etc.

Mon avocat prit la parole; un exposé rapide lui suffit pour établir clairement la question que je n'avais jamais bien entendue moi-même : il démontra d'une manière si palpable, non seulement l'injustice, mais aussi l'absurdité des prétentions de mon adversaire, que je lus sur la figure des juges la conviction qu'il faisait entrer dans leur esprit. S'élevant ensuite avec une véritable éloquence « contre ce système de diffamation introduit au barreau, il s'étonna sur-tout que mon adversaire enseignât imprudemment aux autres l'usage d'une arme dont la moindre piqûre pouvait lui devenir si funeste. »

Il cessa de parler; les juges allèrent aux voix, et je gagnai ma cause avec dépens.

L'audience finie, je courus à M. Dorfeuil; je ne trouvais pas d'expressions pour lui témoigner ma reconnaissance : « Vous venez de gagner votre procès, me dit-il; si vous m'en croyez cependant, vous transigerez avec Dufain en payant la moitié des frais. —Quand nous avons un arrêt qui le condamne?— En première instance; mais n'a-t-il pas l'appel, le recours en cassation? Il peut vous tourmenter encore long-temps: quelques centaines d'écus ne peuvent être mises en balance avec votre repos. » M. Dorfeuil m'expliqua ce que j'avais encore à craindre; il me prouva que la justice, aveugle ainsi que la fortune, était également sujette à s'égarer sur les pas de ses guides, et finit par me persuader de ne pas m'exposer une seconde fois à gagner mon procès.

N° XIX. [5 décembre 1815.]

LES CONSOLATIONS.

Rebus angustis animosus, atque
Fortis appare........

Hor., ode vii, liv. II.

C'est dans le malheur sur-tout qu'il faut chercher à connaître toutes ses ressources, et à en faire usage.

Imitation

C'est une bien malheureuse disposition de l'esprit humain que celle qui nous prive, dans la bonne et sur-tout dans la mauvaise fortune, du sang-froid dont nous aurions besoin pour juger sainement notre position. Le découragement dans les revers est peut-être le plus grand défaut de notre caractère national : l'orage a-t-il passé sur notre domaine, nous ne voyons que le ravage qu'il a fait, les arbres qu'il a brisés, les moissons qu'il a détruites. Le regret des biens qu'on nous ôte ne nous rend pas seulement insensibles à la jouissance de ceux qu'on nous laisse, il nous en dérobe la vue, et souvent même nous y fait trouver un excès d'infortune.

J'ai vainement lutté toute ma vie contre cette fatale disposition, à laquelle je suis plus enclin que personne, et dont j'ai fait de bien cruelles épreuves. Je ne crains pas moins de me distraire de la triste contemplation d'un malheur personnel que de la vue de l'image la plus riante. Je mets une extravagante vanité à m'exagérer la nature, l'étendue, la durée de mes maux, et à m'écrier, comme Oreste :

Mon malheur, à la fin, passe mon espérance!

Je sens peut-être les malheurs publics avec plus de vivacité, avec plus d'exagération encore; mais, pour ceux-là du moins, je ne me refuse pas aux consolations qu'on peut m'offrir.

J'étais absorbé dans ces méditations, et toutes les calamités auxquelles la France est en proie se déroulaient à mes yeux sous l'aspect le plus effrayant. Mon voisin, M. Binôme, le philosophe encyclopédiste dont j'ai déjà parlé plusieurs fois, entra chez moi en fumant son cigare, précédé de Zaméo, qui ne manque jamais de servir du thé quand il le voit paraître.

« Quel air sombre! me dit-il; êtes-vous malade? — Je suis désespéré. — Que vous est-il arrivé? — Il est bien question de moi!

.... Laissons notre infortune;
Un citoyen n'est rien dans la perte commune.

Regardez, continuai-je en lui montrant un papier

sur lequel j'avais esquissé en quelques lignes le tableau de notre situation financière, morale, et politique. —Voilà, me dit-il froidement après avoir lu, un résumé très exact; j'y compte tous nos désastres, j'y trouve toutes nos pertes, j'y vois d'un coup d'œil toutes nos craintes: la colonne des *dettes et dommages* est bien remplie, bien complète; mais celle des *voies et moyens* n'est pas même tracée. Vous portez tout en *dépense*, et vous ne mettez rien en *recette;* ce n'est pas le moyen d'établir un bilan. Procédons dans l'ordre que vous avez suivi.

«Votre article *finances,* permettez-moi de vous le dire, annonce un homme qui n'a jamais administré que celles d'une peuplade de Caraïbes. Après avoir exprimé notre *passif* par une file de chiffres, où vous n'êtes pas à cela près d'un ou de deux zéros, de votre autorité privée vous nous déclarez *insolvables;* et moi qui ai vieilli dans l'étude de l'économie politique, moi qui n'ai pas craint de lutter corps à corps, dans ce genre d'escrime, avec les Necker, les Calonne, et même avec les Cambon, qui travaillaient si singulièrement *un royaume en finances,* je ne vous demande que dix minutes pour vous démontrer, autant qu'une chose peut l'être au monde, que la France, tout épuisée qu'elle est, peut se libérer en trois ans, si l'on veut s'entendre sur les moyens, se concerter sur les efforts, et ne pas s'obstiner bêtement à s'atteler aux vieilles routines dans les circonstances tout-à-fait nouvelles où nous nous trouvons. »

Le système de M. Binôme, dont les résultats me parurent incontestables, repose sur une série de calculs qui ne peuvent trouver place ici.

« Je suppose, lui dis-je, qu'il soit prouvé que, dans un espace de temps aussi court, nous puissions combler l'abyme de nos finances, rétablir nos relations commerciales, recouvrer, en un mot, notre existence politique; recouvrerons-nous jamais une prépondérance que nous assuraient en Europe la supériorité de notre industrie, la gloire de nos armes, et sur-tout celle de nos arts? — Mais, d'abord, comment prouvez-vous que nous l'avons perdue? La marche de l'industrie n'est point susceptible de pas rétrogades; on ne revient pas aux grossiers procédés de l'enfance d'un art dont on a inventé ou seulement connu les perfectionnements. Quant à la gloire, elle est immortelle du moment qu'elle est acquise; quelques abus que nos ennemis puissent faire d'un caprice de la fortune, ils ne parviendront pas à faire oublier à la postérité les prodiges de l'héroisme français, dont chacune des villes, chacun des fleuves de l'Europe, retrace par son nom seul l'impérissable souvenir: la chute même d'un état ne peut anéantir sa gloire: les barbares ont détruit l'empire romain, et Rome, dans l'histoire, est restée la maîtresse du monde.

« — Sans doute, vous nous réduisez aussi à aller chercher dans nos souvenirs des consolations pour les pertes irréparables qu'ont faites les sciences, les lettres, et les beaux-arts ?

« — De quelles pertes parlez-vous ? On vous a enlevé, contre la foi des traités, des tableaux, des statues, qui ne vous appartenaient qu'à ce titre. Vous aviez ouvert un Panthéon à des dieux étrangers qui n'avaient plus ni temples, ni culte, ni adorateurs chez les autres nations ; ce que vous avait donné la victoire, la force vous l'enlève ; mais ravira-t-elle à la France ce feu créateur auquel le génie des arts allume aujourd'hui son flambeau ? — Chaque jour nous le voyons pâlir. — Jamais il n'a brillé d'un éclat plus vif. — Vous aurez plus de peine à me convaincre sur ce point que sur celui des finances. On peut, en administration, se faire un crédit qui tienne lieu de richesse ; on ne peut, dans les arts, s'en créer un qui tienne lieu de chefs-d'œuvre. — Ces chefs-d'œuvre existent ; je me charge de vous les faire connaître, et je veux vous forcer de convenir qu'au moment où vous déplorez leur ruine les arts jettent dans notre patrie les fondements d'une gloire tout-à-fait nationale, qui n'a rien à craindre des coalitions. Je ne vous demande pour cela que de me laisser le maître de disposer de vous pendant deux ou trois jours. »

J'acceptai la proposition de mon encyclopédiste :

je visitai avec lui les ateliers de nos peintres, de nos sculpteurs, de nos artistes en tout genre; j'obtins communication de quelques manuscrits de nos savants, de nos hommes de lettres, et je fus étonné des richesses qu'ils renfermaient. Je ne m'arrêterai pas sur tant de beaux ouvrages que l'admiration publique a déjà consacrés, mais j'en ferai connaître quelques uns dont la renommée a trahi et pour ainsi dire devancé la naissance.

Il appartenait au peintre célèbre de *Phèdre* et d'*Andromaque* (ce n'est pas de Racine que je veux parler; on pourrait s'y méprendre), il appartenait à M. Guérin de nous représenter *Didon écoutant le récit des aventures d'Énée*. Ce tableau, que j'ai visité dans l'atelier de l'auteur, paraît avoir été composé sous l'inspiration du poëte immortel qui en a fourni le sujet. Je n'entrerai dans aucun détail sur ce magnifique ouvrage, qui doit faire l'ornement de la prochaine exposition.

Nous passâmes de l'atelier de M. Guérin dans celui de M. Dupaty, qui assure à la France un digne successeur des Pujet, des Pigal, et des Girardon. Cet art de la sculpture (le seul dans lequel la supériorité sur l'Italie ne nous soit pas complétement acquise) compte peu d'ouvrages aussi distingués que cette belle statue d'*Ajax* dont M. Dupaty vient d'achever l'exécution en marbre. L'examen de cet ouvrage remarquable sur-tout par la correction du dessin et la fermeté du ciseau donna lieu, entre mon ami Binôme et moi, à une discussion où j'étais disposé à croire qu'il entrait de sa part un peu de partialité nationale; elle se prolongea, sans se terminer, pendant la course que nous fîmes pour nous rendre dans la rue du Mont-Thabor, où nous suivîmes la foule des amateurs.

Presque tous les peintres de paysage (je parle des plus célèbres) ont mis leur talent et leur gloire à représenter le plus fidèlement possible des arbres, des troupeaux, des montagnes; le Poussin est le seul qui se soit élevé au-dessus d'une froide imitation de la nature, et qui ait cherché à intéresser le cœur ou l'esprit dans la composition de ses admirables tableaux: son *Déluge,* son *Arcadie,* indépendamment du mérite de l'exécution, ont celui de la pensée, dont les paysagistes flamands et hollandais ne se sont jamais mis en peine. Ce genre de mérite, sans lequel on n'atteint jamais le premier rang dans les arts, est porté au plus haut degré dans le paysage historique que nous avions alors sous les yeux, et dont M. de Forbin est l'auteur.

Quelle scène à représenter que celle de l'*Éruption du Vésuve qui détruisit les villes de Pompéi, d'Herculanum, et de Stabia!* quel épisode que celui de la mort de Pline! Combien ajoute à l'intérêt de cette immense catastrophe, au commencement de laquelle l'artiste vous fait assister, cette réflexion terrible que son tableau fait naître : « Dans une heure, ces villes superbes, ces magnifiques monuments, ce grand homme, l'honneur de son pays ; cette foule de peuple, que déjà la terreur agite, dans une heure, tous auront disparu de la surface de la terre! »

La scène principale du tableau se passe à Stabia, environ à deux milles du Vésuve. Un temple (probablement celui de la Gloire, bâti sous le règne de Vespasien) occupe la droite du premier plan ; la statue équestre du même prince est élevée du côté opposé : plus près du spectateur, sur une plate-forme qui domine le port, Pline, entouré de ses amis et de ses affranchis, contemple avec enthousiasme le terrible phénomène dont il est au moment de périr victime, et dicte à son secrétaire effrayé ses observations, dernier présent qu'il léguait à la postérité : assis à quelque distance de ce grand homme, un philosophe stoïque, enveloppé dans son manteau, médite profondément sur un désastre qui semble menacer l'univers.

Les prêtres descendent du temple, et se préparent à offrir un sacrifice expiatoire, tandis que la population entière se réfugie sous le parvis et dans l'intérieur du temple. La mer, qu'embrase le reflet d'un ciel de feu, exhale d'épaisses vapeurs qui voilent déjà les obélisques, et déroberont bientôt à la vue la forteresse prétorienne, qui termine le second plan.

Sur le troisième, Pompéi se montre à demi englouti sous une pluie de cendres, tandis qu'Herculanum, embrasé par la lave, est en proie aux horreurs de l'incendie près de s'étendre sur la ville entière. Cette ligne est couronnée par le mont Vésuve, d'où s'élève avec fureur, au milieu des nuages enflammés que la foudre déchire, une gerbe de feu dont la sinistre lumière colore plutôt qu'elle n'éclaire toutes les parties de ce tableau, d'un prodigieux effet.

On peut s'étonner qu'un ouvrage qui a nécessairement exigé les recherches les plus longues, les études les plus pénibles, soit en même temps conçu avec fougue et exécuté avec une extrême correction. M. de Forbin, dans la personne de qui l'on aime à retrouver l'alliance d'un beau talent et d'un beau nom, avait donné les plus brillantes espérances; son tableau d'une *Éruption du Vésuve* les a réalisées toutes.

Le jour baissait; nous sortîmes, et nous convînmes de nous revoir le lendemain.

Mon consolateur arriva chez moi de bon matin : «Vous avez mieux dormi cette nuit, me dit-il; je vous trouve ce que les médecins appellent un *meilleur visage.* — Ce que vous m'avez dit, ce que j'ai vu hier, a fait revivre dans mon esprit et dans mon cœur l'espérance, que j'y croyais éteinte : vous m'avez convaincu que nos ressources financières n'étaient point taries; vous m'avez persuadé que la gloire nationale n'avait rien à craindre des revers de la fortune, et vous m'avez prouvé que la France était et demeurerait la patrie des arts: je tâcherai de me consoler avec cela de la dégradation des lettres et de l'avilissement des mœurs. —Vos préjugés à cet égard sont d'autant plus pardonnables qu'ils sont généralement plus répandus; je ne désespère pas cependant de vous en faire revenir. — Quoi! c'est un préjugé de soutenir que nous en sommes réduits à la littérature des journaux? que notre Parnasse n'est plus qu'un cimetière décoré de quelques vieilles épitaphes des grands hommes des deux derniers siècles; qu'on ne lit plus, parcequ'il n'y a rien à lire; qu'on ne pense plus, faute d'idées; qu'on n'invente plus, faute d'imagination; et que la pauvreté des esprits ne peut être comparée qu'à la corruption des mœurs?

« — Je dirais, si je vous connaissais moins, que vous raisonnez comme tant de vieillards moroses, qui, voyant de près le terme de la vie, cherchent à s'épargner des regrets en se persuadant qu'ils ne laissent rien après eux; mais je sais que vous êtes toujours de bonne foi avec vous-même; que vous ne jugez point le présent sur les préventions du passé, et que, si l'âge a raccourci votre vue, vous n'avez pas honte de vous servir de lunettes. Depuis vingt-cinq ans nous vivons dans une atmosphère orageuse, au milieu des nuages qui se sont abaissés sur la terre : les hommes dévoués uniquement au culte des muses habitent une région supérieure, où ils se cachent, pour ainsi dire, dans leur élévation : que le calme renaisse, que le ciel s'épure, et vous les reverrez brillants d'un éclat d'autant plus vif qu'il aura été plus long-temps obscurci. Je suis, contre Machiavel, de l'avis de Bacon : le vaisseau des connaissances humaines n'a rien à craindre des tempêtes politiques ; le vent des factions peut le submerger un moment, mais il remonte bientôt à la surface, et poursuit glorieusement sa source. Vous vous êtes assuré par vos yeux du point de perfection où se sont élevés nos arts ; vous assisterez ce soir chez madame de Lorys à une lecture, après laquelle il vous sera permis d'avoir une opinion sur l'état actuel de notre littérature : vous y trouverez une société nombreuse ; et c'est là que je prendrai mes exemples pour rectifier vos idées sur nos mœurs. »

Nous dînâmes chez madame de Lorys avec quelques hommes de lettres dont le nom m'était plus connu que les ouvrages : la lecture devait être longue ; on se mit à table de bonne heure. M. Binôme me fit connaître les principaux convives : « Vous entendrez, me dit-il tout bas, une tragédie dont l'auteur, M. Naurtal, est à la droite de madame de Lorys ; à sa gauche se trouve M. de Minarol :

il nous lira un chant de sa traduction du plus beau des poëmes épiques modernes (l'épithète *moderne* est là pour ne pas me faire de querelle avec Boileau); les deux autres auteurs, que nous devons entendre, se chargent de nous prouver que Lucrèce a parmi nous un rival et un traducteur. »

La conversation devint générale: on parla des malheurs attachés à la condition des gens de lettres : « C'est la seule classe d'hommes à qui l'amour-propre soit permis, dit M. de Minarol; il faut bien se faire justice quand votre siècle vous la refuse : quand on travaille pour la postérité, il est permis de croire à sa reconnaissance; on ne craint pas que l'expérience vous désabuse. — Un mérite supérieur, répond madame de Lorys, ne doit pas dédaigner les éloges contemporains. — Il faut, continua-t-il, presque toujours les mendier pour les obtenir, et il est rare que celui qui plante le laurier se repose sous son ombrage. — Minarol a raison, poursuivit M. de Naurtal, les favoris des Muses ne s'occupent pas assez de leur fortune; je pense sérieusement à faire la mienne, et j'y parviendrai si je ne l'oublie pas. — Il y a deux espèces d'hommes, continua M. Naurtal, qui doivent renoncer à s'enrichir : ceux qui aiment leur pays, et ceux qui aiment les lettres avec passion. Lorsque les idées d'un homme ne se portent jamais sur lui-même, qu'il est toujours occupé des affaires des autres, le moyen qu'il fasse jamais les siennes !

Disons toute la vérité: l'homme de génie est une exception dans l'espèce; jeté sans appui dans la société, entre les grands et les sots, il ressemble au poisson volant : veut-il s'élever dans les airs, les oiseaux le déchirent; plonge-t-il, les poissons le dévorent. »

Cette discussion, animée par les saillies les plus vives, et égayée par les boutades d'un amour-propre sans restriction mentale, dont on s'accommode beaucoup mieux que d'une modestie feinte derrière laquelle la vanité se réfugie; cette discussion, dis-je, nous conduisit à la fin du dîner. L'auditoire arriva, chacun prit sa place, et M. Naurtal commença la lecture de sa tragédie de *Germanicus*.

S'il était permis de prononcer hors du théâtre sur le mérite d'un ouvrage dramatique, je ne craindrais pas d'affirmer que, depuis les chefs-d'œuvre des trois maîtres de la scène française, aucune composition du même genre ne s'est placée plus près des grands modèles. Au mérite d'une conception hardie, d'une peinture achevée de cette odieuse cour de Tibère, dont Tacite a immortalisé l'infamie, cet ouvrage m'a paru réunir l'intérêt des situations, la vérité des caractères, l'abondance de la pensée, et la vigueur d'un style cornélien aussi éloigné de la barbarie de Crébillon que de la molle correction de La Harpe. Tous les auditeurs portèrent le même jugement sur cette belle tragédie, et tous partagèrent mes regrets en apprenant à quel degré d'infortune était réduit son auteur.

« Vous conviendrez, me dit d'un air triomphant mon ami Binôme, que Melpomène a encore des interprètes dignes d'elle, dans un pays où les Chénier, les Legouvé, ont pour successeurs les auteurs de *Germanicus* et d'*Agamemnon*. Voyons si, comme on le dit, Calliope a décidé avec humeur qu'après Voltaire aucun poète, en France, n'emboucherait la trompette héroïque.

M. de Winsor récita plusieurs fragments d'un poème de l'*Immortalité de l'Ame*. On approuva moins généralement le choix du sujet, que la majestueuse ordonnance du poème; chacun se récria sur la pompe, sur l'harmonie des vers, et sur la poétique alliance des images et des idées métaphysiques.

Cette soirée littéraire se termina par la lecture de deux chants d'une traduction en vers de *la Jérusalem délivrée*, par M. de Minarol. Cette traduction, de l'ensemble de laquelle il est permis de juger par les morceaux que nous avons entendus, est, sans aucune comparaison, le plus beau monument qui ait été élevé à la gloire du Tasse. M. de Minarol a prodigué dans ce poëme, sinon le meilleur, du moins le plus intéressant qui existe, toutes les richesses de cette langue poétique qu'il parle avec tant de charme et d'élégance. Les détails les plus techniques, les descriptions les plus locales, y sont rendus avec un bonheur, avec une propriété d'expression qui en excluent tout à-la-fois l'enflure et la sécheresse. On porta le même jugement d'une traduction en vers de Lucrèce, dont M. de Vilgerpont nous lut le premier et le quatrième livre au bruit des acclamations unanimes de son auditoire.

Pendant que la société, divisée par groupes, s'entretenait de ce qu'elle venait d'entendre; que les uns relevaient tout haut les beautés; que les autres signalaient tout bas les défauts; que les donneurs de conseils en titre d'office indiquaient aux auteurs des changements, sans s'apercevoir qu'ils leur proposaient de refaire un autre ouvrage, j'étais assis dans un coin du salon avec mon ami Binôme, qui triomphait des aveux qu'il arrachait à ma franchise. « Il nous reste un point à examiner, me dit-il, c'est celui des mœurs, prises dans le sens de la morale publique. Si j'en faisais ici l'objet d'une discussion en règle, vous me diriez avec Boccace :

Reservate questo per la predica;

mais je continue à vous citer des faits, à vous offrir des preuves, et je vous laisse le soin d'en tirer les conséquences.

« N'est-il pas vrai qu'une cinquantaine de personnes, prises au hasard dans les classes supérieure et moyenne de la société, peuvent donner une idée assez exacte de la société même, et que si, dans ce petit nombre de personnes, je vous en montre plusieurs qui se distinguent par les plus hautes vertus, par les plus excellentes qualités du cœur, je serai en droit, en ma qualité de philosophe mathématicien, d'établir une règle de proportion dont on ne pourra me contester le résultat que par de vaines déclamations, auxquelles je ne sais jamais répondre?

« Maintenant je ne suis embarrassé que du choix. Vous avez entendu nommer celui qui parle en ce moment à madame de Lorys, et son nom vous a révélé son rang et son titre. Aucun Français n'a plus à se plaindre et ne serait plus excusable de chercher à se venger de la révolution. Renversé par elle du faîte des honneurs, dépouillé d'une fortune immense, traîné de prison en prison, et, pour ainsi dire, d'échafaud en échafaud, non seulement contre toute justice, mais contre les lois cruelles que ses persécuteurs avaient faites, et dont il invoquait en vain la terrible protection; cet homme, plus noble encore par son ame que par sa naissance, est aujourd'hui un des plus fermes appuis de cette liberté nationale, de ces principes libéraux dont on a si affreusement abusé contre lui.

« Je ne vous citerai pas madame de Lorys elle-même : vous connaissez son dévouement à ses amis, son inépuisable bonté; mais vous ignorerez toujours la grandeur et la noblesse des sacrifices qu'elle s'impose, et dont elle n'a jamais que Dieu pour témoin.

« Cette dame, assise près de la cheminée, dont l'air est si triste et les manières si affectueuses, était depuis long-temps séparée de son mari par le plus insurmontable des obstacles, celui des opinions politiques. Tant qu'il fut heureux et puissant, aucun motif ne put la déterminer à se rapprocher de lui. Le sort de son époux changea : un orage de calamités fondit sur sa tête; il n'avait plus à offrir que le partage de ses maux; son épouse se hâta de le réclamer : aucune considération ne l'arrêta, aucun danger ne la retint; sa fortune, ses espérances, ses principes (qu'elle pouvait regarder comme ses devoirs), tout fut sacrifié, sans ostentation, sans réserve, et malheureusement sans succès.

« Je pourrais vous montrer ici plusieurs autres modèles d'un semblable dévouement; mais j'oublierais peut-être de vous faire connaître ce jeune militaire qui porte son bras en écharpe. Il a servi avec beaucoup de distinction; il est aujourd'hui sans emploi. On lui a offert, dans l'étranger, un rang, une fortune, un grade supérieur à celui qu'il avait en France. Il a tout refusé; il se doit à sa patrie et à son prince, et ne connaît de gloire que celle que l'on acquiert en les servant tous deux.

« Je ne vous parle pas de vertus plus communes,

d'amour maternel, de piété filiale, de désintéressement, de reconnaissance; il n'est peut-être pas un individu dans cette société qui ne pût en fournir un exemple; mais je veux indiquer à vos respects, à votre vénération..... »

Madame de Lorys vint nous interrompre. Elle avait besoin de notre Encyclopédiste pour sa partie de reversi. « De grace, lui dis-je, laissez-le-moi, il me donne des *consolations*. — Je parie, ajouta-t-elle en l'emmenant, qu'il a oublié de vous parler du grand consolateur? — Du temps, allez-vous me dire? — Non pas, mon cher Ermite, du jeu. »

N° XX. [9 décembre 1815.]

UNE PENSION BOURGEOISE.

> *Nulla venenato littera mixta joco est.*
> OVIDE, trist. II
>
> J'écris sans fiel ; aucun venin dans mes discours ne se mêle à ma gaieté.

Je lisais dernièrement, dans les *Petites-Affiches*, l'avis suivant :

« Une dame de naissance, à qui les malheurs du temps ont enlevé une fortune considérable, mais pour qui la bonne compagnie est un besoin de première nécessité, desire augmenter le nombre des pensionnaires qu'elle réunit à sa table : une nourriture saine et abondante, un logement élégant et commode, et tous les agréments qui résultent d'une société choisie, tels sont les avantages que l'on offre en échange d'une modique somme de 80 fr. par mois, à laquelle cette dame a fixé le prix de la pension.

« *P. S.* On ne pourra être admis que sur la présentation d'un des pensionnaires, ou sur la recommandation de personnes connues. »

Je fus d'abord moins frappé du style et de la rédaction de cette annonce, que des réflexions qu'elle fit naître en mon esprit sur les ressources que présente cette grande ville, où, pour 80 fr. par mois, un étranger peut, du jour au lendemain, se procurer ce qu'ailleurs, avec une fortune considérable, il ne serait pas sûr d'obtenir. J'en parlai dans ce sens à un M. de Gréville dont l'esprit m'amuserait plus souvent s'il en variait quelquefois l'usage. C'est un homme qui a pris dans le monde le rôle impertinent de *persifleur*, et qui s'en acquitte avec un talent si particulier, qu'on n'est jamais plus complètement sa dupe que lorsqu'on s'imagine être son complice.

Ce M. de Gréville a cependant plus d'instruction et de mérite véritable qu'il n'en faut pour se classer dans le monde d'une manière plus brillante; il paraît même en avoir eu quelque temps l'envie; et quand on lui rappelle qu'il a eu comme un autre ses jours d'ambition, pendant lesquels il ne quittait ni les bureaux ni les antichambres : « J'ai sollicité, répond-il, auprès des gens en place à l'exemple de Diogène, qui demandait l'aumône aux statues, en se promenant dans le Céramique, afin de s'habituer aux refus. »

Il ne s'y expose plus depuis qu'il s'y est accoutumé, et se venge par l'abus qu'il fait de son esprit, de l'oubli où l'on a laissé ses talents. Je reviens à mon sujet. M. de Gréville, après avoir pris lecture de l'annonce qui servait de texte à notre entretien, me dit (de ce ton équivoque qui ne laisse jamais deviner s'il plaisante ou s'il parle sérieusement) « qu'il connaissait beaucoup la dame qui publiait cet avis; qu'il avait été au nombre de ses pensionnaires, et qu'il voulait absolument me présenter dans une maison où je trouverais une société tout-à-fait choisie, et des mœurs toutes nouvelles à peindre. J'acceptai sa proposition, et nous prîmes jour pour aller dîner dans cette pension bourgeoise, où il se chargea de m'introduire.

Il vient me prendre à l'heure indiquée et me conduit dans une maison de la rue Coquillière, de la plus triste apparence; une portière bien sale, dont la loge vitrée occupait une partie de la porte bâtarde par laquelle nous entrâmes, nous demanda brutalement où nous allions, et se remit à écumer son pot sans attendre notre réponse.

Nous traversâmes une espèce de cour de vingt pieds carrés, inondée par les eaux très peu limpides des différents plombs qui viennent y aboutir; et après avoir monté à tâtons les quatre-vingt-neuf marches d'un escalier étroit et roide comme celui d'un clocher, nous sonnâmes à une porte qu'une servante vint nous ouvrir. Elle nous introduisit, en nous faisant passer par la cuisine, dans une espèce de salon dont l'ameublement se composait de riches débris grossièrement rajustés, où les taches et les reprises se disputaient quelques lambeaux d'étoffes précieuses ; j'aurais été moins choqué d'un dénuement complet. Je n'aime pas plus que Diderot *la misère du jour associée au luxe de la veille.*

Nous étions arrivés les premiers, et la maîtresse du logis était encore à sa toilette. Je me rappelai l'avis des *Petites-Affiches* : on y promettait un logement élégant et commode, et je faisais observer à Gréville que celui-ci ne me paraissait pas remplir les conditions du programme.

Tout est relatif, me répondit-il, et les mots *élégant, commode,* ne sont pas tellement précis qu'ils ne puissent, avec un peu de bonne volonté, trouver ici leur application : bien certainement voilà des meubles qui ont été élégants autrefois ; et du temps que ces deux glaces étaient étamées, elles devaient faire un très bon effet. Quant à la commodité d'un logement, chacun en juge d'après ses habitudes ; et je ne serais pas surpris que beaucoup de gens trouvassent très commode de loger au quatrième dans la rue Coquillière, tout près du Palais-Royal, et à deux pas de la Grande-Poste aux lettres. »

La dame du logis parut, accompagnée de sa fille ; leur vue fit sur moi le même effet qu'avait produit l'ameublement du salon : je voyais en elles un mélange de prétentions, de mauvais goût, de disparates choquantes : la mère, qui eût été d'une taille raisonnable si elle eût eu en circonférence un pied qu'elle avait de trop en élévation, avait quelque chose de si misérable dans le luxe hétéroclite de sa parure, de si gauchement emprunté dans l'affectation de ses manières du grand monde, qu'on se demandait en la voyant, si la réalité, cette fois, ne passait pas les bornes de la caricature. Sa fille, dans toute la maturité d'une jeunesse singulièrement prolongée, avait trouvé, dans l'adoption des modes anglaises, le seul moyen d'ajouter à sa roideur et à sa *disgrace*[1] naturelles. Ces dames, auprès de qui je fus introduit dans les formes par mes noms, surnoms et qualités, me reçurent avec une bienveillance que parurent accroître quelques mots que mon introducteur dit à l'oreille de madame Dubourg (c'est le nom de l'honorable hôtesse). Celle-ci me présenta sa fille Amélie : « La pauvre enfant, nous dit-elle, a tout perdu à la mort de son père. La naissance et les services de M. Dubourg ne pouvaient manquer de procurer à ma fille un brillant établissement qu'elle ne doit plus attendre que de ses vertus et de ses talents. — A cet égard, reprit Gréville, on n'est pas plus richement dotée que mademoiselle..... Je veux, continua-t-il en s'adressant à moi, que vous l'entendiez sur le piano; nous n'avons personne de cette force-là pour la sonate. » Le piano était là;

---

[1] Ce mot de *disgrace*, pris dans le sens de défaut de grace, que l'usage semble vouloir adopter, ne l'est pas encore par l'Académie.

l'effroi commençait à me gagner: fort heureusement la cuisinière, entrant sans façon, vint demander une bouteille de vin pour mettre dans la matelote. La dame, qui sentait l'inconvenance de s'abaisser devant nous à ces détails domestiques, renvoya Madeleine assez durement: celle-ci prit de l'humeur, traita la maison de *baraque*, et commençait à parler des dix-huit mois de gages qui lui étaient dus; on sonna fort à propos pour lui donner le temps d'exhaler sa colère en allant ouvrir. Madame Dubourg s'empressa de nous apprendre « que cette femme avait été nourrice d'Amélie, et que cet avantage lui méritait des égards dont elle abusait quelquefois. »

Cinq heures sonnant, une espèce de jockey de louage, qui n'avait pas encore paru, annonça M. le vicomte de la Poulinière, l'homme le plus exigu que je me rappelle avoir jamais rencontré; on lui offrit un fauteuil, qu'il refusa pour aller se placer devant la cheminée, où il parvint, en écartant les deux basques de son habit, à nous priver, sinon de la chaleur, du moins de la vue des deux tisons opposés bout à bout, et qu'il n'aurait fallu que rapprocher pour leur faire prendre feu: « Eh bien! votre affaire, M. le vicomte? lui dit madame Dubourg. — Pas plus avancée que le premier jour, répondit-il: je sors des bureaux; il n'est pas plus question de moi que si je n'existais pas: d'honneur! (continua-t-il avec un sourire dont la suffisance affaiblissait l'ironie) je donnerais un petit écu pour n'être pas placé; cela serait si plaisant, que je serais, Dieu me pardonne, le premier à en rire!... »

Les autres convives arrivèrent à la file. Plus heureux que moi, mes lecteurs n'auront pas besoin de dîner avec eux pour les connaître. Celui qui vint distraire mon attention, déjà fatiguée de l'épreuve à laquelle M. le vicomte l'avait mise, était une espèce d'intrigant, se disant homme d'état et d'affaires; à l'en croire, c'est un ardent ami du bien public : Gréville assure qu'il ne se trompe que d'une particule, et qu'il est, en effet, très ami *du bien du public*. Cet homme, qui est *familier*, et non pas habitué de cette maison, est doué d'une oreille si fine, qu'il entend ce qu'on pense en écoutant ce qu'on dit : l'emploi qu'il fait de cette faculté précieuse ne sera jamais estimé dans le monde tout ce qu'il peut valoir.

L'homme d'affaire amenait avec lui une vieille dame et une petite fille de dix ou douze ans, dont l'accent picard trahissait l'origine. » Il ne manquait qu'une très petite formalité à l'extrait de baptême de cette dernière pour qu'elle appartînt à l'une des premières familles de France, et c'est contre cette omission, consacrée par un *jugement inique* du tribunal d'Amiens, qu'elle venait, par l'organe de sa grand'mère et de l'avis de son conseil, réclamer à Paris devant les tribunaux supérieurs. L'injustice était si manifeste, que toute la ville d'Amiens avait eu connaissance de l'intimité qui avait existé entre la mère de mademoiselle Eugénie et M. le comte de*** »; cependant l'honnête protecteur de cette jeune orpheline, qui négociait avec la famille du comte, paraissait décidé à se contenter, pour sa cliente, d'une somme de trente mille francs qu'offraient les héritiers du comte pour éviter le scandale d'une nouvelle procédure.

Il y a deux hommes à Paris qui semblent jouir du privilége de l'*ubiquité;* on les trouve partout, excepté pourtant chez les gens malheureux et disgraciés: l'un est ce M. Babler, le plus affairé des désœuvrés de ce bas-monde, dont la voix nasale est la première que l'on entend dans tous les salons; dont la figure étonnée est la première que l'on aperçoit aux spectacles dans toutes les loges : l'autre est cet insecte rimaillant, *prosaillant,* criaillant, dont le nom se trouve dans toutes les bouches, comme la plate romance de *Malbrough,* sans qu'on puisse deviner pourquoi. Ces deux personnages arrivèrent au moment où l'on allait se mettre à table.

La maîtresse de la maison voulut m'en faire les honneurs en me plaçant entre elle et sa fille; mais M. de la Poulinière s'était emparé du poste, et paraissait y tenir d'autant plus, qu'il avait devant lui un prétendu chapon au gros sel qu'il couvait des yeux. Gréville me força d'accepter sa place auprès de mademoiselle Amélie, qui parut lui savoir gré d'une complaisance dont je n'avais ni l'esprit ni l'amour-propre de me féliciter.

Je ne parlerai pas du dîner le plus mauvais que j'aie fait de ma vie; ce que j'ai dit des convives suffit pour donner une idée de la conversation. Jamais je n'avais entendu tant de sottises, de trivialités, d'impertinences de toute espèce. Gréville, qui se contentait d'en fournir le texte, fit tomber l'entretien sur le mariage. Madame Dubourg établit en principe, en s'adressant à moi plus particulièrement, qu'il n'y avait de bonheur que dans l'alliance d'une femme jeune avec un homme âgé. Mademoiselle Amélie s'avisa d'être tout haut de l'avis de sa mère.

Le poète se permit d'abord quelques quolibets d'usage sur les inconvénients d'une pareille union; mais un coup d'œil de l'homme d'affaires que je surpris, sans en deviner encore le véritable motif, lui fit tout-à-coup changer de langage, et tout le monde tomba d'accord en un moment qu'il n'y avait rien de plus convenable, de plus intéressant que le mariage d'un beau vieillard avec une jeune fille.

En cherchant quel pouvait être l'objet d'une semblable mystification, je m'arrêtai à l'idée qu'on avait des vues sur M. le vicomte, pour la fille de la maison, et je me penchais à l'oreille de M. de Gréville pour lui faire part de mes soupçons, lorsque je crus sentir (j'en ris encore en y songeant) une légère pression du genou de mademoiselle Amélie contre le mien. Je tournai les yeux sur elle; les siens se baissèrent avec une modestie si comique, que peu s'en fallut que je ne trahisse l'amoureux mystère par un grand éclat de rire. Je reconnus dès-lors le rôle que je jouais dans la petite comédie que se donnait M. de Gréville aux dépens de ces dames et aux miens.

Je pris le parti d'en rire avec lui en sortant de table; mais, quoi qu'il pût faire, je ne jugeai pas à propos de pousser la plaisanterie plus loin; et sans égard aux sollicitations de madame Dubourg, qui me flattait de l'espoir d'entendre son Amélie jouer, à livre ouvert, un concerto de Steibelt (qu'elle étudiait depuis dix ans); de la voir danser un *bollero* avec accompagnement de *castagnettes*; sans faire attention au regard dédaigneusement courroucé que mademoiselle Amélie laissa tomber sur moi, je sortis de cette maison, moins fier de ma conquête que satisfait des observations que j'avais faites. Il y a des gens et des choses qu'il faut voir; l'imagination ne les devinerait pas.

N° XXI. [13 décembre 1815.]

LES JONGLEURS INDIENS
A PARIS.

>*Quod adest præsto (nisi quid cognovimus ante Suavius) imprimis placet.*
>
>LUCR., liv. V.
>
>Tout ce qui s'offre à nous (à moins qu'il n'ait été précédé de quelque chose de plus extraordinaire) est en droit de nous plaire par sa nouveauté.

Si je m'étais contenté d'intituler ce discours *les jongleurs,* on aurait pu exiger de moi que je traitasse un pareil sujet dans toute son étendue. Je me verrais dans la nécessité de parler de ces *jongleurs politiques* qui ont le secret de faire passer un royaume à travers un traité d'alliance sans *le* déchirer (c'est-à-dire sans déchirer le traité); qui placent une guinée sous chacun de leurs gobelets, et y font trouver une province; qui se tiennent en équilibre sur un seul pied au sommet d'une pyramide dont ils déplacent à volonté la base.

Je serais forcé de faire mention de ces *jongleurs*

de tribune qui ont toujours un préjugé à mettre à la place d'une raison, et qui passent leur vie à souffler en l'air des bulles de savon qu'ils veulent nous faire prendre pour des étoiles.

Je ne pourrais me dispenser de vouer au ridicule et à l'opprobre ces *jongleurs d'antichambre* qui escamotent une place avec tant d'adresse; qui font passer d'une bourse dans l'autre l'argent des spectateurs, et qui dansent sans balancier sur la corde à laquelle ils finissent quelquefois par rester suspendus.

Je serais nécessairement conduit à dire deux mots de ces *jongleurs littéraires* qui vendent au poids de l'or le papier qu'ils salissent; qui taillent une plume comme on aiguise un poignard, et qui parviennent quelquefois à achalander les drogues ou les poisons qu'ils débitent, à l'aide des compères qu'ils ont soin de distribuer dans la salle.

Mais je me suis expliqué: c'est uniquement des jongleurs de profession qu'il s'agit, et particulièrement des *jongleurs indiens*, près desquels nos *Comus*, nos *Pinetti*, nos *Olivier*, ne sont que des écoliers maladroits.

Pendant un séjour de plusieurs années sur les bords du Gange, j'ai eu souvent occasion de voir et d'admirer la prodigieuse adresse d'une classe d'hommes que l'on serait tenté de croire organisés, à certains égards, d'une manière beaucoup plus parfaite que les autres, tant il est difficile d'expliquer comment, avec les mêmes organes, ils peuvent exécuter des mouvements et des actions qui semblent appartenir à une autre nature. L'habileté des jongleurs de l'Inde ne consiste pas, comme celle de leurs confrères d'Europe, à fasciner les yeux par des apparences, mais à produire, sans aucun prestige, des effets dont il est impossible de se rendre compte par les lois ordinaires de la physique. Avant d'en venir aux jongleurs indiens que l'on voit en ce moment à Paris, et du talent desquels je me suis assuré par mes yeux, je veux faire connaître l'espèce entière à mes lecteurs. Il me suffira pour cela de citer quelques fragments d'un chapitre du journal de mes voyages.

Les jongleurs se divisent en quatre classes: les *caradivis* (joueurs de gobelets); les *tombairs* (faiseurs de tours de force); les *chottis* (lutteurs), et les *pambatis* (enchanteurs de serpents). Ces différentes troupes (composées pour l'ordinaire de cinq acteurs, en comptant le musicien qui en fait partie) se réunissent dans les grandes villes, à certaines fêtes solennelles. Plus de cent mille étrangers sont accourus cette année (1790) à Bénarès, de toutes les parties de l'Indoustan, pour y voir la bande de jongleurs la plus nombreuse et la plus étonnante que la fête de la *Dourga*[1] ait encore attirée. J'assistai

---

[1] *Dourga* ou *Drugha,* divinité indienne, femme de *Sieble* le des-

lier à leurs jeux, qui tiennent véritablement du prodige.

« Les *caradivis* parurent les premiers sur une estrade carrée que l'on avait élevée au milieu de la place qui sert de parvis à la grande pagode. Leurs tours de gobelets sont à-peu-près les mêmes qu'exécutent les escamoteurs européens; mais ils exigent plus d'adresse, parceque les *caradivis* sont presque nus, n'ont point de gibecière, point de table, et se servent de gobelets de cuivre d'une dimension très petite, qui ne laisse pas la possibilité d'y pratiquer un double fond. Le tour qui m'a le plus étonné est celui-ci : le *caradivis* avait placé bien ostensiblement une muscade sous chacun de ses gobelets; j'étais auprès de lui, et il m'avait vu sourire une ou deux fois de l'air d'un homme qui n'était pas sa dupe. Il m'invita malignement à désigner le gobelet sous lequel je voulais que s'opérât la métamorphose de la muscade; j'indiquai le gobelet dont j'étais le plus éloigné, et dont je croyais être sûr qu'il n'avait pas approché la main. A sa prière, je levai moi-même le gobelet, et je ne pus retenir un cri d'effroi à la vue d'un serpent qui se déroula précipitamment, et parut vouloir s'élancer sur moi en se dressant sur sa queue.

---

tructeur, et déesse de la volupté : sa fête se célèbre le septième jour de la lune de septembre, et dure une semaine entière.

« Les *tombairs* firent ensuite plusieurs tours d'adresse, de force et d'équilibre, d'une exécution si merveilleuse, que je douterais du témoignage de mes propres yeux, si je n'avais eu depuis vingt occasions de le confirmer. L'un d'eux, après avoir planté en terre, et la pointe en haut, plusieurs épées qui formaient un cercle dont l'intérieur n'avait pas plus d'un pied et demi de diamètre, s'élança, au moyen d'une planche élastique, par-dessus un éléphant qui lui cachait le cercle d'épées, et alla retomber au milieu après avoir fait un tour sur lui-même.

« Une jeune fille belle comme le sont presque toutes les Indiennes à quinze ans, monta jusqu'à la pointe d'une perche de bambou qui n'avait pas moins de soixante-dix pieds de hauteur, y plaça son corps en équilibre dans une position horizontale; puis, étendant les bras et les jambes dans l'attitude de quelqu'un qui nage, elle tourna plusieurs fois sur elle-même avec une incroyable rapidité; mais tout-à-coup, elle feint de perdre l'équilibre; un cri d'épouvante échappe aux spectateurs : elle tombe et s'arrête miraculeusement à quelques pieds de terre, en se retenant par le pied à une traverse garnie de larges anneaux que l'on avait adaptée au bas de la perche.

« Le chef de ces saltimbanques, véritable Apollon pour la beauté des formes, prit une tige de bambou de vingt pieds de haut, la mit droit en équilibre sur une pierre, et y monta comme s'il eût grimpé à un arbre : il s'y tint debout sur un pied, s'y plaça ensuite horizontalement, et dansa dans cette attitude avec la perche, sans qu'elle perdît un moment l'équilibre.

« Ce même homme plaça un enfant debout sur un pied, à l'extrémité d'un rotin flexible, l'éleva dans l'air à bras tendu, et le promena autour de l'assemblée ; mais, ce qui passe toute croyance, à un mouvement qu'il imprima au rotin, l'enfant se trouva, sans perdre l'équilibre, avoir changé de pied sur une surface de la largeur d'une dame de trictrac.

« La jeune fille qui avait déjà paru s'étendit horizontalement sur une planche de la largeur de son corps, élevée à trois pieds de terre ; un *tombair*, d'une taille gigantesque et d'une figure qu'il avait cherché à rendre effroyable, s'avance, armé d'un large cimeterre, place une feuille de bétel sur la poitrine découverte de la jeune fille, et, d'un coup de sabre appuyé en apparence de toute la force de son bras, coupe en deux la feuille sans effleurer la peau.

« Le chef de cette troupe termina ses exercices en se plongeant dans le gosier une lame de sabre d'un pouce de large et de deux pieds et demi de longueur. Ce tour, ou plutôt cette expérience, que j'ai déja vu exécuter cent fois avec une surprise, un effroi toujours nouveau, est une preuve de plus de la puissance d'une longue habitude.

« Les *chottis*, auxquels les *tombairs* cédèrent la place, sont des *boxeurs* de la plus terrible espèce : ceux-ci étaient armés d'un disque de fer dentelé comme une scie, dont les coups, lorsqu'ils ne parvenaient pas à les parer, faisaient ruisseler le sang de leurs corps, nus jusqu'à la ceinture. Ce ne fut qu'en leur jetant force *roupies*[1] que l'on parvint à faire cesser un jeu où l'on craignait à chaque coup de voir expirer un des adversaires.

« La danse des serpents termina les jeux de cette journée. Les *pambatis* s'avancèrent avec leurs corbeilles. Avant de les ouvrir, ils préludèrent sur le *mongoudi* (espèce de cornemuse); le couvercle des corbeilles enlevé, on en vit sortir une douzaine de serpents à lunettes[2], appelés dans le pays *couleuvres capelles*. Le col enflé, l'œil enflammé, la gueule béante, ces reptiles paraissaient prêts à s'élancer sur les *pambatis*; ceux-ci les excitaient en leur présentant le poing et en suivant la mesure indiquée par les *mangoudis*: aussitôt les serpents, debout sur leur queue immobile à son extrémité, agitèrent leur corps et leur tête en cadence, et formèrent une es-

---

[1] Pièce de monnaie de la valeur de 55 sous.
[2] *Coluber naja*, l'un des serpents dont la piqûre est mortelle.

pèce de danse qui excita des éclats de rire universels. »

Il y a trois mois qu'à dîner chez madame de Lorys, en parlant de l'habileté des jongleurs de l'Inde, je citais les mêmes faits dont j'avais été témoin : lorsque j'en vins au sabre de vingt-six pouces de long qu'ils se plongent dans le gosier, le médecin de cette dame entama une longue dissertation pour me prouver que j'avais été dupe d'un prestige, et que le fait était physiologiquement impossible. Entre un voyageur qui affirme et un médecin qui nie, la question devrait au moins rester douteuse; elle fut décidée en faveur du docteur négatif. Je n'étais pas homme à perdre l'occasion qui vient de se présenter de donner un démenti de fait à la médecine : j'ai conduit madame de Lorys et le docteur au spectacle des jongleurs indiens, récemment ouvert dans la rue de Castiglione.

Ces jongleurs, de la classe des *tombairs*, sont au nombre de trois : le plus jeune est exclusivement chargé de la partie de la musique, laquelle consiste en un chant vif et monotone, accompagné d'une espèce de triangle en harmonie.

La première partie de la représentation consista en tours de gobelets exécutés avec plus d'adresse, mais beaucoup moins piquants et moins variés que ceux de nos bateleurs.

Le jeu des balles de cuivre, que je ne me souvicns pas d'avoir vu dans les Indes, est un miracle d'adresse. Le tombair, tantôt accroupi, tantôt couché, jette en l'air, dans toutes les directions, et reçoit tour-à-tour quatre balles de cuivre doré de la grosseur d'une orange, au moyen desquelles il décrit, suivant qu'il les lance en avant, derrière le dos, ou par-dessous ses jambes, des figures variées où l'œil, trompé par la vitesse, croit voir des gerbes, des spirales, ou des cercles d'or. « Remarquez bien, dis-je au docteur, que cet homme n'a que deux mains, et expliquez-moi, si vous pouvez, comment il exécute une action qui semble en exiger quatre. » Il reproduisit, avec plus de difficulté, des effets à-peu-près semblables, en substituant aux balles trois grands couteaux, qu'il fit voltiger en tous sens.

Après un entr'acte de quelques minutes, commencèrent les tours d'équilibre, non moins surprenants, mais beaucoup moins dangereux que ceux que j'ai décrits. Le jongleur, assis, fait tourner sans interruption deux larges anneaux autour de ses oreilles; il défile en même temps un chapelet d'une vingtaine de perles, qu'il met dans sa bouche, et dont le fil pend à la vue des spectateurs: pendant qu'il les enfile avec sa langue, et qu'on les voit descendre l'une après l'autre, il tient une épée en équilibre entre ses deux yeux.

Il serait trop long et trop difficile de décrire les

différents tours d'équilibre qu'il exécute ensuite avec une toupie qu'il fait tourner sur une pointe de fer, qu'il fait courir le long d'une tringle, et qu'il place ensuite sur un roseau flexible en équilibre sur son menton, en lui imprimant des mouvements divers en contradiction apparente avec toutes les lois de la statistique et de la gravité des corps.

A ces tours succède celui d'un boulet de granit, pesant quatorze livres, que l'Indien lance avec ses pieds : il le reçoit d'abord sur un bras, le rejette sur l'autre, le fait voler à une grande hauteur, le reçoit sur la nuque du cou, et le fait bondir à plusieurs reprises sur ses épaules.

Le jongleur indien qui avait commencé le spectacle par ses escamotages, se présenta pour le terminer par le fameux tour du sabre, où j'attendais mon docteur. L'instrument passa dans ses mains ; il en mesura la longueur, et s'approcha du théâtre assez près pour se convaincre par tous ses sens de la réalité d'une expérience qui mit encore une fois sa physique en défaut.

N° XXII. [16 décembre 1815.]

LA MÉLANCOLIE.

>   De ta tige détachée,
>   Pauvre feuille desséchée,
>   Où vas-tu ? — Je n'en sais rien:
>   L'orage a brisé le chêne
>   Qui seul était mon soutien.
>   De son inconstante haleine
>   Le zéphyr ou l'aquilon
>   Depuis ce jour me promène
>   De la forêt à la plaine,
>   De la montagne au vallon,
>   Je vais où le vent me mène,
>   Sans me plaindre ou m'effrayer ;
>   Je vais où va toute chose,
>   Où va la feuille de rose
>   Et la feuille de laurier [1].
>
>   ARNAULT.

On a tant abusé de ce mot charmant *mélancolie*, qu'on serait parvenu à le rendre ridicule, si l'on avait pu en trouver un autre pour peindre une situation

---

[1] Cette fable charmante, que madame de G... attribua à La Fontaine à l'époque où elle parut pour la première fois, comme épigraphe, à la tête de ce discours, cette fable est de M. Arnault, qui la composa à l'occasion de son exil, au mois de juillet 1815.

de l'ame, ou, si l'on veut, une disposition de l'esprit à laquelle les Français sont peut-être plus enclins qu'aucun autre peuple. Cette observation ne dément point celle que l'on a faite, et dont on convient plus généralement sur la gaieté de leur caractère. La mélancolie (qu'il faut bien se garder de confondre avec cette maladie organique que nos voisins d'outre-mer ont appelée le *spleen*) n'est pas une manière d'être habituelle, mais un accident de notre nature, auquel les caractères excessivement gais sont plus sujets que les autres. C'est donc avec plus de prétention que de justesse qu'on a défini ce sentiment la *convalescence du malheur*, puisqu'il nous surprend quelquefois au sein du bonheur même, et qu'il se prête aux plus douces illusions de la vie pour en augmenter le charme, comme il se mêle aux plus vives douleurs pour en tempérer l'amertume. La mélancolie se plaît dans les méditations qui exercent l'ame et lui donnent un sentiment plus expansif de son existence. Elle vit dans le passé ou dans l'avenir; le présent seul n'existe pas pour elle. J'aime assez la figure et l'attitude que lui donne le poète anglais Warton :

> *Melancholy,*
> *Goddess of tearful eye,*
> *That loves to fold her arms and sigh* [1].

[1] *Mélancolie* : déesse aux yeux humides de larmes : elle s'assied, croise les bras, et soupire.

S'il est un plaisir dont il soit impossible de se rendre compte, c'est sans doute celui dont la source est dans l'idée d'une certaine perfection que l'on ne trouve ni en soi ni dans les autres, et que l'on cherche hors de la nature; dans un état de malaise où l'ame se complaît à flotter, sans repos et pourtant sans fatigue, sur une mer d'incertitudes qui n'a que l'horizon pour rivage.

Je ne cherche point la cause de ce phénomène physiologique ou psychologique; je parle de ses effets, et j'écris sous la dictée de mes impressions et de mes souvenirs.

La mélancolie, tout-à-fait inconnue aux peuples sauvages, paraît être le dernier degré de la civilisation; elle n'est donc point fille de la solitude, comme on l'a si souvent répété; il serait plus vrai de dire qu'elle en est la mère; car elle la fait naître en tout lieu : c'est une des propriétés de cette faculté de l'ame que d'isoler de la nature entière l'objet dont elle se saisit, et pour parler le langage des physiciens, de *faire le vide* autour de lui.

Née pour l'ordinaire dans le tumulte du grand monde, la mélancolie s'y crée des déserts où elle se réfugie jusqu'à ce qu'elle trouve l'occasion d'en habiter de réels, qu'elle peuple de ses longs souvenirs et de ses vagues espérances.

Tel est le sort qui m'a été réservé: après une longue vie passée dans l'orage des passions, continuellement entre les deux excès d'une gaieté bruyante et d'une mélancolie profonde, les heures qui ont laissé dans ma mémoire les traces les plus durables, dont le souvenir a plus de charmes pour mon esprit, sont celles où je me suis endormi au milieu de ces songes de l'homme éveillé.

Entre une foule de situations semblables, il en est qui se rattachent aux trois principales époques de ma vie, et vers lesquelles mes idées se reportent avec plus d'intérêt.

Je me retrouve, à vingt ans, sur ce navire où je commandais une escorte de *lascars*[1], à ma sortie de Surate, et dans ce désordre d'esprit où m'avait plongé l'abandon de la volage Nanine. C'était dans une de ces belles nuits qu'on ne connaît qu'entre les deux tropiques: le ciel, d'un azur de saphir, étincelait d'étoiles; le navire, poussé par un vent frais, laissait derrière lui un sillage lumineux dont j'observais le phénomène, assis sur la galerie de poupe. Insensiblement la majestueuse uniformité du tableau, le bruissement monotone des petites vagues argentées qui se brisaient autour du vaisseau sans interrompre le vaste silence de la nuit, produisirent dans mes idées quelque chose de semblable à l'impression matérielle que j'éprouvais. Je me sentais seul, isolé dans la nature, détrompé d'un amour

---

[1] Voyez *l'Ermite de la Chaussée-d'Antin*, tome III, n° cvi.

dont le souvenir m'arrachait des larmes, et ne sachant désormais où reposer ni mes vœux, ni mes espérances. L'infidélité d'une maîtresse était à mes yeux le crime de l'humanité tout entière : « Des êtres sensibles ! me disais-je, il n'en existe pas ; tout est caillou, tout est argile dans ce monde ! » Le sentiment de haine et de mépris que m'inspiraient en ce moment les hommes me donnait une plus haute opinion de moi-même. Je me voyais avec orgueil aux prises avec la fortune ; et, loin de la repousser, je caressais l'image de tous les malheurs que mon imagination exaltée se plaisait à m'offrir. Qu'allais-je devenir ? à quelle suite d'événements étais-je réservé dans cette vaste carrière de la vie, où, dès les premiers pas, j'étais abandonné, sans parents, sans amis, sans guide ? Je puisais dans l'amertume de ces réflexions (qui se présentaient pour la première fois à mon esprit, dont l'amour jusqu'à ce moment les avait éloignées) je ne sais quelle confiance dans mes propres forces, je ne sais quel courage aventureux dont j'étais au moment de faire la plus terrible épreuve. . . . .
. . . .

Trente ans de ma vie s'étaient écoulés dans une tourmente d'événements où j'avais épuisé toutes les chances de la destinée humaine ; jeté au milieu d'un peuple sauvage dont les nations civilisées m'avaient appris à chérir les vertus, j'espérais y finir mes jours. La mort m'enleva la douce compagne de mon heureux exil: mes mains lui avaient élevé, au pied d'un rocher, sur les bords du fleuve, un simple monument où je venais souvent me recueillir; ma fille, le dernier et le plus tendre lien qui m'attachât à la terre; ma fille, encore dans l'enfance, et qui n'en devait sortir que pour entrer au tombeau de sa mère, m'avait un jour accompagné dans cette triste solitude.

Tandis que l'enfant s'amusait sur la rive à ramasser des coquillages dont elle remplissait une calebasse, j'étais assis au pied du rocher, et je suivais des yeux le cours d'un des plus grands fleuves du monde, à travers les impénétrables forêts qui bordent ses deux rives. Je remontais, par la pensée, ce torrent des âges où je me sentais emporté comme la feuille légère sur laquelle s'arrêtaient mes regards. Quel étrange concours d'événements m'avait conduit des bords de la Loire, où j'avais pris naissance, sur ceux de l'Orénoque, où je me trouvais au déclin de ma vie! « J'avais reçu le jour en France, au milieu du plus brave, du plus aimable des peuples; j'étais appelé à y tenir un rang honorable; je pouvais être utile à mon pays, peut-être illustrer mon nom parmi mes concitoyens; et j'ai vécu, me disais-je, errant, inconnu, sans gloire, sans patrie!...»

Je m'arrêtai sur ces mots: « *la patrie!* En est-il pour une nation où l'on fait des *Saint-Barthélemy*, où l'on révoque les *édits de Nantes*, où le despotisme est un culte, la religion un préjugé, la liberté un délire?... *La gloire!* (ce sentiment national qui tient lieu de tant de vertus en France) de quel prix fut-elle payée à toutes les époques de notre histoire? Luxembourg est enfermé dans un cachot de six pieds carrés, Villeroi est préféré à Catinat, et Labourdonnaye meurt dans les fers! Qu'importe! l'injustice dont ils ont été victimes accroît aujourd'hui leur renommée. Où serait le mérite de servir son pays, si l'on devait toujours compter sur sa reconnaissance?... »

Cette dernière réflexion, que je cherchais à combattre pour échapper aux reproches et aux regrets dont elle était pour moi la source, m'avait conduit à relire la dernière lettre que m'avait écrite mon vieil ami *l'Ermite de la Chaussée-d'Antin*, dans laquelle il faisait un tableau de la terrible révolution qui s'était opérée en France depuis cinq ans, et dont je recevais la première nouvelle au mois de juillet 1795.

Je fus interrompu dans ma lecture par les cris de ma fille, qui m'annonçait qu'une pirogue descendait le fleuve et s'avançait vers nous de toute la rapidité du courant. Au signal que je fis, la barque approcha du bord, et j'en vis sortir, à ma grande surprise, un homme qu'à ses vêtements je reconnus pour un Européen: c'était un des malheureux exilés

de Sinnamary. Ses aventures, l'événement qui me le fit rencontrer, les entretiens que nous eûmes ensemble, pourront trouver place dans un autre discours. Pour ne point m'écarter de l'objet que je me suis proposé dans celui-ci, j'essaierai de rendre compte du sentiment que m'a fait éprouver, il y a quelques semaines, l'aspect des lieux où je suis né, et où j'ai retrouvé les doux souvenirs de mon enfance. . . . .
. . . .

C'est un bien singulier mécanisme que la mémoire des vieillards, d'où s'efface l'idée de la veille, et où se conservent les images et les impressions du premier âge. Je ne reconnus point la petite ville de Brassieux, qui n'est qu'à deux lieues du château d'Her..., où je me rendais; mais, à peine entré dans le chemin de traverse qui y conduit, je me retrouve, comme par enchantement, en rapport immédiat avec tout ce qui m'environne: non seulement je reconnais, je nomme les hameaux, les fermes, les closeries [1], aux environs desquelles je passe; mais j'étonne mon guide, presque aussi âgé que moi, en lui indiquant la place où se trouvaient tant d'objets qui ne sont plus. « C'est là, sur cette petite élévation, à l'entrée de ce taillis, que l'on voyait au-

---

[1] Habitation du vigneron principal, qui afferme ou exploite des vignes dans l'Orléanais.

trefois une image de la Vierge enchâssée dans les branches d'un vieux chêne célébre à dix lieues à la ronde : qu'est-il devenu ? — Hélas ! mon cher monsieur, on l'a abattu il y a vingt-cinq ans, le jour où l'on a planté les arbres de la liberté. On vient d'abattre ces derniers, mais on ne peut pas replanter l'autre. — Je me rappelle qu'il y avait quelque part dans cette vallée un couvent de capucins dont le gardien était un excellent homme. — Père Sébastien ? Il n'y a guère plus de dix ans qu'il est mort de vieillesse dans la commune de Maldives, où il s'était retiré... Vous voyez les bâtiments de l'abbaye : c'est M. le comte de Mol... qui les a achetés pour y établir une filature... Nous étions obligés de nourrir les religieux ; c'est maintenant la fabrique qui nous nourrit. — Et les *frères?* — Il y en a encore trois de vivants : deux sont mariés dans le village ; et s'il est vrai que Dieu bénisse les grandes familles, celles-là doivent prospérer. »

Tout en devisant de la sorte, nous arrivons à Her...; je distinguais déja les flèches de l'antique manoir, qui date du règne de François Ier, ainsi que tous les vieux châteaux qui subsistent encore sur cette rive gauche de la Loire. Depuis vingt ans ce pauvre domaine avait changé cinq ou six fois de maître ; et ce qu'il y a d'extraordinaire, malgré le temps et la révolution, le gothique castel était encore debout. Le jardinier-concierge, à qui la garde en était confiée, était l'arrière-petit-fils de celui que j'y avais laissé; je n'eus point de peine à en obtenir la permission de visiter dans les plus petits détails des lieux que j'avais tant de plaisir à revoir.

Rien n'était changé extérieurement; la chapelle et le colombier seuls avaient été détruits. J'entrai dans le château, que des fossés remplis d'une eau verdâtre entouraient encore, en songeant au petit bateau sur lequel j'avais tant de fois navigué, de compagnie avec les canards, les oies, et les cygnes qui peuplaient ce vaste bassin.

Au fond du vestibule, où le stuc avait pris la place du plâtre rechampi, je cherchai en vain dans sa niche la statue de pierre grossièrement taillée en Apollon, dont j'avais cassé la flûte et les doigts en jouant à la balle. Le salon, depuis cinquante ans, a été plus d'une fois remeublé à neuf; mais on voit encore au-dessus des portes, et sur l'énorme poutre qui partage le plafond, des attributs de chasse, peints à fresque sur les dessins de mon grand-père. C'est là que s'arrêtèrent mes regards; je croyais encore voir mon aïeul me montrant, du bout de sa canne, *Actéon changé en cerf,* et la nymphe *Calisto, sous la figure d'un ours,* méconnue de Jupiter lui-même.

J'essaierais vainement de donner une idée des sensations diverses qui m'assaillirent à-la-fois en entrant dans la chambre de ma mère; c'est là, dans cette place même, que j'avais vu le jour pour la première fois, que j'avais éprouvé pendant dix ans tout ce que le cœur de la plus tendre mère renferme de tendresse, que j'avais payé par tant de caresses ses soins ineffables; c'est là, dans l'âge où l'on commence à sentir le prix de cet amour qu'aucun autre ne remplace, que je vis mourir, avant trente ans, celle de qui je tenais la vie, et dont la perte me fit connaître le premier sentiment douloureux, le *seul* que le temps n'ait pu détruire......

La seule pièce du château qui n'eût souffert aucun changement était la salle de billard, blasonnée du haut en bas; on avait eu le soin, pendant les dix premières années de la révolution, d'en cacher les nobles murailles par une boiserie derrière laquelle se sont conservés ces précieux lambris, que le nouveau propriétaire remet au jour plus sottement, mais avec autant d'orgueil que ceux qui les ont fait peindre.

N° XXIII [22 décembre 1815.]

LES CONFIDENCES
D'UNE JEUNE FILLE.

*Fallere credentem non est operosa puellam
Gloria.*
OVIDE, liv. II

Quel mérite y a-t-il à tromper la crédulité d'une jeune fille ?

Il y a des bonnes fortunes de tout âge; c'en est une bien rare, à quatre-vingts ans, que l'amitié d'une jeune fille de quinze ans, naïve comme l'innocence, jolie comme un ange, et spirituelle comme un démon. Cette bonne fortune-là m'était réservée. Je loge à Paris, à l'hôtel de madame de Lorys, dans un petit appartement au rez-de-chaussée. Cette dame (dont la fille aînée est morte littéralement de douleur en apprenant la perte qu'elle avait faite de son mari, officier-général du plus grand mérite, qui fut tué à la bataille d'Austerlitz); cette dame, dis-je, a pris chez elle et fait élever sous ses yeux, avec toute la tendresse et tous les soins d'une mère, l'intéressante orpheline que sa fille a laissée, et dont je faisais tout-à-l'heure le portrait en quelques mots.

La jeune Ida est un petit prodige, dans la force du terme. A peine sortie de l'enfance, elle a toute la grace, toute la beauté de la jeunesse, tout le bon sens, j'ai presque dit toute l'expérience morale de l'âge mûr. Ma chambre donne sur le jardin, et la petite, qui s'y promène toute la matinée, entre souvent par la fenêtre, et vient causer avec son vieil ami, qu'elle appelle son *Robinson*. Notre dernier entretien lui a donné l'occasion de développer une raison si précoce, des observations si fines, que j'ai pris soin de les mettre par écrit le jour même. Elle était venue frapper à ma fenêtre de meilleure heure qu'à l'ordinaire.

L'ERMITE (*en ouvrant la croisée*).

Quoi! si matin, ma chère Ida! justement à l'heure de votre maître d'histoire et de géographie.

IDA.

C'est aujourd'hui le mardi gras; il m'a prévenue hier qu'il n'y avait pas d'affaires, de leçons, qui tinssent; que, ce jour-là, il ne quittait pas ses enfants, et qu'il avait l'habitude de célébrer cette fête en famille. A son défaut, j'étais entrée chez ma grand'mère, pour étudier avec elle; j'ai vu venir madame de Gailleul, et je me suis retirée bien vite.

L'ERMITE.

Vous n'aimez donc pas cette dame?

IDA.

Beaucoup, au contraire; mais il n'y a pas très long-temps qu'elle a perdu une fille du même âge que moi, et j'ai craint que ma présence ne lui rappelât trop vivement le souvenir de sa perte.

L'ERMITE.

Comment pouvez-vous deviner le secret d'une pareille douleur?

IDA.

En me mettant à la place de celle qui l'éprouve.

L'ERMITE.

Pour bien apprécier de semblables regrets, il faut pouvoir se faire l'idée du bonheur dont la perte les excite. On apprend à sentir par expérience, comme on apprend toute autre chose.

IDA.

Et moi, je vous assure que, nous autres jeunes filles, nous faisons semblant d'apprendre beaucoup de choses que nous savions déja. On s'imagine que nous n'avons des yeux que pour voir ce qu'on nous montre, des oreilles que pour entendre ce qu'on nous dit; on ne compte que sur l'éducation que l'on nous donne, et l'on ne nous fait pas l'honneur de croire que nous puissions penser, réfléchir, observer par nous-mêmes. Quant à moi, mon ami, je vous avoue que ce que je sais le mieux, c'est ce qu'on ne m'a point encore enseigné.

L'ERMITE.

Comment donc vous y prenez-vous pour l'apprendre?

IDA.

Je compare sans cesse les préceptes que l'on me donne et les exemples que j'ai sous les yeux; et des contradictions qui en résultent dans mon esprit, je tire des lumières que je mets ensuite tous mes soins à cacher.

L'ERMITE.

Mon enfant, ne vous pressez pas de vous instruire dans la science du monde. Il en est des vérités comme des grains: il faut, pour qu'ils germent, les semer dans la saison convenable. L'éducation nous montre la société telle qu'elle devrait être.

IDA.

Pourquoi donc, en nous la faisant voir telle qu'elle est, nous force-t-on de remarquer qu'on ne fait rien, le soir, de ce qu'on nous dit de faire le matin, et qu'on se conduit, dans le monde, par des principes tout-à-fait différents de ceux dans lesquels on nous élève? Tous les livres que j'étudie enseignent que la bonté de l'ame est bien au-dessus de la beauté du corps; que les vertus solides doivent être préférées aux talents agréables: je descends au salon, où je n'entends vanter que l'élégance de ma taille, la régularité de mes traits, et le charme de ma voix. Je crois avoir un bon cœur, de l'égalité dans le caractère, de la docilité dans l'esprit, et personne ne s'est encore avisé de m'en faire compliment.

Toutes les fois que, dans nos leçons, dans nos lectures, il est question d'amour, ma grand'mère passe sur ce mot-là comme sur des charbons ardents; mon maître de chant arrive, et me fait répéter cent fois, sur toutes les notes de la gamme, en italien et en français, *que l'amour est le souverain bien; qu'on ne peut vivre sans amour, et qu'il n'y a de bonheur que celui qu'on goûte en aimant;* le soir on me conduit à l'Opéra, où je vois une *vestale* qui se console d'être enterrée vive, parce qu'elle a consacré un *moment à l'amour.* En quelque lieu que j'aille, on ne parle que d'amour, on ne chante que l'amour, on ne célèbre, on ne regrette que l'amour; ce qui n'empêche pas grand'maman d'être convaincue que je ne me doute pas encore de ce que c'est que l'*amour,* moi qui sais par cœur le septième livre de *Télémaque!*

L'ERMITE.

Dans ce cas, vous savez que cette passion a besoin d'être réglée par la sagesse; qu'autrement elle devient la source de tous les désordres de la société, du malheur des familles, et de la honte de ceux qui s'y abandonnent.

IDA.

Je le crois, mon cher Robinson, mais avouez

qu'il y a bien quelque mérite à cela dans une jeune fille qui examine avec attention ce qui se passe, ce qui se fait, ce qui se dit autour d'elle ; car, enfin, je voudrais bien savoir ce qu'on pourrait répondre à quelqu'un qui dirait : « L'amour est nécessairement le lien et le charme de la société, puisqu'il est le sujet inépuisable de tous les entretiens, le but de tous les vœux, l'objet et le mobile de tous les arts. Il doit contribuer singulièrement au bonheur des familles ; car on accueille avec une bienveillance, avec une prédilection toutes particulières, ceux qui prêchent d'exemple cette aimable doctrine. Sans doute il contribue beaucoup à leur gloire, puisqu'on qualifie du nom de *conquête* les succès qu'ils obtiennent. »

L'ERMITE.

On répondrait à cela, ma petite amie, que les discours de salon ne sont rien moins que l'expression de la société ; que ceux que l'on accueille le mieux dans le monde ne sont pas ceux que l'on y estime le plus, et que les mots du langage que l'on y emploie n'ont, comme les fiches dont on se sert au jeu, qu'une valeur de convention qui change suivant les parties, et qui cesse avec elles.

IDA.

Pour le moment, je veux bien me contenter de votre comparaison ; mais quand je serai mariée, je vous ferai sur ce point-là des objections qu'il vous sera moins facile d'éluder ou de détruire. Vous n'aurez pas aussi beau jeu pour justifier vingt autres contradictions sur lesquelles nous serons plus à notre aise, moi pour vous questionner, et vous pour me répondre.

On me répète, depuis que je suis au monde, qu'une honorable pauvreté est digne de tous les égards, de tous les respects; qu'une fortune mal acquise ne mérite que le mépris. Vous avez dîné plusieurs fois chez mon oncle avec MM. d'Arteuil et Mallard: on ne cite pas un honnête homme plus pauvre que le premier; on ne connaît pas un usurier plus riche que l'autre; cependant vous avez pu remarquer que celui-ci a constamment la meilleure place à table, et que M. d'Arteuil est toujours réduit à celle que je lui ménage auprès de moi.

J'ai deux tantes que vous connaissez, et dont la réputation est bien différente. Madame de Montgenet est le modèle de toutes les vertus; elle a sacrifié sa fortune à ses devoirs d'épouse; elle ne connaît de plaisir, de bonheur, que dans ses devoirs de mère; elle vit oubliée, dans un état voisin de l'indigence. Sa sœur, madame la comtesse d'Essenille, a suivi une route directement opposée; elle est accueillie, recherchée, fêtée dans les meilleures compagnies; la fortune, les honneurs, la considération même, ont été la récompense de sa conduite. Je sais bien qu'il ne faut pas agir comme madame d'Essenille; mais je voudrais bien n'avoir pas le sort de madame de Montgenet.

On nous prêche sans cesse, à nous autres jeunes filles, la modestie, la réserve, la discrétion. Je me suis donné bien du mal pour acquérir ces deux dernières qualités, auxquelles je n'étais pas très heureusement disposée par caractère, et je suis tous les jours témoin des éloges qu'on donne à ma cousine Adèle, des hommages qu'on lui rend, de la préférence qu'elle obtient sur toutes ses compagnes, en affichant des défauts qui sont, tout juste, l'opposé des vertus qu'on nous vante comme le plus bel ornement de notre sexe. La nature, la religion, l'éducation, nous font une loi du respect de la vieillesse; auprès de vous et de grand'maman, je ne connais pas de devoir plus doux à remplir. Voyez pourtant avec quel mépris on parle des vieilles gens! comme on les délaisse, comme on les évite, comme on tourne en ridicule jusqu'à leurs infirmités même! Je ne sais pas encore pourquoi on se met à rire quand je dis que je vous aime tant que je voudrais être votre femme; mais je parierais bien que c'est de vous qu'ils se moquent.

L'ERMITE.

Vous pourriez bien vous en moquer vous-même, quand vous aurez deviné le secret de leur raillerie.

IDA.

Je n'en finirais pas si je vous faisais toutes mes confidences. Que diriez-vous, par exemple, de ce qui m'est arrivé dimanche dernier? J'ai passé les premières années de mon enfance avec Annette, la fille de la femme de chambre de ma mère; elle est du même âge que moi; nous avons été élevées dans la même pension, et j'ai conservé pour elle beaucoup d'amitié. Elle habite la campagne, et je ne l'avais pas vue depuis quatre ou cinq ans. Vous jugez avec quel plaisir nous nous sommes retrouvées ensemble. Nous avons passé la matinée à causer dans ma chambre; l'heure du dîner est venue; je voulais qu'elle vînt se mettre à table auprès de moi; elle s'y refusa, et voulut que j'allasse en demander la permission à ma grand'mère; j'y courus, bien persuadée qu'on ne pouvait trouver mal aujourd'hui ce qu'on avait trouvé bien autrefois. Point du tout : grand'maman me dit que cela n'était point convenable, et qu'il fallait envoyer Annette dîner à l'office.

J'eus beau représenter qu'elle avait été la compagne de mon enfance; qu'elle était bien jolie, bien élevée; que je l'avais toujours appelée mon *amie*; j'eus beau rappeler à grand'maman qu'elle m'avait dit cent fois que la vanité est le plus ridicule et le plus insupportable des défauts; elle me fit cent raisonnements pour me prouver que j'avais eu tort de profiter de ses leçons; et tout ce que je pus obtenir, à force de prières et de larmes, ce fut de dîner dans ma chambre avec ma pauvre petite Annette, qui m'assura pourtant bien, en me quittant, que je dînerais à table avec sa famille, toutes les fois que j'irais la voir. »

Ida raisonnait trop juste, et dirigeait ses petites attaques avec trop d'adresse, pour ne pas m'embarrasser quelquefois : je vins pourtant à bout de lui faire sentir que la plupart des contradictions qu'elle avait remarquées dans l'éducation et dans les mœurs n'étaient qu'apparentes ; que l'intérêt personnel, les convenances, la politesse, les devoirs de position, forçaient quelquefois à transiger, dans le monde, sur la sévérité des principes de la religion et de la morale, qui n'en étaient pas moins, comme je le lui prouvai à mon tour par les exemples les plus respectables, les seuls garants de l'estime publique, hors de laquelle il n'est point de plaisirs vrais, et encore moins de bonheur solide.

N° XXIV. [25 décembre 1815.]

LES PASSANTS.

> Vous n'aurez pas pour moi de langages secrets,
> J'entendrai des regards que vous croirez muets.
> RACINE, *Brit* , acte II, scène v.

Il y a des gens qui connaissent bien les cartes, qui conseillent on ne peut mieux, et qui ne savent pas jouer. Il y en a de même qui connaissent bien les hommes, leur nature, leurs mœurs, leurs habitudes, et qui n'entendent rien aux affaires : autre chose est d'observer ou d'agir. Je crois posséder ce premier talent, ou, plus modestement, cette aptitude à un degré peu commun : je pénètre ce que je regarde; je suis doué d'un coup d'œil *intrusif* qui me montre les gens *intùs et in cute;* je démêle, jusque dans leur repos, le mobile de leurs actions; j'entends le langage du regard, et même du silence : avec tous ces avantages, je ne sais pas comment il se fait que dans ma vie j'aie été la dupe de tous ceux qui ont eu le plus léger intérêt à me tromper; qu'en courant, même avec des boiteux, je sois toujours arrivé le dernier au but; et que, la sonde à la main, j'aie heurté ma barque contre tous les écueils que j'avais signalés. En serait-il du talent de l'observateur comme d'une montre à répétition appartenant à un sourd, et qu'il fait sonner dans l'obscurité? Elle indique l'heure à tout le monde, excepté au propriétaire. Quoi qu'il en soit du peu de profit que j'en ai tiré, toujours est-il vrai qu'à force de regarder j'ai appris à voir, et que j'en suis venu au point de reconnaître à la contenance, à la démarche d'un passant, sa profession, ses habitudes, et même son caractère.

La plupart des hommes (les femmes n'y sont pas aussi généralement comprises) ont le cœur opaque et le maintien transparent. *Parlez, pour que je vous voie*, disait Adisson; moi, je dirais volontiers: *Marchez, pour que je vous entende.* Il y a dans l'habitude du corps en mouvement je ne sais quoi qui décèle le caractère.

Dernièrement, je m'étais arrêté un matin sur le quai Voltaire, à feuilleter des bouquins exposés le long du parapet. Après m'être assuré qu'il n'y avait là que des livres dignes d'y figurer, au lieu de regarder couler l'eau, comme plusieurs autres désœuvrés, mes confrères, je m'avisai d'examiner les *passants*, et de m'imposer la tâche de deviner, à son allure, ce que chacun devait être. S'il y avait un moyen de vérifier mes remarques, j'offrirais de parier que j'ai le plus souvent rencontré juste.

Je vis arriver de loin un homme d'une soixantaine d'années, vêtu d'un habit neuf qui paraissait cependant avoir été fait pour un autre âge ; il marchait avec une prépondérance dont il paraissait se savoir très bon gré. A chaque pas qu'il faisait, il enflait ses joues au moyen d'une quantité d'air qu'il aspirait, et qu'il rendait ensuite par une expiration longue et bruyante. Cet homme, en marchant sur le trottoir, avait l'air étonné de ne s'y pas trouver seul, et le froncement de ses sourcils, le hochement de sa tête, chaque fois qu'on le coudoyait, témoignaient un mécontentement tempéré par le dédain dont il était impossible de ne pas rire, pour peu qu'on en pénétrât la cause. Cet homme, me disais-je, a été fort riche ; il a recouvré depuis peu une partie de sa fortune ; il use son ancienne garde-robe ; il avait contracté l'habitude d'aller à pied, mais il vient de se ressouvenir qu'il allait autrefois en voiture. Son père était au moins secrétaire du roi ; lui-même avait un emploi considérable dans *les aides,* et, sans la révolution, il serait aujourd'hui fermier-général.

Cet autre, un peu moins âgé, plus chaudement qu'élégamment vêtu, qui marche les yeux en terre, en formant par intervalles des temps d'arrêt, est nécessairement occupé de quelque affaire importante. Il marmotte entre ses dents ; il porte fréquemment la main sur une liasse de papiers jaunâtres enfermés sous sa veste, et dont l'extrémité de quelques feuilles se confond avec son jabot de même couleur: c'est d'un procès qu'il s'agit. Il repousse avec dureté les pauvres qui lui demandent l'aumône, et je remarque que les enfants de cette classe excitent plus particulièrement son impatience et son humeur: cet homme doit être un célibataire qui plaide contre des mineurs qu'il a l'espoir légal de dépouiller, au moyen des vieilles paperasses, qu'il porte à son procureur.

Ce jeune homme qui vient du même côté, et dont l'air abattu laisse percer je ne sais quelle satisfaction; dont la toilette du soir est un peu fanée ce matin, ne serait-il pas le maître de ce cabriolet arrêté depuis une heure à l'extrémité du Pont-Royal? A chaque pas il tourne la tête, et ses yeux se dirigent vers une croisée entr'ouverte, où je ne distingue, avec mes lunettes, qu'un bout de schall, que le vent n'agiterait pas si vite. Le schall a disparu, le jeune homme marche moins lentement et ne se retourne plus; il passe près de moi; je soupire en jetant un regard vers la fenêtre, et je vois le moment où il va me demander de quel droit je soupire, et pourquoi je regarde de ce côté: mon âge répond pour moi. Il continue son chemin en souriant, et monte dans son cabriolet moins lestement qu'il n'en était probablement descendu. Je sais qui il est, d'où il vient...; mais ne craignez rien, madame, je ne le dirai pas.

De l'autre côté du quai, rasant les boutiques, j'observe une jeune femme enveloppée dans une fourure. Une chaînette d'or, passée à son bras, soutient une *aumônière* en cuir de Russie qui paraît bien pesante. Déja je m'intéresse à cette dame: je veux la voir de plus près; je traverse le quai. Sa démarche est vive, son œil fixe est animé d'une expression singulière où dominent le courage et l'espoir. Deux hommes à cheval ont passé près d'elle; la vue de leur uniforme la fait pâlir; elle ouvre une petite montre qu'elle porte à son cou et précipite sa marche... Où va-t-elle? c'est encore une de ces découvertes dont je ne ferai point part à mes lecteurs.

Je reviens à mon poste près du parapet. Quel peut être cet homme long et mince qui marche avec un parapluie ouvert, deux heures après qu'il a cessé de pleuvoir? Sa cravate de couleur est nouée avec bien de la négligence, sa veste est boutonnée de travers; il agite orgueilleusement sa tête sous le dôme de son vaste parapluie, sans s'apercevoir qu'il accroche tous ceux qui passent, et qui le donnent au diable de grand cœur. Tantôt il mord sa lèvre inférieure, en élevant les yeux par un mouvement oblique; tantôt il sourit à sa pensée; puis tout-à-coup il s'arrête, tire ses tablettes de sa poche écrit quelques mots, et se remet en marche dans une direction contraire à celle qu'il suivait. Tout le monde va croire que c'est un fou, peut-être même un poëte, j'ai observé les mouvements de ses doigts, je ne m'y méprends pas, c'est un mathématicien.

En faisant son évolution, le géomètre a fait tomber le chapeau d'un homme un peu violent de son naturel, à en juger par la promptitude avec laquelle il arrache le parapluie de la main de l'Archimède, et le fait voler par-dessus le parapet. Celui-ci le regarde avec plus d'étonnement que de courroux, et, sans dire un mot, gagne l'escalier qui conduit au bord de la rivière, où son parapluie s'était arrêté; l'autre reprend son chapeau des mains d'un petit savoyard qui le lui rapporte, et auquel il donne une pièce de vingt sous pour sa peine. J'avais eu le temps de l'examiner; il était vêtu d'une redingote bleue, croisée sur sa poitrine de droite à gauche; la barbe de sa lèvre supérieure paraissait rasée de plus près que le reste, et cependant, par une espèce de mouvement involontaire, il y portait fréquemment le pouce et l'index, comme s'il eût voulu tortiller quelque chose. Cet homme, d'une belle taille, d'une figure sévère, et *même un peu farouche*, avait dans le maintien je ne sais quelle confiance qui me parut tenir à l'habitude du commandement. Je ne dirai pas précisément quel est son grade, mais je suis sûr de ne pas me tromper sur son état

En le suivant des yeux avec un intérêt dont il n'est que l'occasion, mes regards tombent sur une jeune personne qui ne se fie probablement pas à la profondeur d'une capote de velours pour cacher ses traits, car elle tient sur sa bouche un mouchoir de batiste brodé, qui achève de voiler sa figure. Sa démarche légère a quelque chose d'incertain; elle précipite, elle ralentit ses pas; quelquefois elle paraît vouloir s'arrêter: elle lève les yeux et aperçoit de fort loin (autant que j'en ai pu juger ensuite) une personne qu'elle n'avait probablement pas l'intention de rencontrer; car elle saute plutôt qu'elle ne descend du trottoir, et va se placer, de l'autre côté, dans un groupe de gens assemblés devant l'étalage d'un marchand d'estampes. Je l'aperçois encore, elle suit d'un regard furtif l'objet qui l'effraie, et qui me paraît, à moi, l'homme du monde sinon le plus agréable, du moins le plus joufflu, le plus frais, et le mieux poudré. J'ai vu le temps où j'aurais entendu finesse à cette cachoterie; mais il faudrait aller si loin chercher mes souvenirs, que je crains de mettre ma mémoire à cette pénible épreuve.

Je voyais, depuis un quart-d'heure, un homme assez mal vêtu rôder le long du parapet, s'approcher des gens qui causaient ensemble, en portant les yeux du côté opposé à celui où il avait l'oreille; passer alternativement d'un bord du quai à l'autre, relire un petit papier qu'il avait à la main chaque fois qu'il regardait un homme au visage. Je ne fus pas étonné de le perdre de vue au moment où il tournait le coin de la rue des Saints-Pères.

Ce grand garçon, en habit bleu-barbeau, dont la brosse a usé le tissu, qui marche du train d'un homme qui craint d'arriver, qui va quêtant, à droite et à gauche, des sujets de distraction, qui tire, par intervalles, sa montre d'argent, pour s'assurer combien il a encore de minutes à perdre, est un commis subalterne de quelque administration sur l'autre rive de la Seine. Pour peu que l'on me pressât, je nommerais l'administration, et même le bureau où il travaille.

Celui-ci est plus pressé; il a pris le milieu du pavé pour n'être pas retardé par la foule qui passe sur le trottoir. Un de ses amis le rencontre, veut l'arrêter; il lui prend la main, et s'échappe en répétant ces mots : *A ce soir*. Avant d'entrer dans une grande maison, vers laquelle il se dirige à pas précipités, je le vois ouvrir un portefeuille dont il tire plusieurs morceaux de papier taillés sur le même modèle. Ce jeune homme est un agent de change qui court, depuis sept heures du matin, chez des banquiers, pour prendre ou offrir du papier sur Londres ou sur Hambourg.

Deux hommes marchent ensemble en se tenant par le bras; leur figure me déplaît. L'un s'agite beaucoup en parlant très bas à l'oreille de son compagnon qui l'écoute attentivement, et ne lui répond que par des secousses de tête qu'il accélère à mesure que l'autre s'échauffe davantage; il m'est démontré que ces deux hommes, liés d'intérêt sans être amis, avisent au moyen d'en tromper un troisième. Il s'agit d'une place lucrative que celui-ci possède, que veut avoir celui qui gesticule, et dont il partagerait les bénéfices avec son silencieux interlocuteur, à condition que ce dernier ferait les frais du cautionnement. A certain jeu de physionomie, à certain sourire d'une expression diabolique dont leur figure s'est enlaidie, je ne suis pas éloigné de croire qu'ils ont en poche une bonne dénonciation contre le titulaire, et qu'ils la portent en ce moment à son adresse.

Ce gros corps dont les mains, appuyées sur la base de l'estomac, font rouler ses deux pouces l'un autour de l'autre; cette tête en boule qui s'appuie sur une épaule; ce regard incertain, où l'impudence se cache sous une feinte modestie; cet air, que l'on voudrait rendre méditatif et qui n'est que sournois; ce maintien, dont l'apparente *quiétude* laisse percer une agitation secrète, à qui tout cela peut-il appartenir?..... Je consulterai mon *Lavater*.

Je me trouve dans la même incertitude à la vue d'un homme à figure maigre et blafarde, vêtu d'un habit dont l'étoffe nouvelle est coupée dans la forme antique. Sa tête, coiffée d'un chapeau à trois cornes, est beaucoup trop petite pour son corps, et son corps infiniment trop gros pour les jambes fluettes qui lui servent de base. Ce personnage dégingandé tenait en main un écrit qu'il avait l'air d'apprendre par cœur, en même temps qu'il en déchirait un autre. J'ai recueilli quelques petits fragments de ce dernier; mais, faute de liaisons, je n'ai pu y rien comprendre. Cet homme, qui suait la sottise et la vanité par tous les pores, ne rendait le salut à personne; mais, en revanche, je le voyais se courber jusqu'à terre devant un carrosse vide, derrière lequel il y avait trois laquais. Pour cette fois, ma pénétration est tout-à-fait en défaut. Après y avoir bien réfléchi, je ne vois pas à quoi l'on pourrait reconnaître un homme qui ne paraît être ni de son siècle, ni de son pays.

Je terminerai par une observation générale, où l'on pourrait trouver la source d'un fort long commentaire :

En marchant, les gens qui pensent au passé regardent à terre; les gens qui pensent à l'avenir regardent au ciel; les gens qui pensent au présent regardent devant eux; les gens qui regardent de côté et d'autre ne pensent à rien.

N° XXV. [28 décembre 1815.]

DICTIONNAIRE
DES GENS DU GRAND MONDE.

> Parlons des maux sans fin qu'un sens pris de travers,
> Source de toute erreur, sème dans l'univers
>   BOILEAU, sat. XII.

Le meilleur ouvrage que l'on pût faire sur la morale et sur la politique, serait un dictionnaire où l'on assignerait irrévocablement la valeur des mots que chacune de ces deux sciences emploie. Tous les vices, toutes les erreurs, tous les crimes, toutes les sottises dont la morale et la politique ont à gémir, ne sont, à bien prendre, que de fausses applications de termes mal définis. Supposons, par exemple, que, depuis la première guerre punique jusqu'à nos jours, les mots d'*alliance*, de *traité*, de *serment*, de *convention*, de *balance politique*, de *limites naturelles*, n'eussent jamais eu qu'une seule et même signification; que cette signification claire, précise, invariable, n'eût été susceptible d'aucune interprétation équivoque, d'aucune acception étrangère à sa définition primitive : que de guerres évitées ! que de trahisons prévenues ! que de conquêtes, de spoliations, de honte et de sang épargnés ! Le royaume des Lombards n'eût pas été détruit, et Carthage subsisterait peut-être encore [1].

On conçoit, jusqu'à un certain point, cette obscurité du langage politique : les cabinets, toujours prêts à se tromper entre eux, n'ont pas besoin de s'entendre, et ils ont encore moins besoin d'être entendus des peuples; mais la morale est à l'usage de tout le monde; elle est également nécessaire aux individus, aux nations, et à ceux qui les gouvernent; il semble donc que tous les mots de cette science devraient avoir pour ainsi dire une valeur numérique, et que les substantifs *amitié, constance, vice et vertu*, par exemple, devraient porter à l'esprit des idées aussi claires que les chiffres 1, 2, 3 et 4, sur l'expression desquels on ne varie jamais : il n'en est cependant pas ainsi; d'une année, d'une maison, d'une personne à l'autre, ces termes changent d'acception, et quelquefois expriment des idées tout-à-fait contraires. C'est principalement dans cette partie de la société que l'on appelle ou plutôt qui s'appelle elle-

---

[1] On sait que les Romains, abusant de la double signification des mots *urbs* et *civitas*, détruisirent Carthage de fond en comble, sous prétexte qu'ils avaient promis de conserver la *cité*, mais non pas la *ville*.

même *le grand monde*, que ces aberrations du langage sont les plus fréquentes et les plus étranges. Elles ont dû me frapper plus vivement qu'un autre, moi qu'un long séjour au milieu des peuples sauvages a privé de ce tact délicat, de ce sentiment des convenances, qui modifient l'expression dans le langage, comme les signes à la clef modifient, en musique, l'accent et l'accord de la note. Je me suis bientôt aperçu que je ne savais pas la langue du monde où je vivais, et comme je suis dans l'âge où l'on ne peut plus avoir de maître que soi-même, j'ai pris le parti, pour refaire mon éducation, de composer un dictionnaire à mon usage, auquel je puisse avoir recours au besoin. J'en vais citer quelques fragments.

« AME. — Principe de la vie. On l'a crue longtemps immortelle; on commence à en douter depuis que Cabanis a découvert l'immortalité des corps. Il y a de *bonnes ames* qui font tout le mal possible; de *grandes ames* qui ne s'élèvent pas tout-à-fait à la hauteur de l'oubli d'une injure; des *ames étroites* où il n'y a place que pour soi; des *ames vénales*, des *ames de boue*, qui sont presque toujours des *ames damnées*. Quelques hommes soutiennent encore qu'il n'y a point d'*ame;* la meilleure preuve qu'ils en donnent, c'est qu'ils n'en ont pas. — *Ame*, voyez *Matière*.

« AMOUR. — Substantif des deux genres: échange

de deux fantaisies; privilége pour toutes les folies que l'on peut faire, pour toutes les sottises que l'on peut dire. On a de l'amour pour les fleurs, pour les oiseaux, pour la danse, pour son amant, quelquefois même pour son mari; jadis on languissait, on brûlait, on mourait d'amour; aujourd'hui on en parle, on en jase, on le fait, et le plus souvent on l'achéte. — Voyez *Entraînement, Desir, Caprice, Passade, Surprise.*

« BONTÉ. — Disposition d'un esprit débile, insignifiant, d'un caractère faible: *Vous avez bien de la bonté; vous avez trop de bonté;* en d'autres mots, vous êtes un niais, une dupe, un imbécile.

« Au singulier, ce mot se prend quelquefois en bonne part; et, dans ce sens abstrait, la bonté est une vertu; mais ce n'est jamais par vertu qu'une femme *a des bontés* pour quelqu'un.

« CONQUÊTE. — Action par laquelle on s'empare glorieusement du bien d'autrui: on *fait la conquête* d'un royaume, d'une province, d'une femme; on ne dit pas encore *faire la conquête d'une diligence.*

« ESPRIT. — Il y en a une infinité d'espéces; le plus commun est aujourd'hui l'opposé du bon sens. Depuis qu'on a fait à certaines gens des réputations d'esprit, personne n'en veut plus avoir. Cette capitale posséde plusieurs fabriques d'esprit où l'on emploie, comme dans les autres, force machines: les unes travaillent en vers, les autres en prose, les plus productives sont celles qui servent à la confection des journaux. Quand on vous a cité un homme d'esprit, il est encore temps de demander si c'est un sot. On s'entend plus vite quand il est question de l'esprit des femmes: l'esprit, chez elles, suppose presque toujours du goût, de la finesse, et de la mesure.

« FEMME. — La femelle de l'homme dans l'ordre de la nature, et quelquefois le mâle dans l'ordre de la société. Il n'y a pas de pays où l'on pense plus de bien des femmes, et où l'on en dise plus de mal qu'en France; il est vrai qu'il n'y a pas de pays où l'on puisse trouver plus d'exemples pour justifier les éloges des uns et les satires des autres. Quand le mot *femme* signifie *épouse*, il est toujours précédé d'un pronom possessif. Les paysans seuls ont la bonne foi de dire *notre femme.* — Il y a des vieilles femmes des deux sexes.

FILLES. — Par un raffinement de corruption, ou pour parler le langage du *monde*, par un raffinement de politesse, ce mot *fille* signifie, *ad libitum*, ce qu'il y a de plus pur, ce qu'il y a de plus doux, ce qu'il y a de plus bas, ce qu'il y a de plus vil dans le sexe féminin : *Il est sage et timide comme une* FILLE. — *Il aime tendrement sa* FILLE. — *En quittant l'auberge, il a donné quelque chose à la* FILLE. — *Il a eu l'impudence de se montrer au spectacle avec une* FILLE.

« Cet emploi d'un même mot pour exprimer des choses si disparates est-il nécessité par la pauvreté de la langue? Non, car nous avons les mots *vierge, servante, prostituée*. On en use avec certaines pensées comme avec certains hommes : pour les introduire dans la bonne compagnie, on les habille décemment.

Gloire. — Le mot le plus français et le plus ancien de la langue; on serait néanmoins tenté de croire que beaucoup de gens ne l'entendent plus, à la difficulté avec laquelle ils le prononcent, et aux différents sens qu'ils lui donnent. — *Gloire*, voyez *Fortune, Succès, Cours de la bourse, Coalition, Livres sterling.*

« Honneur. — Terme singulièrement *élastique* : il s'étend de la vertu à l'infamie; il signifie tout et ne signifie rien. *On sollicite l'honneur de mourir pour son pays; on a eu l'honneur de tuer son meilleur ami en duel; on tient à honneur de compter parmi ses aïeux un confesseur de Louis XI, une maîtresse de François Ier, et un favori de Henri III.* — *On a l'honneur de saluer un faquin, de faire une observation à un sot, d'écrire à un malotru*, et, quand on ne sait plus que dire, *on a l'honneur d'être*.

« L'honneur est un mot sans pluriel, car il faut bien se garder de le confondre avec les *honneurs*, qui signifient toute autre chose. Tel a beaucoup d'*honneurs*, qui n'a pas du tout d'*honneur*.

« L'honneur des hommes et celui des femmes sont deux plantes d'espèces tout-à-fait différentes, l'une croît au soleil, l'autre ne fleurit qu'à l'ombre.

« NATURE. — Le mot à la mode par excellence; C'est bien celui-là qui *en dit plus qu'il n'est gros* : il s'applique à tout, il répond à tout, il explique tout et tient lieu de tout; chacun le définit à sa manière: c'est une cause, c'est un effet, c'est un lieu, c'est une situation, c'est un bien, c'est un mal, c'est un instinct, un devoir, un sentiment; le plus souvent c'est une absurdité.

« Tel philosophe descend de la chaire où il vient de prêcher la *nature*, pour aller mettre ses enfants à l'hôpital; tel autre se ravale au dessous de la *nature* pour nous prouver qu'il n'y a rien au-dessus. Celui-ci se fait centre de la *nature*; celui-là prétend qu'il en est le terme. — Les femmes du grand monde sont tellement enthousiastes des beautés *de la nature*, qu'elles ne leur préfèrent que le bal masqué, le mélodrame et l'Opéra. — C'est sur-tout dans les arts que brille la *nature*: un peintre, un sculpteur, vous dit que ses figures sont *nature*; les poètes invoquent à tout moment *la nature*; les moralistes, les physiciens ne sortent pas de *la nature*, et chacun sait que les médecins et les acteurs sont presque toujours *à côté de la nature*.

« PATRIE. — Le lieu où l'on est né pour les 99 centièmes des hommes; la passion dominante de quelques pauvres diables dont on se moque dans le monde en les appelant *les oies du Capitole*. Il existe un peuple insulaire chez qui *l'amour de la patrie* est synonyme de *fléau de l'humanité*.

« PRÉJUGÉ. — S'entend d'une manière différente, suivant qu'il s'applique aux hommes ou aux femmes. *Un homme à préjugés* est un homme armé de vieilles opinions qu'il oppose sans examen à des vérités nouvelles. *Une femme à préjugés* est presque toujours une femme attachée à ses devoirs. — Il y a des préjugés appuyés sur des vertus ; les gens qui les attaquent ne tirent pas toujours juste. Il faut l'adresse et le coup d'œil de Guillaume Tell pour enlever la pomme sans toucher l'enfant.

« PRÉTENTIONS. — Le plus innocent des mensonges, parcequ'il n'impose à personne ; le plus dangereux des témoins, parcequ'il dépose toujours contre la personne en faveur de laquelle il parle. Les prétentions à la jeunesse donnent toujours à une femme quelques années de plus qu'elle n'en a. Valsain n'était qu'un homme ignorant, ses prétentions à l'esprit en ont fait un sot. Les prétentions à la naissance sont les plus ridicules, et pourtant les plus modestes de toutes.

« RIDICULE. — Ce n'est pas un défaut ; ce n'est pas un vice ; ce n'est pas un crime : c'est bien pis.

« SENTIMENT. — Affection nervale. — *Madame telle a un sentiment*. Ne vous découragez pas ; on peut changer de *sentiment*; on peut même en avoir plusieurs à-la-fois. Il y a des femmes qui sont tout *sentiment* : comment se fait-il que les femmes à *sentiment* n'aiment pas les hommes à *sentiment* ? C'est que le sentiment, chez les hommes, n'a pas le même siége, le même empire, la même expression.

« TALENT. —Voyez *Intrigue*.—Quand une femme vous dit qu'un homme a *de grands talents*, il est toujours malhonnête de rire.

« VALEUR. — Dans les revers, les poltrons l'appellent *témérité, extravagance*. Montaigne n'était pas de cet avis : *Le vrai vaincre*, dit-il, *a pour son rôle le choc, et non pas le salut; et consiste l'honneur de la vertu à combattre, non à battre.*

« VÉRITÉ. — Vieux mot exprimant une chose toute nouvelle. — Antoine Perez disait que *c'était pour savoir la vérité que les rois entretenaient des fous auprès d'eux*: on voit bien que depuis long-temps ils ne sont plus entourés que par des sages. — *Vous avez pour vous la force, j'ai pour moi la vérité: la lutte peut être longue, mais la victoire me restera. La violence est passagère, la vérité est éternelle.* N'est-ce pas Massillon qui a dit cela ?

« VIE. — Grammaticalement parlant, jamais on n'a tant *abusé de la vie*. C'est après *la nature* le mot dont nos poëtes, et sur-tout nos romanciers, font le plus d'usage : l'amour même a perdu de son crédit; ce n'est plus qu'*une vie dans la vie*. Je m'informe de la santé d'une jolie femme; elle me répond qu'*elle porte légèrement la vie.* Un bon bourgeois, à qui je demande si sa femme est accouchée, me dit que depuis huit jours *son enfant essaie la vie.* Je parle du prix du temps à un jeune homme dissipé : il convient avec moi qu'*il éparpille sa vie.* Une femme à sentiment, pour me donner une idée de l'état de son ame, me dit qu'*elle se balance sur la vie, entre le passé qu'elle regrette et l'avenir qu'elle redoute.* Pour moi, sans être attaqué du spleen, je déclare *que je suis las de la vie;* je n'y entends plus rien, depuis qu'on la place dans le discours comme on la reçoit et comme on la donne, sans savoir ce qu'on fait. »

N° XXVI. [4 janvier 1816.]

DEUX VISITES DU JOUR DE L'AN.

> .. .. *Rectam in melius*
> *Vertite mentem.* ....
> SÉNÈQUE.
>
> Rentrons dans la route de la nature et de la vérité.

Celui qui se charge de peindre les mœurs de son siècle et de son pays a beau répéter, comme La Bruyère, qu'il fait des tableaux et non pas des portraits, c'est toujours parmi les peintres de cette dernière classe qu'on s'obstine à le ranger. Au lieu de s'attacher à l'ensemble de sa composition, à la vérité des attitudes, à la franchise de l'expression, à l'exactitude plus ou moins rigoureuse du costume, on s'amuse à rechercher dans ses figures les traits épars des originaux qui ont pu lui servir de modèles, et, donnant un nom propre à chacun des vices, des défauts ou des ridicules dont il trace l'image, on fait d'une critique générale une satire personnelle, et l'on ameute contre l'observateur tous ceux à qui l'on fait ou qui se font à eux-mêmes l'application directe de sa censure. Cette tourbe de sots et de méchants (dont chacun en particulier craindrait de se faire reconnaître par ses plaintes) nomme d'office, parmi ce qu'il y a de plus diffamé dans la bande, des mandataires chargés de défendre, *per fas et nefas*, tous les vices, tous les abus, tous les préjugés, toutes les sottises qu'ils représentent. Un des moyens les plus innocents que ces enfants perdus emploient contre l'écrivain qui les voue eux et leurs commettants à l'opprobre ou au ridicule, c'est de se retrancher dans quelque asile respectable, et d'accuser ensuite la direction du trait qui vient les y poursuivre; semblables à ces malfaiteurs qui se réfugient dans les églises et crient ensuite au sacrilège contre la justice dont le bras les saisit au pied des autels.

C'est ordinairement derrière leur politique que ces gens-là cherchent à cacher leurs mœurs. Dernièrement j'entendais, en traversant une antichambre, l'un des coryphées de la secte se récrier, d'une voix de capucin, contre mon prédécesseur, le bon et loyal *M. Guillaume;* et lui reprocher, entre autres délits de même espèce, d'avoir fait, il y a quelques mois, une peinture du *Café Montansier:* « Ce n'est pas le tout, lui dis-je avec un peu d'humeur, d'endoctriner en style convenable les laquais qui vous écoutent ou qui vous lisent; il faut un peu de bon sens, mon cher Monsieur, pour accréditer la calomnie, même parmi la livrée. Celui dont je continue la tâche avait à peindre les mœurs françaises à une époque donnée ; il n'était pas plus le maître que je ne le suis moi-même de choisir ses sujets, de dénaturer les événements, ou de passer sous silence des faits de notoriété publique, qui entraient, pour ainsi dire, de force dans le cadre qu'il avait à remplir. Mon prédécesseur a dû parler du *Café Montansier,* et des *orgies* que l'on y célébrait, par cela même que ces orgies, nées des circonstances, pouvaient servir à les peindre. Quant aux couleurs adoucies qu'il a cru devoir employer dans un pareil tableau, ce n'est pas devant des gens de votre espèce qu'il faut justifier les concessions que l'autorité, la politique ou même l'opinion, peuvent exiger de la morale la plus sévère. » Cela dit, je continuai mon chemin, et j'entrai chez l'homme en place à qui j'avais affaire. Le motif qui m'y conduisait pourra quelque jour me fournir le texte d'un discours sur les *importunités.* Je me borne aujourd'hui à retracer des scènes d'intérieur.

J'étais arrivé en France, convaincu qu'il ne m'y restait plus de parents, et que je pouvais en toute liberté de conscience disposer, par testament, du peu que je possède en faveur de ma vieille gouvernante et de mon fidèle Zaméo. Le jour de l'an vient de me révéler l'existence de je ne sais combien de cousins et de cousines de la parenté desquels je n'ai guère d'autre garant que leur parole ou leur carte de visite. Si ces preuves-là ne suffisent pas pour leur assurer mon héritage, du moins exigeaient-elles de ma part un échange de politesse auquel je me suis soumis de bonne grace.

Au nombre des visites de jour de l'an que j'ai reçues et rendues dans le délai voulu par l'étiquette, il en est deux que j'ai plus particulièrement notées sur mes tablettes comme véritables types de l'usage considéré dans sa naïveté primitive et dans ses abus progressifs. La visite qui m'avait été le plus agréable est celle que je rendis la première.

Il était huit heures du soir lorsque j'arrivai chez M. Dorier, l'un des négociants les plus riches et les mieux famés de cette ville. Une partie de la famille était réunie au salon autour des grands parents qui en faisaient les honneurs. Après les salutations et les souhaits d'usage, qui furent reçus avec une bienveillance affectueuse, je m'informai des enfants, auxquels j'avais mes petits cadeaux à distribuer, et que j'étais surpris de ne pas voir autour de leur mère, dans un jour de fête qui leur est particulièrement consacré. « Ils sont en prison, me dit en riant madame Dorier, jusqu'au moment *de la surprise*. » Je demandai (en homme qui a depuis long-temps perdu de vue son pays et son enfance) de quelle surprise il s'agissait. Pour toute réponse, cette dame me fit passer dans une pièce voisine: on y avait dressé une grande table, sur laquelle étaient établies les étrennes de la petite famille. Chaque lot était composé d'objets analogues au sexe, à l'âge, aux inclinations de l'enfant auquel il était destiné, et dont il portait le nom. C'est ainsi qu'une belle boîte à couleurs, un chevalet, des pinceaux et tous les attributs de la peinture, marquaient la place de l'aîné des garçons, qui se distingue déjà dans cet art par un goût très vif et un talent très précoce. Cette salle des étrennes était éclairée par des arbustes verts, aux rameaux desquels étaient suspendus des verres de couleur.

Toutes les dispositions faites, à un signal donné en musique, la chambre où les enfants étaient enfermés s'ouvrit, et ils se précipitèrent dans le salon. Ils avaient d'abord voulu mettre de l'ordre dans leur empressement; mais, en un moment, toutes les règles furent oubliées, et ce fut à qui se jetterait le premier dans les bras de son père et de sa mère. Quand on commença de part et d'autre à se reconnaître, chacun à son tour débita son compliment et présenta son petit chef-d'œuvre à l'aiguille, à la plume, au crayon ou au pinceau.

Il était aisé de voir que les éloges que l'on prodiguait aux jeunes auteurs n'étaient pas ce dont ils étaient le plus avides. Les deux battants de la porte de la salle aux étrennes s'ouvrirent avec fracas: on peut se faire une idée de l'enchantement de la petite famille. Quelle joie! quelle ivresse! chacun a reconnu son lot et sa place. Edmond embouche sa flûte de cristal; Victor fait sonner sa montre à répétition; Virginie s'est parée de son schall, et Laurette, armée de son porte-crayon d'or, esquisse déjà le portrait de sa sœur, dans un superbe *album* ou elle exige que chacun des assistants dépose un souvenir. Ce fut de toute la franchise de mon cœur que je félicitai M. et madame Dorier, en les quittant, sur le bonheur domestique qu'ils avaient su se créer, et dont ils me paraissaient si dignes de jouir.

C'est sans doute pour m'offrir l'occasion d'apprécier encore mieux ce genre de bonheur, que le hasard me conduisit, en sortant de chez *mon cousin* Dorier, chez *mon cousin* de la Verberie, lequel demeure rue de la Ville-l'Évêque, dans une vieille maison qu'il est bien le maître d'appeler son hôtel, comme il appelle sa ferme son château. Ce ne fut pas sans me disputer avec le portier, et sans me prévaloir de ma qualité de parent, que je fus admis aux honneurs de la visite personnelle.

Madame de la Verberie, à laquelle son mari me présenta de la manière la plus solennelle, me reçut on ne peut plus lestement, et, pour toute réponse au compliment que je lui adressai, elle me dit « qu'elle m'aurait à mon âge seul reconnu pour le parent de son mari. » On ne riait pas assez de cette impertinence; je la relevai de manière à la mettre à la portée de tout le monde. Pour en sentir tout le sel, il faut savoir que cette dame, qui n'a guère plus de quarante ans, a épousé l'année dernière, en secondes noces, M. de la Verberie, qui en a pour le moins cinquante-cinq, et qu'elle se croit obligée de rappeler sans cesse cette disproportion d'âge, que beaucoup de gens ne remarqueraient pas.

Madame de la Verberie a deux prétentions (pour ne pas dire deux ridicules), celle d'une jeunesse de quarante ans, et d'une noblesse dont l'origine remonte à une charge de trésorier de France, que son père avait achetée en 1788. Son mari est un homme que la nature avait créé pour vivre célibataire, et qui s'est marié deux fois par distraction. Il a une femme sans avoir de ménage, et des enfants sans avoir de famille. La manie de M. de la Verberie (une des plus singulières qui puissent affliger un cerveau humain) est de croire à la possibilité de rétablir la chevalerie, et d'en faire revivre les mœurs. C'est la pensée et l'occupation de sa vie entière, et il ne se passe pas de semaine qu'il n'adresse à quelque souverain de l'Europe un extrait du Mémoire *in-folio* qu'il a composé sur ce sujet.

Ce paladin arriéré a deux enfants du premier lit, Gaston et Mathilde: le premier est un petit philosophe de vingt-deux ans, élevé dans une université d'Allemagne, où il a été imbu de la doctrine de Kant, dont il est, à Paris, un des plus zélés prosélytes. Il s'occupe en ce moment d'y former une *société des amis de la Vertu,* à l'instar de celle de Berlin.

Mademoiselle Mathilde n'a pas encore dix-huit ans, et elle est dévote, mais dévote de cette dévotion qui fait prendre en aversion et regarder avec mépris toutes les choses et toutes les personnes d'ici-bas. On n'aura pas de peine à croire qu'une famille ainsi composée n'ait dû m'offrir un contraste frappant avec celle que je quittais.

La maîtresse de la maison avait exposé sur une table ronde, au milieu du salon, les étrennes qu'elle avait reçues, parmi lesquelles on remarquait une *aumônière* où se trouvaient brodées en chenille les *armes accouplées* de Monsieur et de Madame. Son mari, en lui présentant ce petit cadeau, n'avait pas oublié de lui dire que la mode de cette espèce de poche était renouvelée du douzième siècle, et qu'elle indiquait dans nos mœurs un changement dont on lui serait en grande partie redevable. Je me récriai sur le travail des armoiries, en homme versé dans l'art héraldique, et je vis sourire plusieurs personnes de la société, lorsque je fis remarquer dans l'écusson de ma cousine une *croix de gueule,* qui attestait que la noblesse de son origine remontait au temps de la première croisade.

L'examen de toutes ces dispendieuses bagatelles, sorties des magasins du Petit-Dunkerque et du Palais-Royal, tenait lieu de contenance et de conversation à des parents qui se connaissaient à peine, et qui se quittaient bien résolus de ne se revoir que l'année prochaine à pareil jour. La forme des cartes de visite dont la cheminée était couverte, fournit ensuite matière à des réflexions non moins intéressantes. Dans une petite discussion qui s'ouvrit à ce sujet, un homme, qui me parut être l'oracle du salon de madame de la Verberie décida que les cartes *imprimées* indiquaient des gens du petit commerce, que les cartes *à vignettes* ne pouvaient appartenir qu'à des parvenus ou à des étrangers, que les cartes *en couleur* sentaient la province, que les cartes *à la main* étaient du vieux style; enfin, que les cartes de visite, *imprimées en écriture courante sur un fond blanc tout uni, avec l'adresse en bas en caractères imperceptibles*, étaient seules avouées par le bon ton et par le bon goût.

Pendant ce grave entretien, je m'étais successivement approché de Mathilde et de son frère, qui s'étaient retirés dans un coin du salon. Quelques moments d'entretien avec l'un et l'autre suffirent pour m'apprendre qu'ils avaient infiniment peu d'estime et encore moins d'amitié pour leur belle-mère, dont ils s'amusaient sans cesse à déjouer les prétentions; que celle-ci n'était jamais en reste de mauvais procédés avec eux; que le chef de la maison, étranger à tous les devoirs, à toutes les affections de famille, vivait chez lui sans autorité, sans considération; indifférent à ses enfants qu'il néglige, à charge à sa femme qu'il ennuie, et, pour le moins, inutile à la société, hors de laquelle il est toujours placé par système.

Madame de la Verberie, qui n'était pas obligée de me tenir compte des observations que je faisais chez elle, me fit très honnêtement apercevoir de la longueur de ma visite. A mon tour, je trouvai le moyen, sans trop d'impolitesse, de lui faire entendre qu'il était permis, à mon âge, d'être indiscret dans une première visite qu'on n'avait ni l'espoir ni l'envie de renouveler.

N° XXVII. [10 JANVIER 1816.]

LE TROUSSEAU DE LA MARIÉE.

> *He that has a wife and children has given hostages to fortune, for they are impediments to great enterprises, whether in the way of virtue or wickedness.*
> BACON, *Essais*
>
> Celui qui a une femme et des enfants a donné des ôtages à la fortune; car cette condition de père et d'époux est un obstacle aux grandes entreprises, soit dans la carrière du vice, soit dans celle de la vertu

« Voulez-vous savoir si une action qui vous paraît indifférente est en effet bien ou mal en soi? demandez-vous quel serait pour la société, le résultat d'une résolution prise à-la-fois par tous ses membres de faire cette même action. Cette méthode facile résout, d'un mot, ces questions que j'ai si souvent entendu agiter: L'état du mariage est-il préférable à celui du célibat? Vaut-il mieux avoir des enfants que de mourir sans postérité? On voit, d'un coup-d'œil, à quel résultat conduirait l'application de la règle que je viens de poser.

« S'il n'est pas permis de mettre en doute l'utilité

du mariage considéré dans ses rapports généraux, il n'est pas défendu d'en peser les inconvénients dans l'intérêt particulier de ceux qui l'embrassent.

« On aura beau répéter que le mariage est une loterie : les lots gagnants y sont assez nombreux pour justifier les mises, et je n'admets, en principe, aucune des raisons que l'on fait communément valoir en faveur du célibat. Une indigence égale entre deux personnes qui se conviennent à tout autre égard ne me semble même pas devoir être un obstacle à leur union; car je ne serais pas embarrassé de prouver qu'en mariage, comme en algèbre, deux quantités négatives, multipliées l'une par l'autre, donnent un résultat positif.

« On fait toujours bien de se marier; mais, dans l'état actuel de nos mœurs, cela devient chaque jour plus difficile. Depuis que les femmes de toutes les classes sont devenues des objets de luxe, on est obligé de consulter sa fortune avant d'en faire la dépense. Jadis, il n'en était pas ainsi; les noms vieillis de *ménage*, de *ménagère*, indiquent encore le but d'économie que l'on se proposait en se mariant, et l'une des qualités que supposait le titre d'épouse. »

Mon voisin Binôme, qui me parlait ainsi, termina par un profond soupir des réflexions qu'il avait jetées comme phrases incidentes dans une conversation où elles n'étaient pas amenées. Je lui en fis la remarque, en le priant de m'expliquer la cause de cette préoccupation d'esprit que je remarquais en lui depuis quelques jours.

« Je me ruine, mon ami, répondit-il : je marie ma fille à un homme puissamment riche, qui la prend sans dot. — Je ne vois pas ce qu'il y a de ruineux dans une pareille affaire. — C'est demain que nous passons le contrat; vous me ferez le plaisir de venir y signer comme témoin, et vous aurez bientôt deviné l'énigme que je vous propose. »

J'arrive de bonne heure pour me trouver un moment en famille. Elle était réunie dans le salon, décoré avec une élégance moderne qui contrastait singulièrement avec sa forme et ses dorures anciennes. D'un premier regard j'embrassai l'ensemble du tableau. La jeune prétendue, dont la figure espiègle, plus agréable que régulière, perdait quelque chose de sa grace et de sa vivacité sous un air de contrainte qui ne lui était pas naturel, était assise près de sa mère, occupée sans cesse à retoucher quelque chose, tantôt à la coiffure, tantôt à la collerette de sa fille, qu'elle ne se lassait pas de regarder. Mademoiselle Amélie, à qui l'on paraissait avoir eu beaucoup de peine à faire entendre qu'un extérieur posé, réfléchi, était de rigueur en pareille circonstance, n'osait lever les yeux sur son frère, qui lui faisait des mines propres à déconcerter sa gravité de commande. L'ami Binôme se promenait à grands pas, les mains derrière le dos, en causant avec sa femme. « Mon ami, il faut faire comme les autres, disait-elle lorsque j'entrai. — C'est le moyen de faire beaucoup de sottises; demandez plutôt à l'Ermite, continua-t-il en m'apercevant; je le prends pour juge. — Il n'y a plus rien à juger, reprit en riant madame Binôme: on ne peut revenir sur ce qui est fait. — Soit, répondit-il, mais il est toujours temps de savoir si l'on aurait pu mieux faire. — Dans ce cas, poursuivit madame Binôme, je veux poser la question moi-même, car vous avez une manière de présenter les choses qui les dénature un peu, soit dit sans vous fâcher.

« Voici, ajouta-t-elle en me faisant asseoir, de quoi il s'agit entre nous; il s'est présenté pour ma fille un parti tel que l'amour d'une mère aurait à peine osé l'espérer; un jeune homme d'une famille distinguée, d'une figure charmante, qui aime passionnément Amélie, dont elle est elle-même très éprise, qui joint à beaucoup d'esprit, de qualités et de talents une fortune considérable dont il est maître, et qu'il offre avec sa main à mon Amélie sous la condition expresse qu'il l'épousera sans dot; une pareille proposition n'était certainement pas de nature à être refusée. Notre consentement ne se fit point attendre, mais il était juste que nous cherchassions un dédommagement au petit sacrifice d'amour-propre que nous avait imposé notre gendre futur. Ma fille ne recevait point de dot, j'ai cru convenable de lui faire un trousseau qui lui en tînt lieu, un trousseau que l'on pût présenter à la famille opulente dans laquelle Amélie est sur le point d'entrer; en un mot, un trousseau qui pût aller de pair avec la corbeille de mariage qu'elle a reçue. Voilà ce qu'il était convenable de faire, ce dont nous étions convenus avec M. Binôme, ce que j'ai fait, et ce qu'il appelle maintenant *une folie*.

« — Entendons-nous, madame; nous étions convenus du principe, mais non des conséquences que vous en avez tirées. Je trouvais tout naturel qu'en pareille circonstance nous fissions les choses généreusement; mais vous ne m'aviez pas dit qu'il m'en coûterait plus pour donner un trousseau à ma fille qu'il ne m'en aurait coûté pour lui donner une dot; vous ne m'aviez pas dit que ce trousseau se composerait de quelques chiffons dont il ne restera pas vestige dans deux ans; vous ne m'aviez pas dit que je serais obligé de vendre ma belle ferme de la Beauce pour payer quelques aunes de perkale et de mousseline.

« — Mais, monsieur, on n'habille point une femme avec de la laine et du chanvre, et quand on marie une fille de dix-huit ans, destinée à tenir un grand état dans le monde, il faut se conformer au goût qu'elle doit avoir, et à la mode qu'elle doit suivre.

« — Cette mode a donc bien changé, madame, depuis le jour où j'ai eu l'honneur de devenir votre époux? Vous n'aviez que dix-sept ans; vous m'apportiez cette maison en dot, et je me rappelle que votre trousseau, que l'on citait pour son élégance et sa richesse, remplissait ce même salon où nous sommes, et ne coûtait pas la cinquième partie de celui de votre fille, exposé tout entier sur le divan de votre boudoir.

« — Les mœurs, les usages d'un temps ne sont pas ceux d'un autre; j'avais très bonne grace avec des paniers, qui siéraient très mal à ma fille; et l'on ne se lassait pas d'admirer ma robe de noces, dont j'ai fait depuis un fort bel ameublement.

« — J'ai pour principe, ainsi que vous, ma chère femme, qu'il faut se conformer au temps où l'on vit, mais l'usage a ses abus, et la sagesse est de s'en garantir. Je n'aurais point exigé que vous donnassiez à votre fille un trousseau composé, comme le vôtre, de *huit douzaines de chemises de cretonne superfine*, de *quatre douzaines de jupons piqués*, de *vingt paires de poches de basin de Hollande*, de *baigneuses en point d'Alençon*, etc.; je n'engage point Amélie à faire à son époux futur le cadeau que j'ai reçu de vous le jour de mes noces, *d'une chemise garnie de dentelle, d'une coiffe de nuit et d'un nœud d'épée;* mais, en prenant exemple sur ce qui se fait aujourd'hui, je me serais réglé sur ce qu'il y a de mieux dans notre position, et non, permettez-moi de vous le dire, sur ce qu'il y a de plus extravagant....

« — Je ne veux répondre à cette accusation d'extravagance, interrompit madame Binôme, qu'en mettant sous les yeux de l'Ermite les preuves que l'on en donne. »

A ces mots elle se leva, et nous la suivîmes dans le boudoir, où toutes les parties du trousseau, nouées avec des faveurs roses et séparées par des bouquets de fleurs artificielles de chez Batou[1], étaient rangées avec beaucoup d'art sur une table recouverte d'un tapis de mousseline. Nous en fîmes l'inventaire; madame Binôme nommait les pièces, et son mari, le mémoire à la main, indiquait les prix :

Deux douzaines de chemises de batiste brodées, garnies de valencienne, à 140 francs la pièce, ci. 3,360 fr.
Deux douzaines de mouchoirs de batiste à points à jour, à 100 francs le mouchoir. 2,400
Douze jupons de dessous (tout ce qu'il y a de plus simple), à 90 fr. la pièce. . 1,080
Une seule douzaine de jupons brodés, garnis de dentelle, un peu moins simples, à 300 fr. 3,600

                                          10,440 fr.

---

[1] Fameux marchand de fleurs.

D'autre part. . . .	10,440 fr.
Une douzaine de fraises, guimpes et pèlerines du matin, à 200 fr. l'une dans l'autre.	2,400
Camisoles de lit brodées, une douzaine à 300 fr. la piéce	3,600
Deux douzaines de madras, à 50 francs.	1,200
Deux douzaines de paires de bas de soie, à 25 francs. — (Il n'y a rien à dire à cet article.	600
Deux douzaines de paires de bas de coton. — (Les bas de soie, pour s'habiller, ont coûté 25 fr. la paire; les bas de coton pour le matin en coûtent 50 : rien de plus raisonnable!).	1,200
Une douzaine de taies d'oreillers, garnies de dentelle, à 200 fr. la piéce.	2,400
Quatre couvre-pieds en perkale, garnis de dentelle, à 600 fr. piéce.	2,400
Un couvre-pied de parade, point de Bruxelles.	3,000
Deux robes de cachemire blanc, l'une à bordures pour le matin, l'autre à palmes pour le soir, à 1800 fr. la robe.	3,600
Deux *nérestans* (redingotes en mérinos).	800
Douze robes de mousseline ou de per-	

31,640 fr.

Ci-contre. . . .	31,640 fr.
kale, garnies, brodées, *pour le matin*, à 600 fr. l'une dans l'autre.	7,200
Une douzaine *dito* d'étoffes de fantaisie *pour s'habiller*, à 300 fr. la robe . . .	3,600
Une douzaine de coiffes de pelotes, brodées avec chiffre et dentelle; article essentiel.	1,200
Une douzaine de frottoirs de mousseline, pour le rouge, à coins brodés en chiffre; indispensable.	300
Manches et canezous en mousseline, tulle et bandes brodées, deux douzaines. .	2,400
Petits bonnets de perkale, dormeuses et cornettes du matin, une douzaine, à 125 fr.	1,500
Coupons de dentelles de toutes sortes. .	8,000
Le tout enfin pour la modique somme de.	55,840 fr.

sans compter, il est vrai, 5 ou 6000 francs de petites drôleries qui ne valent pas la peine d'être portées en compte.

« Eh bien! mon ami, qu'en dites-vous (continua M. Binôme en m'adressant la parole), ne voilà-t-il pas 60 mille francs bien employés? — Parlez, monsieur, ne vous gênez pas pour être de l'avis de mon mari (reprit la maîtresse de la maison, voyant que j'hésitais à répondre); vous avez là un beau texte pour déclamer avec lui contre le luxe des femmes: c'est un sujet tout nouveau, sur lequel vous pouvez faire un sermon très édifiant. — Si je voulais faire un sermon, madame, et si vous étiez disposée à l'entendre, ce n'est point sur le luxe, c'est sur la vanité que je prêcherais dans cette circonstance, et, sans faire la part à chacun dans mon discours, peut-être y trouveriez-vous la vôtre. J'ai vécu trop long-temps éloigné d'un monde auquel je suis d'ailleurs étranger par mon âge et par mes habitudes, pour avoir le droit de m'établir ici médiateur entre la raison et les convenances. Je sais, ou plutôt je devine tout ce qu'on doit de sacrifices, en certains cas, à la position où l'on se trouve, au nouveau rang où l'on se place, à l'opinion, lors même que cette opinion n'est pas un préjugé; mais ce qu'il m'est plus difficile de concevoir, c'est qu'on s'impose, sans utilité pour soi ni pour les autres, l'obligation de faire par amour-propre plus qu'on n'aurait fait par sentiment, avec la certitude que personne ne vous en tiendra compte. Vous m'avez permis de dire toute ma pensée: vous mariez mademoiselle votre fille à un jeune homme très riche, qui l'aime tendrement et pour elle-même; vous croiriez lui faire injure en supposant que le don d'un trousseau, plus ou moins magnifique, pût influer sur l'attachement qu'il porte à celle qu'il épouse sans dot; c'est donc uniquement pour lui disputer un avantage si précieux à sa délicatesse que vous affectez de vous mettre au-dessus d'un procédé généreux dont son amour voulait se faire un titre. Je ne parle pas de cette considération puérile d'imposer par la magnificence du trousseau de la mariée à la famille de votre gendre : si elle voit cette union avec plaisir, elle blâmera, comme votre époux, une prodigalité inutile; si elle la voit avec peine, la dépense que vous avez faite sera comptée pour rien, et l'article *sans dot* sera publié par les parents du jeune homme avec d'autant plus d'affectation que leur vanité, par-là, croira blesser plus sensiblement la vôtre. »

Madame Binôme accueillit mes petites observations avec plus de bonté que je ne l'espérais; et, comme il était encore temps de revenir sur quelques emplettes qui n'avaient été faites que conditionnellement, on convint, en supprimant deux ou trois articles qui n'entrent pas essentiellement dans la composition d'un trousseau, d'en réduire assez les frais pour ne pas être obligé de vendre la ferme.

N° XXVIII. [17 janvier 1816.]

LES GENS DE LETTRES.

> *Crafty men despise letters; simple*
> *Men admire them; and wise men use*
> *Their help, and honour them.*
>   BACON, *Essais.*
>
> Les gens vains et fourbes affectent de mépriser les lettres; les hommes simples les admirent sans choix; les hommes sages en font usage, et les honorent.

L'ami Binôme, assis au coin de mon feu, qu'il tisonnait pendant que j'écrivais une lettre, grommelait entre ses dents quelques mots auxquels je prêtais involontairement l'oreille. « Le sot! disait-il, se jeter dans une pareille carrière, et dans quel temps encore! *Mon père, c'est plus fort que moi, je cède à un penchant irrésistible, j'ai reçu du ciel l'influence secrète.....* Le diable emporte ton influence! elle te conduira à l'hôpital, à Vincennes ou à Charenton; tu n'as que le choix; c'est moi qui te le dis. » Et en le disant mon homme, d'un coup de pincette, fait rouler un gros tison sur le tapis; il veut le relever avec trop de précipitation, et l'éparpille en charbons ardents qui multiplient le dommage : en même temps qu'il y porte remède des pieds et des mains, son impatience s'exhale en termes si vifs contre les penchants irrésistibles et contre les tisons, que je pars d'un grand éclat de rire..... « En effet, continua-t-il du même ton de colère, la chose est on ne peut plus risible; votre tapis brûle, et mon fils veut à toute force se faire homme de lettres. — Voilà déjà un de ces malheurs réparé, et l'autre n'est pas si grand que vous le faites : c'est une profession très honorable que celle d'homme de lettres, et si votre fils en a tout à-la-fois la vocation et les moyens, je ne vois pas quelle raison vous pourriez avoir de lui interdire une carrière qu'il peut parcourir avec honneur. — En vous accordant (sans tirer à conséquence pour la suite de la discussion) qu'il suffise aujourd'hui de la vocation et des moyens intellectuels pour réussir dans cette profession, pensez-vous que j'appelle *vocation* cette ardeur de barbouiller du papier dont tant d'écoliers sont saisis en sortant du collége ? que j'appelle *moyens* ce peu de talent qu'il faut pour dialoguer quelques scènes d'opéra comique ou pour rimer des ariettes ? Ma femme peut s'extasier de plaisir à la représentation d'un mélodrame pour la façon duquel son fils s'est associé deux ou trois beaux esprits de même force ; elle peut aller colporter de maison en maison le journal où il débite à tant la ligne ses *alinéas* politiques : moi, je ne vois là qu'un engouement sans excuse, une carrière sans but, et tout au plus une occupation sans profit, car je n'oserais dire sans honte.

« — Je ne connais pas assez votre fils pour justifier son choix; mais j'aime et j'honore assez les lettres pour justifier son goût: *Les lettres* (on peut en croire Cicéron) *sont l'aliment de la jeunesse, la passion de l'âge mûr et l'amusement de la vieillesse; elles nous donnent de l'éclat dans la prospérité, et sont une ressource, une consolation dans l'infortune; elles font les délices du cabinet, et n'embarrassent dans aucune situation de la vie; la nuit elles nous tiennent compagnie, et nous suivent aux champs et dans nos voyages.* Aristippe ne connaissait d'autres biens que ceux que les revers ne peuvent nous enlever; il ne recommandait à ces parents, du fond de son exil, que d'enseigner de bonne heure à leurs enfants à se munir de biens et de provisions qui pussent braver la tempête; c'était aussi l'avis de Théophraste: *L'homme de lettres,* dit-il en traçant ce caractère, *jouit seul de la prérogative de n'être point étranger au milieu des étrangers.* Et, pour vous citer l'historien que vous aimez le plus (après son maître Voltaire), Hume avance et prouve, à force d'exemples, *qu'il est rare, et même très rare, qu'un véritable homme de lettres ne soit au moins un honnête homme.* Voulez-vous une autorité sinon plus forte, du moins plus impartiale, écoutez ce bon Robert de Naples, ce roi qui s'honorait de l'amitié de Pétrarque, et à la mort duquel ses heureux sujets donnèrent tant de larmes; il vous dit *que, s'il fallait opter entre la perte de sa couronne ou celle de sa qualité d'homme de lettres, il n'hésiterait pas à sacrifier son royaume.*

« — Vos philosophes, vos rois, vos auteurs peuvent avoir raison en thèse générale; les lettres peuvent être une fort bonne et fort belle chose en soi, mais la question est de savoir si tous les temps, si tous les pays sont également favorables pour les cultiver; s'il n'y a pas telle époque où les entraves qu'on leur donne, les dangers où elles exposent, les ennemis qu'on leur suscite, et, plus que tout, l'espèce d'hommes qui les professe, ou plutôt les exploite, ne doivent pas éloigner les jeunes gens d'une carrière envahie par de semblables rivaux. — Il y a longtemps qu'on a comparé la corporation des gens de lettres à une armée où l'on compte un très petit nombre d'officiers-généraux, beaucoup d'officiers subalternes et une multitude de soldats. — Et les goujats, dont vous ne dites rien! — C'est qu'ils ne comptent pas dans l'effectif, et qu'ils se tiennent toujours sur les derrières. — Excepté dans les déroutes, où ils forment l'avant-garde. — Quand on discute la règle de bonne foi, on ne cherche point ses preuves dans les exceptions. En parlant d'une classe d'hommes généralement estimables, je fais abstraction de cette foule d'intrus qui se glissent dans leurs rangs, et parviennent quelquefois à usurper leur titre. Examinez avec moi sans prévention l'état de notre littérature, sous les rapports personnels de ceux qui y tiennent un rang : vous verrez qu'à tout prendre cette classe de la société est encore celle où l'on trouve le plus de vertus publiques et privées, où la raison a le plus d'empire, où les mœurs ont le moins de préjugés, où l'esprit de parti a le moins d'amertume ; vous y remarquerez (contre l'opinion des sots, qui ont tant d'intérêt à juger et à condamner l'esprit par contumace) que la probité, l'honneur, y suivent la progression du talent, et que les plus éclairés des hommes en sont aussi les meilleurs.

« En votre qualité de mathématicien, vous ne vous payez pas d'assertions, vous demandez des preuves ; je n'ai besoin que de vous citer des noms.

« Dans un temps et dans un pays où la vieillesse obtient si peu de considération (et peut-être, il faut tout dire, où tant de vieillards provoquent, s'ils ne le justifient pas, le mépris dont elle est l'objet), les deux Nestors de notre littérature font respecter en eux cette union si belle, si touchante, d'un grand âge, d'un grand talent et d'un grand caractère. Le premier[1], doyen et modèle des vrais philosophes, après avoir été, dans le cours de sa longue carrière,

---

[1] L'abbé Morellet.

l'un des plus fermes soutiens de ces principes libéraux sur lesquels se fonde désormais la civilisation européenne, n'a pas craint de faire entendre le *cri de famille* dans l'effroyable tumulte des factions. L'autre [1], émule du tragique anglais dont il a naturalisé le génie sur notre scène, n'a fléchi le genou devant aucune idole, s'est conservé pur, libre et pauvre au milieu de toutes les séductions de la fortune, et met toute sa gloire à compter dans sa vie autant de belles actions que de beaux vers.

« Celui-ci, courageux défenseur du droit des nations, opposant à tous les partis le calme de la raison et l'intérêt de l'humanité, mérita dans sa jeunesse l'estime du vertueux Malesherbes, qui lui légua son inflexible probité [2].

« Tant d'autres exemples que je pourrais ajouter encore, s'ils ne se présentaient d'eux-mêmes à votre esprit, doivent vous convaincre de ces vérités, que la profession des lettres, à laquelle on n'assigne aucun rang dans l'état, y tient véritablement le premier, par l'influence qu'elle a sur la morale publique, sur les mœurs privées et sur les institutions nationales; que ceux qui, dans cette profession, obtiennent le plus de succès sont toujours ceux qui l'exercent avec le plus d'honneur; et que, dans

---

[1] Ducis.
[2] Lacretelle le philosophe.

l'état actuel des sociétés politiques, on peut juger du degré de la prospérité des nations, de la force et de la stabilité du gouvernement, par le degré de considération que l'on accorde aux lettres et à ceux qui les cultivent.

« —Je tombe d'accord avec vous du principe; je ne récuse aucune des preuves personnelles que vous m'avez données, et auxquelles j'ajoute mentalement toutes celles que vous auriez pu y joindre; mais, parbleu! je soutiens, pour reprendre votre comparaison, qu'une douzaine d'officiers supérieurs en retraite ne fait pas une armée, et que celle des gens de lettres actuels ne se compose, en grande partie, que de bandes irrégulières, sans aveu, sans courage et sans discipline.

«Je sais la différence que l'on a de tout temps établie entre la profession et le métier des lettres: vous avez fait l'éloge de l'une; moi, je fais la satire de l'autre, et mon champ est bien plus vaste que le vôtre. Je sais que l'indigent qui pense est bien supérieur au riche qui végète, au grand qui se pavane; mais connaissez-vous quelque chose au-dessous de l'écrivain mercenaire aux gages de ces derniers? Connaissez-vous des hommes plus vils que ces plats adulateurs de la puissance, que ces thuriféraires en livrée, vivant de l'encens grossier dont ils noircissent leurs idoles? des hommes plus odieux que ces artisans de calomnies périodiques, dont la morale, le bon goût et le bon sens ont également à rougir? Connaissez-vous des insectes plus nuisibles que ceux qui s'attachent aux plus beaux arbres, dont ils rongent les fruits et flétrissent les fleurs.

« Vous refusez à ces gens-là le titre d'hommes de lettres; mais ils le prennent, se font connaître et employer comme tels, et le déshonneur de leur nom rejaillit sur leur état. Voulez-vous des portraits, je vous livre une galerie tout entière.

« Vous y verrez figurer au premier rang ce *Damon*, fougueux apologiste de toutes les fureurs révolutionnaires, dont il a donné l'exemple dans sa conduite et dans ses écrits, et maintenant, sous d'autres couleurs, l'un des plus zélés persécuteurs de tous les gens de bien, qu'il cherche à faire passer pour ses complices.

« Ce *Théophile*, marguillier de toutes les paroisses, chantre de tous les lutrins, dont la voix enrouée s'est fait entendre, en l'honneur de qui il appartenait, à la halle, dans la place publique, sur les tréteaux, dans les antichambres et jusque dans les palais.

« Cet *Agésipe*, bourré de l'esprit des autres, qu'il vend à moitié perte, et dont ce trafic est encore la plus honnête spéculation. Malheur à qui parle en sa présence! son oreille est exercée et sa mémoire perfide.

« Ce *Mopse*, dont la plume et la conscience à

l'encan appartiennent au dernier enchérisseur: sur papier *timbré*, sur papier *grand-aigle*, sur papier *à ministres*, sur papier *d'impression*, c'est toujours le même écrivain, toujours le même courage à secourir le pouvoir, à poursuivre le malheur, à calomnier le mérite; toujours le même instinct à vivre aux dépens des autres.

« Ce Ménipe, dévoré de fiel et d'envie, qui s'est constitué greffier du Parnasse, et qui n'enregistre que les ouvrages dûment estampillés; ce Ménipe, qui a tout juste l'esprit qu'il faut pour dire du mal, et le crédit qu'il faut pour en faire.

« Je ne serais pas embarrassé, comme vous pouvez croire, de continuer cette nomenclature; mais il me suffit de vous avoir cité les gens de lettres au milieu desquels mon fils est lancé, et dont les honteux succès ne peuvent manquer d'éveiller en lui une coupable émulation.

« — Vous étiez de mon avis, et je suis tout-à-fait du vôtre : que faut-il en conclure? Que nous avons raison l'un et l'autre; qu'il n'y a point de profession plus honorable que celle des lettres, et qu'il n'y a pas de métier plus honteux; que la profession est toujours exercée par des hommes d'un talent véritable et par des gens de bien; que le métier est la ressource méprisable de ceux qui ne peuvent s'élever à la dignité d'un état dont les qualités de l'esprit et du cœur sont les conditions indispensables. Si votre fils les possède au degré que son âge comporte (et personne ne peut mieux en juger que vous-même), dirigez ses inclinations au lieu de les contraindre; montrez-lui le but où il doit tendre, la route qu'il doit suivre, les modèles qu'il doit se proposer; rehaussez à ses yeux la gloire littéraire, en lui faisant connaître au prix de quel sacrifice on l'obtient; ne lui fermez pas la lice, mais apprenez-lui à s'y présenter honorablement; et, pour le dégoûter des succès qu'il recherche, contentez-vous de lui faire honte des rivaux qui les lui disputent. »

N° XXIX. [24 JANVIER 1816.]

LES CHANSONS.

>Il faut, même en chansons, du bon sens et de l'art.
>BOILEAU, *Art poétique*.

J'entends tous les jours vanter le bon temps d'autrefois par de pauvres gens d'aujourd'hui qui m'en dégoûteraient si j'étais plus jeune. Il est pourtant bien certain (toute prévention de vieillesse à part) qu'il s'est fait, depuis un demi-siècle, une révolution dans nos mœurs domestiques qui n'a point tourné au profit du plaisir.

Aristote nous apprend que le même nom fut donné, en Grèce, aux *lois* et aux *chansons*. Une pareille économie de mots aurait pu se faire également en France, où l'on ne citerait peut-être pas une loi, un édit, une ordonnance, depuis la fondation de la monarchie, qui n'ait été mis en couplets. Jadis on ne chantait pas si bien, je dois en convenir, mais on chantait davantage: donc on était plus gai; car la chanson a toujours été, dans ce pays, l'expression la plus commune de l'opinion et de la joie publiques.

Il existe encore à Paris quelques maisons où s'est conservé le précieux dépôt de cette bonne et franche gaieté française, de cette gaieté qui se console d'un revers de fortune par un couplet; qui se venge, en vaudevilles, d'un abus de pouvoir; de cette gaieté que Mazarin consultait dans la répartition de l'impôt, et qu'il appréciait en homme habile quand il disait: *Francesi cantano; bene! pagheranno.*

J'ai accompagné, il y a quelques jours, madame de Lorys chez un de ses parents, au fond de l'île Saint-Louis, où j'ai trouvé le modèle achevé, le parangon du bonheur domestique tel que je l'imaginais, dans une famille bien unie, où d'utiles préjugés anciens ont fait alliance avec de brusques vérités modernes; où l'on a pris conseil du passé, non pour déshériter, mais pour enrichir le présent; où de bonnes vieilles habitudes n'ont point été sacrifiées aux caprices de la mode, mais en ont emprunté quelques formes extérieures, plus appropriées à l'esprit du temps et aux mœurs du jour. Je n'ajouterai qu'un trait à *ce tableau de famille*, que je me propose d'exposer dans un de mes prochains discours: on soupe encore dans cette maison, et l'on y chante au dessert.

On trouverait difficilement, à Paris même, une réunion de convives plus aimables que ceux avec qui je me rencontrai chez M. de Mérange. On fit à mon âge les honneurs du haut bout de la table; j'avais l'air d'une de ces momies qui figuraient, dans les jours de fête, aux repas des Égyptiens.

Le souper fut d'une gaieté charmante: on parla raison avec grace et saillie; on critiqua sans amertume; on ne médit que des ridicules; on ne persifla point, on ne *mystifia* personne, et l'on finit par chanter.

Le roi du festin était un vieillard (mon cadet d'une dizaine d'années) sous les traits duquel on pourrait peindre Anacréon, si l'on voulait embellir l'idée que l'on s'en forme. Cet homme est une anthologie vivante; auteur lui-même de quelques jolies chansons, il sait par cœur toutes celles qui ont été faites depuis un siècle, et les chante avec tout l'esprit qui les a dictées. Entre la poire et le fromage, on le mit sur ce chapitre, où il est aussi prodigue de raisonnements que de preuves.

Il commença par l'éloge du genre. «Je sais fort bien, dit-il, que ces petites compositions ne demandent ni une grande élévation de pensées, ni de grands efforts de talent; mais ce qu'elles exigent, et ce qu'on n'apprécie peut-être pas assez dans les auteurs qui s'y distinguent, c'est un esprit fin, délicat et naturel, une gaieté soutenue, une imagination féconde, un sujet piquant ou gracieux, et, par-dessus tout, un style pur, correct et brillant d'images. La chanson est, de tous les genres de poésie, celui qui supporte le moins la médiocrité; la plus petite tache lui ôte toute sa valeur. On l'a fort bien comparée à ces miniatures qui veulent être achevées à la loupe, et dont le premier mérite est dans une extrême finesse de pinceau, que l'on ne remarquerait pas dans de plus vastes compositions.

« Les Français l'emportent sur tous les peuples pour le sel, la grace et la variété de leurs chansons: ils en ont étendu le domaine. Ailleurs on n'a su chanter que *l'Amour et le vin;* nos chansonniers se sont, de plus, emparés de *la satire* et de *la politique.* De là, chez nous, quatre espèces de chansons bien distinctes: la *romance*, les *rondes*, les *vaudevilles* et les *noëls*.

« La naïveté est le caractère particulier de la *romance.* Florian, M. de Coupigny et M. de Lonchamp sont, après Moncrif (que personne n'a égalé dans ce genre simple et gracieux), ceux qui me paraissent en avoir mieux saisi l'esprit. »

Il s'éleva sur ce point une légère discussion, que le vieux troubadour termina en nous chantant la romance d'*Estelle* de Florian, celle de *Gabrielle*, de M. de Coupigny, celle *Adieu, ma Laure*, de Lonchamp, et celle d'*Alis et Alexis*, de Moncrif. Tout le monde tomba d'accord que cette dernière était la plus parfaite, et qu'on ne pouvait rien comparer à la grace et la délicatesse de ce couplet:

> Pour chasser de la souvenance
> L'ami secret,

> On ressent bien de la souffrance
> Pour peu d'effet.
> Une si douce fantaisie
> Toujours revient;
> En songeant qu'il faut qu'on l'oublie
> On s'en souvient.

« Sous le nom de *rondes*, continua le professeur lyrique, je comprends toutes les chansons de table. Les Athéniens ont été nos modèles sur ce point comme sur beaucoup d'autres; c'est d'eux que les Romains avaient pris l'usage, adopté par nous, de chanter à table. Chez ce peuple aimable, le repas du soir était, même en famille, une véritable fête. On apportait, avec le dessert, des couronnes de fleurs pour les convives, et une branche de myrte que l'on passait, de main en main, à celui qui devait chanter. Quelques odes d'Anacréon et d'Horace, évidemment composées pour être chantées *au myrte* (suivant l'expression du temps), autorisent les chansonniers à compter dans leurs rangs deux des plus beaux génies de l'antiquité.

« Parmi les poètes auxquels nous devons les meilleures *chansons à boire*, je me dispense de citer ce *maître Adam* à qui deux ou trois couplets passables ont fait une réputation très supérieure à son mérite; mais je n'oublierai pas Dufresny, qui a fait beaucoup mieux, et dont on parle beaucoup moins. Ses *Plaintes bachiques* sont d'une gaieté franche et spirituelle. »

Il nous les chanta, et l'on rit beaucoup du couplet qui finit par ces vers que l'ivrogne adresse au ciel, en rentrant chez lui, où il voit les objets doubles :

Je n'avais qu'une femme, et j'étais malheureux !
    Par quel forfait épouvantable
Ai-je donc mérité que vous m'en donniez deux ?

« Dans le genre bachique, nous possédons, poursuivit-il, des chansonniers fort au-dessus de ceux qui ont illustré l'ancien Caveau. » Il nous en administra la preuve en nous chantant *l'Épicurien*, de M. Désaugiers; *le Cabaret*, de M. Moreau, et *la grande Orgie*, de M. Béranger. Ce n'est point exagérer l'éloge que de mettre cette dernière chanson au-dessus des meilleurs morceaux de poésie érotique qui aient été composés dans les langues anciennes et modernes.

« Le *vaudeville* (c'est-à-dire la satire des mœurs en chanson) est un genre dans lequel les Français n'ont eu ni modèles ni rivaux. Panard et Collé, dans le dernier siècle, se sont rendus célèbres par des chansons de cette espèce, dont quelques unes sont de petits chefs-d'œuvre, au-dessus desquels je placerai cependant *le Tonneau de Diogène*, de M. Béranger; *les Embarras de la Richesse*, de M. Désaugiers; *Le Corbillard*, de M. Armand-Gouffé. »

Il nous les chanta.

« Les *noëls* (je laisse aux couplets satiriques et

politiques ce nom qu'on leur donne dans la *Satire Ménippée*) ne pouvaient naître que chez un peuple où la pente naturelle des esprits à la malice et à la gaieté leur montre les affaires les plus sérieuses sous le côté plaisant, et les rend plus sensibles au ridicule qu'au malheur.

« L'origine de cette espèce de chanson touche au berceau de la monarchie, à en juger par les *sirventes* de nos anciens *trouvères*; mais je ne remonterai pas au-delà de mes propres souvenirs : je me rappelle les *noels* que l'on chantait, en 1760, contre les enfants de Loyola, et je crois encore entendre un vieux chanteur des rues, que l'on nommait *le père La Voix*, détonnant sur le Pont-Neuf et sur les quais le *Rapport de M. Chauvelin* et les *Complaintes de Malagrida* et sa compagnie.

« En 1771, les NOÉLISTES s'emparèrent du *parlement Maupeou*, et célébrèrent, sur l'air de *la Bourbonnaise* et des *Portraits à la mode,* la protectrice de l'abbé Terray, l'ennemie du duc de Choiseul, le triomphe du duc d'Aiguillon et les malheurs de La Chalotais.

« J'ai entendu chanter successivement *le Retour du Parlement, l'Arrivée de Franklin à Paris, la Journée de Saratoga, le Combat d'Ouessant, l'Assemblée des Notables, la Cour Plénière, les États-Généraux,* etc., etc.

« Mais bientôt la division des ordres et des partis,

des prétentions et des droits, de la cour et de la ville, des évêques et des curés, de la majorité et de la minorité de la noblesse, de M. le chancelier et de M. Necker, amenèrent, non plus des chants, mais des cris; non plus des refrains, mais des hurlements; les ponts-neufs ne provoquaient plus le rire, mais la terreur; et les complaintes *sur les crimes du peuple* remplacèrent les épigrammes *sur les sottises des grands.*

« Depuis cette époque, pendant plus de quatre lustres, on a chanté tour-à-tour et les traités scandaleux et les déclarations de guerre sous-entendues, et des victoires sans exemple et des revers inouïs, et les indulgences et les anathèmes, et la chute et l'érection des trônes, et le triomphe et le schisme de l'Église française; au milieu de ce terrible charivari, l'air *vive Henri IV* s'est fait entendre; et ce chant national, répété en chœur, a fini par couvrir tous les autres.

« Deux poëtes se disputent aujourd'hui l'empire de la chanson, qui restera nécessairement à M. de Béranger, le plus varié, le plus original, le plus poëte de tous nos chansonniers. Doué d'une philosophie plaisante et maligne, souvent plus instructive que la philosophie la plus sérieuse, personne ne possède au même degré le talent de railler avec esprit, de persifler avec grace, d'affubler d'un ridicule ineffaçable la sottise et la vanité. Dans ses chansons les plus folles, on voit percer, comme dans celles des Grecs, cet amour de la patrie, et, si j'ose parler ainsi, ce sourire mélancolique qui prête un charme nouveau à la gaieté même. Dans la chanson politique, il est sans rivaux; dans la chanson gaillarde, où il n'a d'émule que *Collé* pour la verve comique, pour l'originalité de l'expression, il lui est généralement supérieur par le choix du sujet et par le coloris poétique.

« M. de Béranger a envahi le domaine entier de la chanson : il lutte avec avantage contre M. Désaugiers dans le genre grivois, et il excelle à tourner ce qu'on appelle un *couplet de facture*, dont le mérite est presque tout entier dans le choix du rhythme et dans *l'opulence* de la rime : sous ce rapport, je ne crois cependant pas qu'il ait été aussi loin que Panard et Collé, lesquels ont été vaincus eux-mêmes par l'auteur d'un vaudeville intitulé *le Poëte satirique*, où se trouve un couplet de ce genre d'une désespérante perfection. »

Le vieux ménestrel, qu'un verre de vin de Champagne avait mis en voix, termina sa joyeuse leçon en nous chantant *le Petit roi d'Ivetot*, *le Sénateur*, *Plus de politique*, et quelques autres chansons de M. de Béranger, qui lui firent décerner tout d'une voix le sceptre de myrte et la couronne de lierre, attributs de l'ancienne et joyeuse *royauté des festins*.

N° XXX. [31 janvier 1816.]

UNE MAISON
DE L'ILE SAINT-LOUIS.

> . . . . *Semita certè*
> *Tranquillæ per virtutem patet unica vitæ*
> Juv., sat. x.
>
> On ne parvient, n'en doutez pas, au calme du bonheur que par la vertu.

En cherchant bien, on trouve tout à Paris, même la vertu, le repos et le bonheur. On va crier à l'incroyable, et, sans daigner même entrer dans la discussion du fait, on me demandera si je n'ai pas vu des baleines se jouer dans la Seine ou des colibris nicher sur les arbres du Palais-Royal. Comme à mon ordinaire, je n'ai que deux mots à répondre : « J'ai vu, vous pourrez voir. »

« Voulez-vous venir passer avec moi la journée à la campagne? (me disait jeudi dernier madame de Lorys). — Je suis bien frileux; il a encore gelé cette nuit, et je ne vois pas bien ce qu'avant un mois on peut aller faire dans la forêt de Senart : je n'en suis pas moins prêt à vous suivre. — Qui vous parle de la forêt de Senart? nous ne sortirons pas de Paris. — Mais il était question de campagne? — Sans doute, de la campagne à Paris. —J'entends : d'un bal champêtre dans la Cité? — Non pas : d'une véritable maison des champs, sise dans l'île Saint-Louis, où vous trouverez, sous les formes les plus aimables de la ville, toute la simplicité des mœurs patriarcales, toutes les vertus unies à toutes les graces; où vous admirerez pour la première fois peut-être l'alliance de l'opulence et de l'économie, de l'ordre et de la liberté, de la décence et du plaisir. — Eh vite ! partons, madame; on n'arrive jamais trop tôt pour voir un miracle. »

Nous montons en voiture; nous prenons notre chemin le long des quais de la rive droite de la Seine, et nous entrons dans l'île Saint-Louis par le pont de la Tournelle. Nous passons devant ce fameux hôtel Bretonvilliers où les fermiers-généraux tenaient autrefois leurs assises; et à l'extrémité de la rue dite *des Deux-Ponts*, vers la pointe orientale de l'île, nous arrivons par une longue allée plantée d'arbres à la maison de M. de Mérange, remarquable à l'extérieur par la plus élégante simplicité.

« Il n'est encore que dix heures, me dit madame de Lorys; je sais où nous trouverons le maître du logis. » Nous tournons autour de la maison, et au bout d'un jardin très vaste nous entrons, par une galerie vitrée qui sert d'orangerie, dans la serre chaude, où M. de Mérange était occupé à donner une leçon de botanique à son fils, tandis que sa fille dessinait des fleurs.

Madame de Lorys fut reçue avec les témoignages de la plus respectueuse affection, et M. de Mérange, que j'avais déjà vu plusieurs fois chez elle, m'accueillit avec une extrême bienveillance. La leçon, dont le maître et les élèves se faisaient un plaisir, continua en notre présence, et j'eus l'occasion de reconnaître la vérité de ce précepte de l'auteur d'*Émile*: « Les enfants ne peuvent jamais avoir de meilleur précepteur que leur père. »

M. de Mérange est un homme de cinquante ans environ, d'une taille et d'une figure distinguées. La politesse de ses manières, qui n'est pas exempte d'une sorte de brusquerie, est une suite de sa bonté naturelle ; il aime les hommes, sans avoir pour eux un grand fonds d'estime, et au bien qu'il en dit on peut deviner le mal qu'il en pense.

A peine sortis de l'enfance, Charles et Caroline ont toute la grace, toute l'espièglerie de leur âge, sans aucun de ses inconvénients : ils sont curieux sans être indiscrets, et familiers sans être importuns ; à dix ou onze ans, ils savent plus et mieux qu'on n'en sait communément à quinze. En témoignant ma surprise à M. de Mérange sur une éducation si précoce, je m'informai de la méthode qu'il avait suivie.

« La plus simple et la plus naturelle, me répondit-il : je ne les force point d'apprendre, mais je leur en donne l'envie, et j'en fais naître le besoin. Je me suis aperçu qu'en général on donnait trop d'importance à ce qu'on appelle l'*inclination des enfants*, où je ne vois la plupart du temps qu'un indice frivole. Je ne puis changer la nature de la plante, mais je suis maître de sa direction, et je la plie à mon gré tandis qu'elle est encore flexible. Je sais déja ce que mes enfants seront un jour, ou du moins ce que je veux qu'ils soient; je les élève pour être bien partout et pour être mieux quelque part; tout mon système d'éducation est renfermé dans cette maxime de Bacon : *Optimum elige; suave et facile illud faciet consuetudo* [1]. »

On sonna le déjeuner, et madame de Mérange, qui avait appris l'arrivée de sa cousine, vint au-devant de nous. Je ne connaissais point cette dame, qui s'est fait de sa maison un Élysée dont elle ne sort presque jamais, et j'avoue qu'avant de l'avoir vue je n'avais pas une idée complète de tout ce que la grace, la bonté, la douceur, peuvent ajouter de charmes à la beauté même.

Nous trouvâmes dans la salle à manger le père de madame de Mérange (le vieillard goutteux le

---

[1] Choisissez ce qu'il y a de mieux; l'habitude le rendra facile et agréable.

plus aimable et le plus gai que j'aie rencontré de ma vie); un jeune homme et sa sœur, dont le père, en quittant la France, n'a trouvé d'autre asile pour ses enfants que la maison de son ami de collège; et un M. André, philosophe d'une espèce très rare, lequel, de son vivant, a forcé madame de Mérange à accepter un héritage de plus de trente mille livres de rente qu'il avait fait, à condition de le loger dans une mansarde de sa maison, de le nourrir avec des légumes, et de lui mettre tous les lundis douze francs en gros sous sur sa cheminée.

Madame de Mérange me présenta à son père. « Soyez le bien venu, monsieur l'Ermite, me dit-il; j'avais grande envie de vous connaître; mais, parbleu! je n'aurais pas été vous chercher, et je ne vous rendrai pas votre visite, je vous en préviens: la goutte a cela de bon qu'elle dispense d'être poli. — C'est monsieur qui a vécu si long-temps parmi les sauvages de l'autre monde? reprit le philosophe André. — Moi-même. — Vous y retournerez, j'en suis sûr. — Je n'en aurai pas le temps. »

Pendant le déjeuner, où l'on ne servit que du café, du beurre et des œufs, nous nous amusâmes beaucoup du babil aimable des enfants, que le grand-papa provoquait de son mieux. « Prenez garde, mon père, dit en souriant madame de Mérange, ne fournissez pas à l'Ermite le sujet d'un second chapitre sur *les Enfants d'aujourd'hui* [1]. — Ma foi! s'il ne trouve pas ceux-là charmants, répondit le vieillard, je ne sais pas ce qu'il lui faut. — Soyez tranquille, répliquai-je, tout ce qu'on voit ici fait exception à la règle. — Ce repas est le leur, continua madame de Mérange; ils s'y dédommagent du silence qu'ils gardent à dîner; mais s'ils nous ont ennuyés, nous allons le leur rendre : voici les journaux. » Cette annonce était un signal : Charles et Caroline se levèrent de table, et s'enfuirent au jardin.

« En venant passer la journée dans notre couvent, me dit M. de Mérange, vous vous êtes exposé à en subir la règle : nous ne vous ferons grace de rien, pas même de la lecture des journaux, que nous avons coutume de faire en commun après déjeuner; nous donnons tous les matins une heure à la politique pour n'y plus revenir du reste du jour. — Ce n'est pas la moins bien employée, du moins pour moi, répondit le grand-papa; depuis que je ne puis plus m'occuper de mes propres affaires, auxquelles je n'ai jamais entendu grand'chose, j'aime beaucoup à régler celles de l'état, où je n'entends rien du tout. C'est une manie qui ne tire pas à conséquence à mon âge, et qui ne fait de mal à personne. »

---

[1] Voyez le n° IV, page 37.

Le jeune homme commença la lecture: elle fut souvent interrompue par des remarques qui donnèrent lieu à des discussions et jamais à des disputes; car dans cette heureuse famille, où le bonheur public est la pensée commune, l'esprit de parti n'égare pas l'opinion; l'intérêt personnel ne corrompt pas le jugement, et le mot de *patrie* n'a qu'une acception. Comme on sait ce que l'on veut, et qu'on ne craint pas que les autres le sachent, on dit franchement ce que l'on pense; et de même qu'en fait de religion on ne reconnaît d'autorité que les livres saints, en fait de politique on ne reconnaît d'autorité que la charte constitutionnelle: c'est de là que l'on part pour juger les hommes et les choses, pour prononcer entre le ministère et les chambres, pour motiver ses répugnances ou ses affections politiques.

La séance du déjeuner est toujours levée à midi; jusqu'à quatre heures, madame de Mérange se retire dans son appartement avec sa fille et la jeune orpheline qu'elle a adoptée, pour se livrer avec elles aux soins domestiques, et présider à leurs leçons. Pendant ce temps, son mari, son pupille et son fils, sorti depuis quelques mois des mains des femmes, vont se livrer à des études plus sérieuses, que M. de Mérange dirige sur un plan dont le philosophe André est l'inventeur. Je ne puis le faire connaître ici qu'en indiquant la base sur laquelle il repose. M. André établit en principe que « les hommes pensent d'après leurs inclinations, parlent d'après leur instruction, et agissent conformément à leurs habitudes. » En conséquence, l'éducation, dans son système, a trois objets distincts : diriger les penchants, faciliter l'instruction, former les habitudes. A en juger par quelques uns des résultats dont j'ai été témoin, cette doctrine renferme tous les éléments d'une éducation parfaite.

M. de Mérange, dont la conduite et les sentiments sont également libéraux, a formé, dans un corps-de-logis séparé de son habitation, une espèce d'école dont il paie les maîtres, et dans laquelle il admet les enfants de quelques uns de ses voisins. Je ne connais pas d'établissement plus honorable et plus digne d'un véritable citoyen.

A quatre heures, le travail est fini dans cette maison, ou du moins tout ce qui s'y fait dans le reste de la journée est mis au nombre des plaisirs. Madame de Mérange sort avec sa fille, et va visiter ce qu'elle appelle *ses ménages*; elle donne ce nom à de pauvres familles du quartier qu'elle habite et dont elle est la bienfaitrice.

Madame de Mérange ne se borne pas à de vains secours du moment : en soulageant les besoins présents, elle prévoit ceux de l'avenir, et ne se montre pas moins active dans les services qu'elle rend que généreuse dans les bienfaits qu'elle prodigue.

Madame de Lorys avait eu seule la permission de la suivre dans une promenade où elle n'a jamais que sa fille pour compagne; j'étais resté avec M. de Mérange, avec qui je visitai en détail une habitation dont le terrain est assez vaste pour qu'il ait trouvé le moyen d'y établir une espèce de petite ferme expérimentale où ses enfants s'instruisent, en s'amusant, des détails de l'économie rurale, et dans laquelle il fait lui-même l'essai de procédés nouveaux qu'il n'emploie en grand dans ses terres qu'après s'être assuré du succès des premières expériences. Charles s'essaie à manier la bêche et le râteau. Sa sœur a soin d'une petite basse-cour; elle élève aussi des vers à soie, et cette branche d'industrie, qu'elle cultive avec soin, n'a déjà plus de secret pour elle.

Nous dînâmes, à cinq heures précises, avec quelques amis qui ont leur couvert mis dans cette maison, et qui m'ont tous paru dignes d'y être admis. On tint table assez long-temps, par égard pour le grand-papa, que ses infirmités empêchent depuis quelque temps d'assister au repas du soir. La conversation fut instructive sans être pédante. Le philosophe André, en mangeant ses carottes, soutint avec esprit, entre autres paradoxes, « que le dix-huitième siècle était, à tous égards, le plus remarquable de tous ceux dont s'honorait l'histoire des hommes, et que la raison humaine avait fait plus de progrès dans la première moitié de ce siècle de lumière que dans les quatre ou cinq mille ans qui l'ont précédé. »

Quand on vint à parler de théâtre, il ne se montra pas moins hétérodoxe : il déclama contre la règle, qu'il appelle le préjugé des trois unités. « Corneille, Racine et Voltaire, dit-il, ont illustré la scène par des chefs-d'œuvre au-delà desquels il n'y a plus rien de possible dans le système dramatique qu'ils ont adopté, j'en conviens; mais plus le sentier qu'ils ont suivi est étroit, plus la trace qu'ils y ont laissée est profonde, moins il faut les y suivre : la route est maintenant tout ornière, frayez-vous-en donc une autre dans la plaine; prenez vos prédécesseurs pour modèles et non pour guides. La tragédie et la comédie régulières sont faites, parfaites; reste à faire autre chose. » Aussitôt on cria au mélodrame, et bien en prit au philosophe de se trouver loin du grand-papa, qui l'aurait, je crois, battu, pour venger l'honneur de Racine et de Molière, qu'il croyait compromis dans une pareille discussion.

Après le dîner on passa dans le salon, et dès ce moment le maître de la maison parut abdiquer son autorité entre les mains de sa femme : les enfants furent remis aux soins d'une gouvernante, et la meilleure mère de famille ne laissa voir que la plus aimable des femmes. Marmontel a dit que l'art de concilier les prédilections avec les bienséances était le secret des ames délicates : ce secret est celui de madame de Mérange; je ne me lassai pas d'admirer le parti qu'elle en tirait au milieu de la société brillante et nombreuse qui se rassembla le soir chez elle, et dont elle était à-la-fois le nœud, le charme, et l'ornement.

J'ai parlé dans le discours précédent du souper qui termina si gaiement cette utile et agréable journée.

N° XXXI. [7 FÉVRIER 1816.]

LES DEUX AMOURS.

> ...... *Amorem hæc cuncta vitia sectari solent.*
> *Cura, ægritudo, nimiaque elegantia......*
> *Inhæret etiam aviditas, desidia, injuria.*
> PLAUTE.
>
> L'inquiétude, le chagrin, une recherche extrême dans la parure, l'avidité, la paresse et l'injustice, tels sont les désordres qui accompagnent l'amour.
>
> L'accord de l'amour et de l'innocence semble être le paradis sur la terre : c'est le bonheur le plus doux et l'état le plus délicieux de la vie.
> J. J. ROUSSEAU.

J'ai aimé deux fois dans ma vie; et, dans cette double épreuve, j'ai reconnu que ce sentiment est le plus grand des maux quand il n'est pas le plus grand des biens. Je retrouverais peut-être dans la profondeur de mes souvenirs l'image confuse des maux que cette passion m'a fait souffrir et des plaisirs qu'elle m'a fait goûter; mais ce que je sens encore, j'essaierais en vain de l'exprimer: dans l'homme moral, comme dans l'homme physique, le cœur est la dernière partie que la vie abandonne; il pourrait arriver qu'un vieillard éprouvât les transports de l'amour, mais il ne saurait ni les inspirer, ni les peindre. J'ai dès long-temps prévu cette cruelle décadence, et j'ai trouvé le moyen d'y échapper, en prenant pour ainsi dire note de mes sensations et de mes sentiments, comme on fixe d'un trait sur la muraille l'ombre fugitive qui passerait sans y laisser de trace.

J'ai écrit mes mémoires sans autre but que de me comparer à moi-même, et de pouvoir, en bon comptable, dresser à toutes les époques de ma vie le bilan de ma situation physique et morale.

L'amour, qui tient une si grande place dans les destinées humaines, a eu sur les miennes une double influence, si parfaitement compensée, que je me trouve, à ce sujet, dans la même perplexité où se trouvait Corneille par rapport au cardinal de Richelieu:

> Il m'a fait trop de bien pour en dire du mal;
> Il m'a fait trop de mal pour en dire du bien.

Les deux épisodes suivants, que j'extrais du volumineux manuscrit de mes mémoires, ne sont que le commentaire de cette antithèse.

J'atteignais à peine ma vingtième année, et j'étais venu passer quelques mois à Paris, au retour de ma première campagne maritime. Je n'étais pas dépourvu d'agréments extérieurs, et l'on me citait déja au nombre de de ces jolis hommes *dont la première barbe croît sous l'haleine des filles,* comme dit Shakespeare. Le hasard me fit rencontrer, à un des petits spectacles de la foire Saint-Germain, où j'allais tous les soirs avec mon ami Alph... de Monsabre, une très jeune et très jolie danseuse que l'on nommait *Nanine,* dont je ne tardai pas à devenir éperdument amoureux. Je n'assurerai pas, quoi qu'en aient pu dire mes yeux et mon cœur, qu'il n'y eût alors à Paris quelques femmes plus belles; mais ce dont je suis sûr, aujourd'hui même que la plus douce de mes illusions est depuis si long-temps détruite, c'est qu'il est impossible de réunir des contrastes plus séduisants, plus de tendresse et de coquetterie, plus d'irrégularité dans les traits et de charmes dans la physionomie, plus d'élégance et de naiveté, plus de mobilité dans l'esprit, de grandeur d'ame et de faiblesse de caractère : elle prenait à son gré toutes les formes, et se parait de tous les caprices ; il était plus facile de ne pas l'aimer que de n'en pas être idolâtre. Je le fus comme on pouvait l'être à vingt ans, avec une ame neuve et passionnée. Nanine m'aima, et j'achevai de perdre la raison.

Mon congé venait d'expirer ; un vieux cousin, chez lequel je demeurais à Paris et qui me servait de tuteur, me signifia l'ordre de partir : je crus entendre mon arrêt de mort ; j'imaginai cent prétextes pour prolonger mon séjour; il en découvrit le motif, et n'en pressa que plus vivement mon départ[1].

Nanine partageait mon désespoir, dont elle connaissait la cause, et m'aidait de son mieux à retarder une séparation dont elle gémissait, mais qu'elle regardait comme inévitable. Cette idée, contre laquelle se brisaient toutes les forces de mon ame, me suggéra la plus extravagante des résolutions : je proposai à Nanine de l'épouser. « Je vous aime trop pour cela, me dit-elle d'un ton léger et tendre tout à-la-fois : à votre âge, et dans le rang où vous êtes, il n'y a pour vous, mon cher Paul, qu'un moyen de parvenir, la considération : vous la perdriez en m'épousant ; nous ne manquons pas d'exemples qui prouvent que l'on s'en passe avec de la fortune ; mais nous n'en avons ni l'un ni l'autre, et en nous mariant nous nous en fermerions à jamais le chemin. Maintenant, voulez-vous des objections plus fortes, quoique moins raisonnables ; vous êtes pour moi la preuve, et j'en fournirais quelques autres, que je puis aimer beaucoup mon amant ; mais, je dois l'avouer, je ne serais pas aussi sûre d'aimer mon mari. Je ne suis pas éloignée de croire que l'amour n'est plus un plaisir du moment qu'il cesse d'être une folie ; et vous êtes le dernier homme avec

---

[1] Voyez le troisième volume de *l'Ermite de la Chaussée-d'Antin*, page 323.

qui j'en voudrais faire l'expérience. Ne parlons donc plus de mariage; à cela près, faisons tout autre serment d'une fidélité inviolable. » J'en pris le ciel à témoin : il sait si c'est moi qui l'ai violé.

J'avais pour tuteur un parent qui ne ressemblait pas mal au commandeur du *Père de famille;* pour ajouter à la ressemblance, il sollicita un ordre ministériel pour faire enfermer Nanine : elle en fut instruite la première.

«Votre cousin, me dit-elle un soir que je la ramenais du théâtre, a trouvé un moyen tout simple de nous séparer, c'est de vous faire conduire à Rochefort par un officier de maréchaussée, et de me faire mettre aux *Magdelonnettes* par lettre de cachet : l'intention est bonne; il n'était pas obligé de savoir que j'ai plus de crédit que lui à la cour... » Je ne me connaissais plus; j'étais furieux et je formais les projets les plus désespérés... «Vous ne vous arrêtez pas au plus simple, interrompit-elle; faites venir des chevaux de poste, et partons ensemble pour Rochefort. » Je tombai à ses genoux; j'épuisai le langage et les transports de l'amour pour lui témoigner ma reconnaissance. A quatre heures du matin nous étions sur la grande route.

A peine arrivés à Rochefort, je reçus l'ordre de me rendre à bord de l'*Apollon,* qui faisait partie de l'escadre destinée à la station des mers de l'Inde. Nous devions mettre à la voile dans quelques jours;

quel parti prendre? « Nanine, lui dis-je, j'ai bien interrogé mon cœur : il m'est impossible de vivre sans vous ; au risque de tout ce qui peut m'arriver, je reste à terre, si vous refusez de me suivre... — Aux Indes?... Cela demande réflexion. — Ah! ne prenez conseil que de notre amour; songez qu'il y va de ma vie, de mon honneur. — Quand j'y consentirais, le moyen d'exécuter... — J'ai tout prévu, chaque officier a le droit d'embarquer un mousse pour son service... (Nanine rit aux éclats.) — Le sort en est jeté, reprit-elle; il ne sera pas dit que j'aie reculé devant la plus insigne folie. »

Voilà Nanine transformée en mousse, mais en mousse tel que l'imagination d'Ovide aurait pu nous peindre l'Amour. Que n'aurais-je pas donné pour qu'elle parût moins jolie! C'est le seul sacrifice que je ne pus obtenir d'elle. Comme je craignais sur-tout la première impression que pourrait causer sa présence, je ne la conduisis à bord que le soir même du jour où nous appareillâmes, et j'obtins qu'elle ne se montrât le lendemain que lorsque nous aurions perdu de vue les côtes.

L'équipage était réuni sur le pont, le capitaine Saint-Hilaire en passait la revue, et Nanine, sous le nom de Jules, était portée sur le contrôle. On l'appela : comme mon cœur battait! Elle parut, et un cri d'admiration sortit de toutes les bouches. M. de Saint-Hilaire, que j'avais examiné plus attentivement que les autres, jeta sur Nanine un regard scrutateur qu'il arrêta sur moi d'une manière très expressive.

Après la revue, il donna l'ordre au petit Jules de le suivre dans la chambre du conseil. L'audience durait depuis un quart d'heure; je ne pouvais plus contenir mon inquiétude; j'entrai dans la salle, où je trouvai Nanine en pleurs : je ne doutai plus qu'elle n'eût révélé notre secret.

M. de Saint-Hilaire me fit une très sévère réprimande, et n'oublia pas de me citer l'article de l'ordonnance où ma faute était prévue. Je répondis avec emportement que j'en invoquais toute la rigueur, et que je demandais à être débarqué avec Nanine sur la première terre où nous toucherions. Le capitaine, qui me parut moins offensé de mon langage que touché des larmes de mon aimable complice, nous parla avec plus de bonté, et il fut convenu que Nanine, qui ne pouvait espérer de rester inconnue sous un pareil travestissement, reprendrait les habits de son sexe, et occuperait, sous la dunette de la frégate, la chambre la plus voisine de celle du capitaine. Cet arrangement ne faisait pas le mien; mais les objections que je pouvais y voir n'étaient pas de nature à le faire changer.

Pour se faire une idée de l'effet que produisit la vue de Nanine lorsqu'elle parut pour la première fois à table, au milieu de dix à douze officiers, dont le plus âgé n'avait pas quarante ans, il ne suffit pas de se placer sous un charme semblable dans le cercle des habitudes ordinaires de la vie : il faut avoir entrepris une longue navigation, et avoir connu par expérience le pouvoir d'un regard féminin sur une société de deux ou trois cents hommes enfermés dans un vaisseau et condamnés au supplice de ne voir que des mentons barbus pendant quatre ou cinq mois. Nanine eût été distinguée dans la foule des jolies femmes ; qu'on juge des hommages dont elle fut l'objet dans un lieu où elle n'avait point de rivale ! Elle en jouit avec toute la coquetterie de son caractère, et j'en souffris avec toute la jalousie du mien.

(Je supprime le récit trop long de mes inquiétudes, de mes tourments, dans cette cruelle traversée, où mon amour s'accrut de toutes les raisons qui auraient dû l'affaiblir.)

Nouvelle Armide, Nanine avait allumé l'amour et la discorde dans tous les cœurs ; semblable à la dorade brillante (pour tirer ma comparaison du lieu même où s'exerçait son empire), elle se jouait au milieu des flots, et semblait se reposer sous la tempête. Toute la prudence, toute la sévérité de M. de Saint-Hilaire avaient peine à contenir parmi nous des ressentiments, des haines, dont chaque jour augmentait la violence ; il ne vit d'autre moyen de mettre un terme au désordre que d'en éloigner la cause; et j'ai tout lieu de croire qu'en cette circonstance il s'imposait à lui-même un pénible sacrifice. En arrivant à Mahé, sur la côte du Malabar, il fit débarquer Nanine, en me prévenant qu'il la recommandait aux soins du gouverneur, et crut devoir me consigner à bord pendant tout le temps de la relâche. Je n'étais pas homme à balancer sur le parti que j'avais à prendre: je quittai le vaisseau pour n'y plus rentrer; je rejoignis Nanine, et nous parvînmes à gagner Surate.

Heureux de posséder en liberté le seul bien que je connusse au monde, et que j'avais pu craindre de perdre; sans soin d'un avenir que j'abandonnais tout entier à l'amour, quelques mois de ma vie s'écoulèrent encore dans le délire d'une passion funeste à laquelle j'avais tout sacrifié, et qui me préparait une destinée si bizarre.

(Je laisse encore les détails de nos aventures à Surate, de la sensation extraordinaire que Nanine y produisit, des succès qu'elle y obtint aux dépens de mon repos et de mon bonheur, et j'arrive au moment fatal qui rompit si douloureusement les premiers nœuds que j'aie formés.)

J'étais absent depuis quelques heures; en rentrant chez moi, je n'y trouvai plus Nanine; une de ses femmes me remit la lettre suivante, que je lus avec un déchirement de cœur qu'il est impossible d'exprimer:

« Je vous quitte, mon cher Paul, avec plus de repentir que de regrets; j'en conviens en rougissant : je ne pouvais plus rien pour votre bonheur; j'ai cessé de vous aimer, et il ne dépend plus de moi de vous offrir ce seul dédommagement aux maux prêts à nous assaillir. S'il eût été possible de fixer mon cœur, vous auriez fait ce miracle; personne ne m'avait inspiré et ne m'inspirera jamais un sentiment aussi tendre que celui dont je crois vous avoir donné des preuves. Convaincue que l'amour peut tenir lieu de tout aussi long-temps qu'il existe, je ne vous parle ni des sacrifices que vous m'avez faits, ni de ceux que j'ai été assez heureuse pour vous faire. Nous nous sommes aimés : nous sommes quittes. Quand j'ai refusé de vous épouser en France, je prévoyais ce qui m'arrive aux Indes : j'avais le pressentiment d'un mal dont je voulais du moins m'assurer le remède; je l'ai trouvé dans une séparation que j'ai crue nécessaire du moment où j'ai pu la croire possible.

« Vous n'êtes pas en état d'apprécier aujourd'hui les motifs qui m'ont fait agir; et du caractère que je vous connais, j'ai dû commencer par me mettre à l'abri de vos recherches : vous n'entendrez plus parler de moi qu'au moment où vous vous embarquerez pour retourner en France.

« Adieu, mon cher Paul ! que ce mot me coûte à prononcer ! vous en jugerez à mes larmes qui l'ont effacé. Après m'avoir tant aimée, mon ami, ne me haïssez pas; et quand un autre amour aura expié ma faute, songez alors que l'amitié vous réserve la première place dans le cœur de la volage Nanine. »

Il me semble que la nature, en créant l'un après l'autre les plaisirs qu'elle a éparpillés dans la vie, se soit, à chaque fois, repentie du présent qu'elle nous faisait, et qu'elle ait pris à tâche de nous dispenser de la reconnaissance, en accompagnant chacune de ses faveurs d'un mal plus grand que le plaisir qui le précède. L'inconstance de Nanine, à laquelle auraient dû me préparer depuis si long-temps ses infidélités, déchira mon cœur, jeta le désordre dans mon ame, et fit une révolution dans toute mon existence, comme ces maladies violentes à la suite desquelles on renaît avec une constitution nouvelle.

Trahi par une danseuse, j'enveloppai tout son sexe dans un ressentiment que je déguisais sous le nom de mépris. J'adoptai sur les femmes l'opinion des peuples au milieu desquels je me trouvais: je ne voulus plus y voir que des êtres trop tendres pour conserver des impressions durables, et parmi lesquels il n'y avait de choix à faire qu'entre la vieille ou la jeune, la laide ou la jolie, la brune ou la blonde.

Dans l'espace de plus de vingt ans qui s'écoula depuis l'abandon de Nanine jusqu'à mon arrivée dans les forêts de la Guiane, l'amour n'approcha plus de mon cœur; car je n'appellerai pas de ce nom cet échange de fantaisies, ces liaisons de caprice, ces surprises des sens, qui ne laissent aucune trace, pas même dans l'esprit; qui ne laissent aucun souvenir, pas même dans la mémoire. J'étais arrivé à cette époque de la vie où la maturité de l'âge nous éclaire à regret sur les illusions de la jeunesse. Désabusé de l'amitié, qui m'avait trahi ; de la gloire, qui n'est trop souvent que le hasard ; de la fortune, dont ses favoris m'avaient dégoûté, je me croyais sur-tout détrompé de l'amour, qui ne s'offrait à ma pensée que sous l'escorte des maux dont il avait été pour moi la source.

J'habitais depuis quelques jours le pays des Zangaïs, où m'avait conduit la plus étrange destinée qu'un homme ait peut-être jamais subie, lorsque l'ancien de la tribu vint me présenter lui-même la jeune Amioïa, qu'il me destinait pour épouse[1]. Il y a des objets qu'il faut peindre pour rendre croyable le récit des événements où ils figurent.

Amioïa touchait à sa treizième année; elle était née d'un père zangaïs et d'une mère métisse. Ses traits, sans être de cette régularité parfaite qui constitue la beauté chez les peuples européens, avaient un caractère particulier de grace et de douceur fé-

[1] Voyez page 73.

minines, dont le charme s'imagine plus facilement qu'il ne peut se rendre. Dans un climat où les femmes n'ont presque pas d'enfance, l'âge de cette belle Zangaide touchait à celui que la nature a marqué pour le développement des formes charmantes dont elle était pourvue; sa taille avait de la mollesse et de l'élégance; ses grands yeux noirs s'embellissaient d'une expression pleine d'innocence et de volupté : son regard était déja une caresse, et le son de sa voix un plaisir.

Le hasard, qui voulut en nous réunissant justifier toutes les invraisemblances, m'apprit, à plus de quarante ans, le secret de mon propre cœur : une enfant sauvage me fit connaître l'amour, et je rougis du sentiment auquel j'avais jusqu'ici donné ce nom. Cet hymen, contracté au sein des forêts, entre deux êtres si peu faits pour se rencontrer, devint la source d'un bonheur pur, égal, sans trouble, sans mélange, dont la durée appartient sans doute à un autre ordre de choses.

Je ne dirai pas, faute de le concevoir moi-même, par quelle gradation nouvelle de sentiments et de sensations je passai d'un intérêt doux et tendre qui avait quelque chose de paternel, à cet amour passionné dont je n'avais encore connu que les tourments, pour arriver à cette félicité des anges dont la réalité n'exclut pas l'espérance, où le repos même est un délire.

Quand je cherche à me rendre compte du bonheur dont j'ai joui, je trouve qu'il se formait d'éléments tout-à-fait opposés à ceux dont l'homme de la société cherche à composer le sien. La constance, la tranquillité d'esprit, l'uniformité de la vie, la nature et la liberté, telle était la source d'un bien-être qu'il n'a peut-être été donné qu'à moi seul de connaître et d'apprécier dans toute son étendue.

La plus douce des expériences m'a convaincu que les femmes passent bien plus facilement que les hommes de l'état sauvage aux habitudes de la civilisation ; ma jeune compagne, dont l'éducation était le plus agréable de mes délassements, devinait tout ce que je voulais lui enseigner : quand elle apprenait, elle avait l'air de se souvenir ; et jusque dans sa modeste nudité, on retrouvait je ne sais quel charme de pudeur, quelle grace de parure, dont la société seule semblerait devoir donner l'idée.

« Dans ces climats brûlants, comme dit Montesquieu, on aime l'amour pour lui-même ; il est la cause du bonheur, il est la vie. » Ce serait bien vainement, je crois, que je chercherais à faire entendre à un habitant de Paris ou de Londres tout ce qu'il y avait de délices dans la situation que je vais décrire.

Aux premiers rayons du jour, je prenais mon arc et mes flèches, et je sortais pour aller à la chasse ;

le plus souvent Amioïa m'accompagnait et me servait de guide. Arrivé dans le canton que je voulais parcourir, je la laissais sur le bord de quelque cataracte, au sommet de quelque colline, où elle attendait mon retour en tressant avec un art merveilleux les plumes de mille oiseaux divers, dont elle fabriquait nos légers vêtements.

Une heure suffisait pour m'assurer les provisions du jour. Je me hâtais de rejoindre ma douce compagne, et, tranquilles sur nos besoins, nous ne songions plus qu'à nos plaisirs.

Errant alors sans but et sans objet dans ces contrées où la nature surabondante a prodigué tant de merveilles, avec quel enivrement nous admirions ses beautés, auxquelles notre amour prêtait de nouveaux charmes! Avec quelle ardeur je suivais mon agile compagne s'élançant au sommet d'une colline où la nature semblait avoir rassemblé à plaisir tout ce qui peut enchanter le cœur et les yeux! De quel regard d'amour je suivais tous les mouvements de ce beau corps,

> Paré de grace et vétu d'innocence!

Assis à ses côtés, je m'écriais avec transport, comme le père des hommes, dont je partageais alors la félicité: « La source de nos biens réside en nous-mêmes; nos besoins mêmes sont nos plaisirs; ils sont attachés à nos sens, et chaque partie de moi a

les siens pour t'aimer[1]. » La fille des forêts n'avait point lu Milton, mais la nature et l'amour n'ont qu'un langage. « J'ai admiré, me disait-elle en sou-
« pirant, l'éclat du soleil et la sérénité du jour, les
« fleurs des champs, leurs vives couleurs; j'ai respiré
« le parfum de l'oranger et de la rose; mais ta pré-
« sence est pour moi mille fois plus agréable encore,
« et ce sentiment que j'éprouve renferme en lui seul
« tous les autres. » Ces tendres paroles s'exhalaient de sa bouche, où je les recueillais avec son haleine, plus douce que le souffle du printemps. La constance n'était pas le prix d'un attachement si pur, elle en était l'aliment :

>Parmi tous les êtres du monde,
>Nous nous choisissions tous les jours ;

et nous trouvions dans ce besoin de fidélité tous les attraits de la préférence.

Amioïa devint mère. Ce moment m'apprit tout ce que le cœur d'une femme peut renfermer de tendresse, et toute la distance que la nature a laissée, sur ce point, entre les affections des deux sexes. Amioïa près du berceau de son fils! Jamais tableau plus délicieux n'a frappé mes regards : quels soins! quelle entière abnégation de soi-même! quelle touchante idolâtrie! Elle perdit au bout de quelques

---

[1] *Paradis perdu*, liv. IV.

mois ce premier fruit de l'amour, et sa tendre superstition la sauva de l'ivresse de sa douleur : elle était persuadée qu'un enfant pouvait revivre dans une fleur arrosée avec le lait de sa mère; et je me gardais bien d'affaiblir par le moindre doute une croyance religieuse où son ame puisait la force dont elle avait besoin pour vivre. J'avais élevé de mes mains, sur le bord du fleuve, un petit monument recouvert d'arbrisseaux, au milieu desquels Amioia, sur la place même où reposait son fils, avait planté un jeune corossol. Chaque soir, au cri de la perrique aux ailes d'or [1], elle revenait visiter le berceau funéraire, et, penchée sur l'arbuste, elle arrosait de son lait et de ses larmes la fleur solitaire du corossol, dont la couleur d'un jaune pâle est un emblème de la nature mourante.

Quatre ans s'étaient écoulés dans les délices de cette douce union. Un jour que je revenais de la pêche, où j'avais été seul avec Zaméo, je laissai à celui-ci le soin de remonter la barque en suivant le rivage, et, pour arriver plus tôt à la case, où m'attendait Amioia, je pris mon chemin à travers une longue savane desséchée, dont le sentier praticable ne m'était pas bien connu. Je marchais depuis quelque temps, et je m'étais arrêté sur une hauteur,

---

[1] Espèce de perroquet de la Guiane, dont le cri se fait entendre au coucher du soleil.

d'où je cherchais à m'orienter sur le cours du soleil, qui descendait vers l'horizon; pressé par la soif, je cueillis, sans beaucoup d'attention, sur un arbre qui se trouvait à ma portée, un fruit vert, d'un goût légèrement acide; j'en avais à peine mangé quelques grains que je fus saisi de douleurs violentes, suivies d'un engourdissement auquel je succombai, sans perdre entièrement connaissance. J'étais depuis une heure dans cet état, lorsque j'aperçus Amioïa et Zaméo, qui me cherchaient dans la savane où ils supposaient que je pouvais m'être égaré. Dans l'impossibilité de me lever, je parvins à me faire entendre; Amioïa reconnaît ma voix, elle accourt la première, me voit, frémit, et m'interroge avec inquiétude : je n'ai que la force de lui montrer l'arbre fatal : elle pousse un cri d'épouvante, s'élance, et arrache une grappe entière du fruit empoisonné qu'elle dévore. Cette action terrible, à laquelle je ne pus opposer que de vains efforts, est aperçue de Zaméo; il entend mon geste, se rend maître d'Amioïa, et, d'une main hardie, va saisir jusque sous ses dents les débris vénéneux dont le suc a déjà passé dans ses veines. Zaméo, qui connaissait la propriété de cet arbre funeste, savait aussi qu'il porte avec lui son antidote. Il en détacha quelque portion d'écorce, qu'il broya entre deux pierres; il la délaya ensuite dans la liqueur du cocotier dont il avait rempli sa gourde, et qu'il nous fit boire. L'efficacité de ce remède fut telle, qu'au bout de quelques heures de repos nous pûmes retourner à la case.

Je guéris en peu de jours; mais Amioïa lutta plusieurs mois contre l'activité d'un poison qu'elle avait pris à plus forte dose. Je ne dirai pas que cet acte de dévouement augmenta mon attachement pour elle : il ne pouvait croître; dès long-temps il remplissait tout mon cœur. La faiblesse de sa santé, altérée par cette longue maladie, retarda de plusieurs années un événement qui promettait de mettre le comble à notre bonheur, et dont il fut le terme; Amioïa perdit le jour en le donnant à une fille que nous avions nommée Amazilie. J'ai pu dire, comme le poète Young :

My child, thy cradle was purchas'd with thy mother's bier.

Je ne puis, après vingt ans, arrêter ma pensée sur ce moment funeste où je commençai moi-même à mourir. La tendre compagne de mon exil expira en embrassant son époux et sa fille, et sourit en tombant dans les bras de la mort.

J'avais promis de vivre pour Amazilie; ses traits charmants me rappelaient sa mère, et son enfance avait enchanté les premières années de ma vieillesse.

Mon enfant, ton berceau fut le prix du cercueil de ta mère.

Je ne retracerai point ici un dernier malheur contre lequel il n'est qu'un seul recours, et que je n'ai supporté que parceque j'étais arrivé à un âge où ce n'est plus la peine de se donner la mort.

N° XXXII. [14 février 1816.]

LES SOTS.

> L'esprit solide, éclairé, droit,
> Du commerce des sots sait faire un bon usage,
> Il les examine, il les voit,
> Comme on voit un mauvais ouvrage;
> Des défauts qu'il y trouve il cherche à profiter.
> Il n'est guère moins nécessaire
> De voir ce qu'il faut éviter
> Que de savoir ce qu'il faut faire.
> Mad. Deshoulières.

Il y a, de compte fait, trois espèces de sots : les sots qui ne savent point, les sots qui savent mal, les sots qui savent tout, excepté ce qu'ils devraient savoir. Cette dernière classe est aujourd'hui la plus commune; nous ne sommes cependant pas encore menacés de perdre les deux autres.

J'ai besoin d'un avocat: on m'adresse à *Mérippe*; une heure de conversation que nous avons ensemble me prouve qu'il a fait de grandes recherches sur la langue celtique, et que personne n'est plus propre que lui à enseigner le bas-breton; à la manière dont il disserte sur les antiquités des Gaules, on croirait qu'il a étudié au collège des Druides. Tout en lui faisant compliment sur son érudition, j'en viens à le consulter sur mon affaire; il s'agit d'un point de droit à établir sur les lois du Digeste : Mérippe est tout-à-fait étranger à ce genre d'études, il ne s'est occupé des Pandectes de Justinien que pour s'assurer qu'elles ont été publiées le 17 des calendes de janvier 533, et qu'elles ont été retrouvées dans la ville d'Almalfie par l'empereur Lothaire. Mérippe, avec toute son érudition, est un sot avocat.

J'achève un ouvrage sur les puissances barbaresques, où je prouve que cette confédération des forbans ne sera pas détruite avant un demi-siècle, parcequ'il ne faut pas moins que cela pour que les Anglais puissent se passer de pareils auxiliaires; mais comme je manque de notions exactes sur les mœurs et la politique de ces nations dont j'écris l'histoire, je crois pouvoir me les procurer auprès d'*Hermas*, qui a passé trente ans de sa vie dans les régences, en qualité de consul : j'ai pris note des questions que j'ai à lui faire, et dont il me dispense en m'apprenant « qu'il ne s'est point amusé à de pareilles bagatelles pendant son séjour sur la côte d'Afrique, où il a su employer son temps d'une manière plus utile, en spéculant sur le maroquin et sur les cafetières du Levant. »

L'humeur que m'avaient donnée ces deux hommes me suivit dans l'île Saint-Louis, où j'étais allé faire une visite à mon philosophe pythagoricien. Je le mis sur le chapitre des sots, dont il se constitua le défenseur officieux avec tant de chaleur et de bonhomie, que je fus assez long-temps sa dupe pour me donner l'air d'être son client. Je conserve à notre discussion la forme du dialogue, pour être plus sûr de n'y rien changer.

M. ANDRÉ.

On calomnie les sots, et l'on s'obstine, par envie, à méconnaître en eux des qualités dont je me fais hardiment l'apologiste.

L'ERMITE.

Il n'y a pas grand courage à venir au secours du plus fort.

M. ANDRÉ.

C'est déja quelque chose de vous faire convenir de leur puissance.

L'ERMITE.

Je ne conviens que de leur nombre.

M. ANDRÉ.

Ils ont pour eux les gros bataillons, et le maréchal de Saxe lui-même assure que la victoire finit toujours par se fixer de ce côté-là.

L'ERMITE.

Ce n'est pas sérieusement, j'espère, que vous parlez de la gloire des sots?

M. ANDRÉ.

Je pourrais chicaner sur les mots de *gloire* et *vic-*

toire, qui ne sont synonymes qu'en vers; mais si, pour nous entendre, nous convenons de donner à l'un et à l'autre la signification du mot *succès*, vous ne me contesterez pas l'emploi que je viens d'en faire. Jugez par expérience, et osez me dire que l'amour-propre d'un sot n'est pas un des leviers les plus puissants qui soient au monde et le plus facile à mettre en jeu. Quelle énergie dans le choc! quel ensemble dans les efforts! rien n'y résiste; la masse est détachée, elle roule et fait son chemin par son propre poids.

L'ERMITE.

Jusque dans le marais où elle s'enfonce.... En vérité, mon cher philosophe, vous donnez aussi trop d'importance à la sottise.

M. ANDRÉ.

Je lui laisse toute celle qu'elle a, et je la salue comme la reine du monde.

L'ERMITE.

Ainsi, vous détrônez l'opinion?

M. ANDRÉ.

Non vraiment; je me contente d'observer qu'elles règnent souvent ensemble et qu'elles sont également à redouter.

L'ERMITE.

Craindre les sots! c'est à quoi l'on se déciderait difficilement.

M. ANDRÉ.

On a grand tort. Ce sont des ennemis d'autant plus dangereux, qu'on les dédaigne davantage. Ils frappent des gens endormis; si l'on s'éveille, et que le combat s'engage, ils font retraite, et le mépris qu'ils inspirent devient pour eux un asile où ils se retranchent, comme la tortue dans son écaille. Un homme célèbre, qui a laissé plusieurs ouvrages d'esprit, dont sa fille est le meilleur, a fait un traité du *Bonheur des Sots,* dans lequel il ne leur tient pas assez de compte des qualités qu'ils mettent en œuvre pour arriver à cette félicité qu'on leur envie.

Les sots ont du caractère; comme on ne peut le nier, on appelle cela de l'*entêtement;* mais le mot ne fait rien à la chose. Ce qu'il y a de certain, c'est qu'ils veulent ce qu'ils veulent, qu'ils le veulent beaucoup, qu'ils le veulent toujours. On ne refusera pas de reconnaître leur franchise; on en a donné la mesure dans cette observation: « Les enfants disent ce qu'ils font, les vieillards ce qu'ils ont fait, et les sots ce qu'ils feront. » Pour peu qu'ils pensent, on sait à quoi; ils ont l'ame *à fleur de peau.*

Je conviens que la fortune a toujours un caprice à leur disposition; mais n'est-ce rien que d'être toujours là pour en profiter? La fortune est aveugle; elle court au hasard, mais ils savent par où elle passe, et se mettent sur son chemin tandis que les gens d'esprit se fatiguent à la poursuivre. De quel côté est le jugement? Ils n'ont guère moins de chances que ceux-ci pour se faire une réputation; car on l'obtient par une sottise heureuse, comme on la perd par un trait d'esprit imprudent. D'ailleurs, si vous voulez que je vous dise toute ma pensée en géomètre, je suis bien loin d'envisager la sottise et l'esprit comme deux parallèles qui, conservant entre elles leur distance, ne peuvent jamais se joindre : je vois, au contraire, plus d'un point où elles se rencontrent, je dirai même où elles se confondent; il y a telle sorte d'esprit qui conduit à la sottise, comme il y a telle espèce de génie qui mène à la démence.

L'ERMITE.

Je commence à soupçonner, mon cher philosophe, qu'il entre un peu d'ironie dans votre éloge des sots, où je ne trouve de vrai que ce que vous dites de leur méchanceté. Sur ce point même je vais plus loin, et je pense, avec J. B. Rousseau, que la sottise est la mère de presque tous les vices. Rien ne serait plus facile que de prouver cette filiation; mais le développement de cette vérité nous jetterait dans les abstractions d'une haute morale, qui n'est pas du ressort de la conversation. J'en reviens à ce que vous appelez les *qualités* des sots. Cette fermeté de caractère dont vous leur faites si gratuitement honneur est une de leurs prétentions les plus ridicules; faute d'opinions à eux, ils adoptent celles qu'on leur fournit, sans savoir d'où elles viennent, ni ce qui doit en résulter : ce sont des chapons à qui l'on fait couver des œufs de poule; il n'y a ni choix, ni affection dans leur fait, et les sots seraient, de leur nature, les plus inconstants des hommes, s'ils n'étaient fidèles à la bonne opinion qu'ils ont d'eux-mêmes et au desir de se venger : les sots sont implacables.

Quant à leur franchise, ce n'est, comme vous l'avez observé vous-même, que de l'indiscrétion; leur silence les trahit plus encore que leurs discours, car ils savent quelquefois ce qu'ils voudraient taire, et ne savent jamais ce qu'ils disent.

Notre conversation fut interrompue par l'arrivée de trois personnes que le hasard amena, je crois, tout exprès pour me fournir un exemple de chacune des espèces de sots dont j'ai parlé au commencement de ce discours. M. André, en me les faisant connaître, confirma le jugement que j'en avais porté.

« Ce M. de Laubé, me dit-il (qui a fait en votre présence une sortie si déplacée contre les vieillards), a eu beaucoup de peine à devenir un sot. La nature n'en avait fait qu'une bête; à force de travailler sur ce fonds stérile, on est parvenu à y faire croître des ronces : cet homme n'eût été qu'ennuyeux; l'éducation l'a rendu insupportable. Il parle toutes les langues de l'Europe; ce qui lui donne le privilège de la sottise inévitable; c'est une polyglotte vivante d'impertinences et de niaiseries. Il a un nom dont il pourrait tirer un avantage qui n'est point à dédaigner, principalement pour celui qui n'en a pas d'autre, et vous l'avez entendu déclamer contre la noblesse, et soutenir (avec un désintéressement dont il est bien loin de connaître toute l'étendue) que le mérite personnel est la seule distinction sociale qu'on doive reconnaître. En soutenant une pareille doctrine, il ne sait ni à quoi il s'expose, ni le ridicule qu'il se donne. Avant de connaître M. de Laubé, vous ne saviez certainement pas au juste tout ce qu'il était possible de débiter de sottises en un quart d'heure.

« La sottise est contagieuse. Ce M. Desmangin que vous venez de voir en est la preuve. Je l'ai connu homme de sens; il a passé près de deux ans tête à tête avec le baron de Foncenay, dans sa terre de Grizolles; il en est revenu presque aussi sot que le baron, dont il s'est approprié toute la présomption, toute la fatuité gothique et tous les ridicules. Cet homme est possédé du démon de l'importance: pour s'être bourré la cervelle de termes techniques, il se croit savant; pour avoir aligné quelques lignes de prose, il se croit poète. M. Desmangin vient de vous faire connaître la part qu'il a eue aux nouvelles nominations académiques, d'où, s'il faut l'en croire, il s'est modestement exclu lui-même. S'il fût resté plus long-temps, vous sauriez les changements qu'il veut opérer dans le ministère, le crédit dont il jouit à la cour, l'influence qu'il exerce dans les cabinets étrangers, et le rôle qu'il doit jouer dans les négociations qui se préparent; mais ce qu'il ne vous aurait pas dit, c'est que toutes ces prétentions-là n'ont pas le moindre prétexte, et qu'elles se trouvent logées dans la cervelle à l'envers d'un honnête bourgeois de Paris, jadis syndic des marguilliers de sa paroisse, et maintenant homme d'état, homme de lettres, homme du monde, de la façon du baron de Foncenay.

« Cet autre, si pincé, si gourmé, si précieux, qui a voulu disputer avec vous sur les productions de la Guiane, est ce que l'abbé Trublet appelle si bien *un sot tout d'une pièce*. La nature et l'art ont travaillé de concert à la confection de ce petit modèle d'impertinence: ignorant et bavard, insolent et poltron, il n'a pas une idée à lui, il n'invente pas même les mensonges qu'il débite; mais l'effronterie, qui lui tient lieu de tout, même des vices qui lui manquent, l'a élevé au commandement de la redoutable phalange des sots. Cet homme est doué du singulier instinct de pressentir le mérite; il ne le voit pas encore, il aboie déjà sur sa piste, et la meute qui le suit est sûre de ne jamais prendre le change. L'aversion qu'il témoigne pour les gens d'esprit est la mesure exacte de leur mérite. Un homme comme celui-là, bien employé, ne serait pas sans utilité : ne se sert-on pas d'une pierre pour connaître la valeur de l'or? »

N° XXXIII. [21 février 1816.]

LES ACTEURS.

> . . . . . . *Meum qui pectus inaniter angit,*
> *Irritat, mulcet, falsis terroribus implet,*
> *Ut magus ; et modò me Thebis, modò ponit Athenis.*
> Hor., ep. 1, lib. II
>
> Par un mensonge heureux il attendrit mon cœur,
> L'irrite ou le remplit d'une fausse terreur,
> Enchanteur étonnant dont la voix souveraine
> Me transporte au milieu de Thèbes ou d'Athènes.
> *Traduction de* Daru.

Je ne pense pas que chez aucune nation civilisée, pas même chez les Grecs et les Français, l'art théâtral et ceux qui l'exercent aient jamais reçu de témoignages d'admiration aussi flatteurs que ceux que je me souviens de leur avoir procurés au fond des forêts de la Guiane.

La tribu féroce des *Otomacas*, chassée par les Espagnols du petit pays qu'elle habitait, ou plutôt qu'elle infestait, aux confins de la Nouvelle Andalousie, était venue se réfugier sur les bords du lac Parima, dans le voisinage de la terre des Zangais. Du milieu des savanes où ils s'étaient retranchés, les Otomacas faisaient de fréquentes incursions chez leurs voisins, dont ils cherchaient sur-tout à enlever les femmes, distinguées entre toutes celles des nations caraïbes par leur beauté, leur taille, et leur adresse. L'espèce de terreur que cette horde de sauvages avait inspirée, la difficulté de les poursuivre et de les atteindre dans des marais dont eux seuls connaissaient les passages, accroissaient chaque jour leur audace, et jetaient les Zangais dans un découragement dont leurs ennemis profitaient pour multiplier leurs rapines.

Une circonstance dont j'étais loin d'attendre un pareil résultat changea tout-à-coup la disposition des esprits: on se préparait à célébrer la fête annuelle du *Grand-Fleuve,* et j'avais choisi cette solennité pour donner à mes compagnons sauvages une idée de nos jeux scéniques.

J'avais fait élever, en face de la cabane de l'*ancien* de la tribu, une espèce de théâtre où j'étais parvenu à figurer, en profitant des accidents du terrain, l'image du *carbet* des Otomacas. La pièce qu'on devait y représenter, sous le titre *des Bons et des Méchants,* n'était rien autre chose que la querelle qui divisait les deux peuplades.

Les méchants, sous la conduite de leur chef *Amucah,* sortaient de leur repaire pendant la nuit, en fondant à l'improviste sur les *bons,* dévastaient leurs plantations et enlevaient plusieurs jeunes filles, au nombre desquelles se trouvait la belle Amioïa[1]. Dans le second acte, le vénérable de la tribu des *bons* assemblait ceux-ci, leur représentait les maux que leur faiblesse attirait sur eux, et finissait par leur ordonner ou de livrer toutes leurs femmes aux *méchants*, s'ils n'avaient pas le courage de les défendre, ou de tirer vengeance de l'insulte qu'ils avaient reçue, en jurant de n'éteindre le *calumet* de la guerre qu'après avoir exterminé leurs ennemis.

Le discours du *vénérable* enflammait le courage des *bons*; le calumet de la guerre était allumé : on nommait un chef; les guerriers se mettaient en marche; une jeune fille, qui s'était échappée des mains d'Amucak, leur indiquait les passages. Les *méchants*, surpris à leur tour, étaient vaincus, dispersés; la flamme dévorait leurs habitations, et la belle Amioïa, délivrée, ainsi que ses compagnes, était ramenée dans la tribu au milieu des cris de joie et de triomphe.

Il est impossible de décrire l'effet que produisit ce drame sur des hommes qui se trouvaient en même temps spectateurs, acteurs, et personnages. Les sentiments dont ils avaient été animés pendant la représentation s'exaltèrent au point que, ne distinguant plus la vérité de la fiction, ils coururent aux armes, me nommèrent leur chef, et me forcèrent à

---

[1] Voyez *Une Journée aux bords de l'Orénoque*.

aller jouer avec eux le second acte de ma pièce sur la terre des Otomacas, qui furent en effet attaqués, battus, et dispersés, comme l'indiquait mon dénouement. Je dois convenir que je ne m'étais pas promis un pareil succès.

Cette anecdote, dont il m'est plus facile d'attester la vérité que de démontrer la vraisemblance, prouve deux choses : la première, que le goût du théâtre, plus naturel qu'on ne le croit, n'est pas le fruit de la civilisation, mais qu'il en est un des moyens les plus puissants; la seconde, qu'on ne saurait donner trop d'importance à la culture d'un art dont on peut obtenir d'aussi grands résultats.

« Il est à remarquer, me disait à ce sujet un monsieur Walker (que j'ai déjà fait connaître dans mes discours sur *les Lingères* et sur *les Revendeuses à la toilette*), que les peuples qui ont joué, sinon le plus grand, du moins le plus beau rôle sur la terre, ont été, à toutes les époques de l'histoire, ceux chez qui l'art dramatique a été cultivé avec le plus de succès. Les Grecs ont fondé aux jeux olympiques la plus belle partie de leur renommée; et si les Romains, avec infiniment plus de puissance, n'ont pas acquis une gloire aussi solide, peut-être une des causes s'en trouverait-elle dans le préjugé barbare qui les portait à dégrader les arts, et particulièrement celui du théâtre, dans la personne de ceux qui l'exerçaient.

« Les Grecs, plus conséquents, honoraient une profession où, pour exceller, il faut réunir toutes les qualités du corps, de l'esprit, et du cœur; et telle était, ajoute l'abbé Dubos, leur estime pour les talents qui mettent de l'agrément dans la société, que leurs rois ne dédaignaient pas de choisir des ministres parmi les comédiens. On sait que Philippe de Macédoine avait pour favori le plus célèbre acteur de son temps.

« Les Français, qui ont surpassé les Grecs eux-mêmes par le degré de perfection où ils ont porté l'art dramatique, ne se sont pas montrés moins inconséquents, moins injustes que les Romains envers ceux de leurs compatriotes qui se vouaient à la profession du théâtre. Dans le temps où les personnes les plus augustes par leur naissance ne dédaignaient pas de monter sur la scène, et de s'y rendre les interprètes de Corneille et de Racine, on déclarait infames ceux qui tiraient un salaire de l'exercice d'un talent que l'élite de la nation cultivait pour son plaisir.

« Pour concilier cette étrange contradiction de l'amour de l'art et du mépris pour les artistes, on s'est rejeté sur l'irrégularité de leurs mœurs et sur les inconvénients attachés à leur profession. On a voulu voir une espèce de déshonneur dans l'obligation imposée aux comédiens de venir, chaque jour, s'exposer en public, et de vendre à chacun, pour une modique somme, le droit de conspuer sa figure, de faire de chacun de ses gestes, de chacune de ses inflexions, le sujet d'une critique souvent exprimée de la manière la plus humiliante. Mais à cela ne peut-on pas répondre que les affronts, réservés dans tous les états à la médiocrité, ne peuvent atteindre ceux qui exercent honorablement un art libéral ?

« Quant aux mœurs des comédiens, j'ai sur ce point une opinion que je suis plus embarrassé d'énoncer tout entière, que de prouver jusqu'à l'évidence. Si l'on ne limite pas la signification de ce mot *mœurs* aux habitudes extérieures de la vie, si l'on y joint l'idée des vertus domestiques, des qualités sociales, je ne craindrai pas d'avancer que s'il n'existe aucune classe de la société où les mœurs soient plus relâchées, à certains égards, que dans celle des comédiens, il n'en existe aucune où les liens de famille soient plus forts et plus respectés.

« Il n'est que trop commun par-tout ailleurs de voir des enfants dans l'opulence laisser languir leurs parents dans la misère. Ce crime, le plus odieux peut-être de tous ceux qui déshonorent l'humanité, est presque sans exemple parmi les comédiens, chez lesquels il serait peut-être excusable. J'offrirais de parier qu'il ne se trouve pas dans Paris un citoyen de cette classe (bien entendu que j'en excepte tout ce qui ne doit pas y être compris) qui ne s'impose volontairement, et qui ne remplisse sans ostentation, quelques uns de ces devoirs de famille trop souvent négligés par ces gens à morale austère, que le nom de *comédien* fait rougir, et qui ne rougissent pas d'occuper un hôtel dans la même ville où leur mère habite un grenier.

« Les comédiens sont, en général, bons parents, bons amis, bons camarades (l'intérêt de leur amour-propre à part).

« Les mœurs des comédiennes ont un côté excessivement faible, que je ne veux ni excuser ni défendre, pas même en examinant si les désordres que l'on reproche à la plupart d'entre elles ne sont pas, avec un peu plus de scandale, les mêmes dont on se plaint dans les premières classes de la société. Mais, en les jugeant sur leur conduite, la justice exige que l'on fasse une part à l'indulgence : elle sera d'autant plus grande, qu'on doit y tenir compte des séductions de toute espèce qui les environnent, de l'âge où elles s'y exposent, des avantages physiques qui en multiplient pour elles l'occasion et le danger ; enfin du préjugé qui leur apprend à mépriser cette partie de l'estime publique à laquelle on ne leur permet pas d'atteindre.

« Je résume mon opinion sur les comédiens, en vous citant les propres paroles du sévère Duclos :

« Si l'on considère, dit-il, le but de nos spectacles
« et les talents nécessaires dans celui qui se distingue

« dans cette profession, l'état de comédien prendra
« nécessairement dans tout bon esprit le degré de
« considération qui lui est dû. »

« Il s'agit maintenant, sur notre Théâtre-Français particulièrement, d'exciter la vertu, d'inspirer l'horreur du vice, d'exposer les ridicules, d'intéresser à-la-fois les yeux, l'esprit, et le cœur. Ceux qui brillent sur la scène sont les organes des premiers génies du monde; leurs fonctions exigent de la figure, de la dignité, de la voix, de la mémoire, de l'intelligence, et de la sensibilité; la plupart ne sont pas moins recommandables par leurs vertus privées que par leur talent. Rien n'est donc plus injuste que ce reste de préjugés dont le souvenir poursuit encore des hommes qui exercent un art pénible, enchanteur, dont la nation tout entière fait ses délices.

« — Tout en vous accordant le principe, répondis-je à mon interlocuteur, je serais bien tenté de vous nier quelques unes des conséquences que vous en tirez d'une manière trop générale et trop absolue. Pour tempérer l'éloge que vous faites des comédiens, je pourrais, à mon tour, signaler bon nombre de défauts et même de vices inhérents à leur profession : je pourrais vous demander s'il existe une classe d'hommes ou de femmes au monde où la jalousie, la vanité, l'impertinence, se portent à de pareils excès ; où l'ingratitude (envers les auteurs qui les font penser, parler, et vivre) soit plus commune et plus coupable; où l'amour-propre soit porté à un degré de violence tel, qu'il fasse taire jusqu'à l'intérêt personnel; où la haine d'un rival et sur-tout d'une rivale, suggère de plus odieuses pensées, emploie à nuire de plus lâches moyens. Je pourrais vous demander où vous avez connu des hommes plus égoïstes et des femmes plus coquettes, pour ne rien dire de plus.....—Faites-moi toutes ces questions, et je n'y répondrai pas, à moins que vous n'acceptiez la périlleuse responsabilité des haines et des clameurs que ma réponse attirerait sur vous. En attendant, soyez bien convaincu que tant qu'il existera des courtisans au monde, ce ne sera pas parmi les comédiens qu'il faudra chercher les exemples les plus marquants et les plus nombreux d'ingratitude, d'intrigue, d'impertinence, et de vanité. »

N° XXXIV. [28 février 1816.]

L'HÉRITIÈRE.

Veniunt à dote sagittæ.
JUVÉNAL, sat. VI.
Les écus de la dot sont les traits de l'Amour.

J'ai reçu hier matin le billet suivant:

« Vous avez ébranlé ma résolution, mon cher Ermite. Je commence à croire que je me déciderais à me marier si je trouvais un mari: vous conviendrez que cela n'est pas facile dans ma position. Je pourrais avoir recours à M. *Willaume,* comme vous me l'avez proposé, mais j'aime mieux commencer par les *Petites-affiches,* et je vous envoie une note à y faire insérer, si vous croyez que cela puisse être utile. Dans tous les cas, vous dînez avec moi jeudi; nous reprendrons l'entretien où nous l'avons laissé dimanche au Champ-de-Mars. »

A ce billet était jointe la note suivante:

« Une jeune personne, âgée de dix-huit ans,
« d'une figure agréable, d'une santé délicate, d'un
« caractère doux et facile, aimant et cultivant les

« arts, jouissant de tous les avantages d'une éduca-
« tion distinguée, en possession d'une fortune ac-
« tuelle de 625 mille francs de rentes claires et
« nettes, desirerait unir son sort à un homme qui
« ne fît aucun attention à ce dernier article, et qui
« pût convaincre cette demoiselle qu'il l'épouse uni-
« quement pour elle-même, sans aucun egard à l'ac-
« cessoire de la dot.

« Cette demoiselle prévient que, sur ce point, elle
« n'est pas facile à persuader. »

Ce billet, auquel je répondis en acceptant l'invitation qui m'était faite, me rappela les circonstances auxquelles j'en étais redevable.

Dimanche dernier, j'étais allé au Champ-de-Mars avec madame de Lorys, pour y voir l'ascension et la descente en parachute de mademoiselle Garnerin. Nous étions assis dans l'enceinte, et nous examinions les préparatifs de cette périlleuse expérience. Une dame d'un certain âge et une jeune personne vinrent prendre place auprès de nous; celle-ci reconnut madame de Lorys, et courut l'embrasser, en lui témoignant de la manière la plus affectueuse le plaisir qu'elle avait à la rencontrer. « C'est vous, ma chère Césarine? lui dit madame de Lorys; j'aurais eu peine à vous reconnaître, tant vous êtes grandie depuis dix-huit mois que je n'ai eu le plaisir de vous voir. — Des chagrins dont vous avez connu la cause m'ont éloignée de Paris une année entière. — Et d'autres motifs dont j'apprécie la gravité vous tiennent en ce moment éloignée de vos amis (dit en souriant madame de Lorys). »

Dans le cours de ce petit colloque, que ces dames continuèrent quelques instants à voix basse, mademoiselle Césarine me regardait avec une sorte de curiosité que madame de Lorys satisfit en me présentant, sous mon nom d'Ermite, à sa jeune amie, que j'examinais moi-même avec un intérêt excité par l'attention générale dont elle paraissait être l'objet.

Après avoir passé en revue le petit nombre de personnes qui se trouvaient, ainsi que nous, dans l'enceinte *des places réservées,* et qui toutes s'approchèrent successivement de celle que je ne connaissais encore que sous le nom de *Césarine,* on parla de mademoiselle Garnerin, de sa résolution, de son prodigieux courage. « Il y a quelqu'un dans cette enceinte, dit alors la dame qui accompagnait la jeune personne, dont le courage est bien plus extraordinaire : c'est celui de ce petit monsieur en pantalon russe et en habit noisette, que vous voyez causant avec *la reine des airs,* pour me servir d'une expression qu'il vient de répéter deux ou trois fois. »

On voulut savoir ce qu'avait fait, ou ce qu'allait faire ce jeune homme pour enlever à mademoiselle Garnerin la palme de l'intrépidité. « Ce qu'il a fait ? ce qu'il va faire ? continua-t-elle ; il va voir pour la seconde fois, avec un sang-froid admirable, celle qu'il aime, celle qu'il doit épouser (quand elle aura une dot), exécuter une entreprise où il y a peut-être deux contre un à parier qu'elle perdra la vie. — Quelque étonnant que soit l'effort de courage dont ce monsieur donne ici l'exemple, je ne serais pas étonné, répondis-je, qu'il ne trouvât en ce moment, dans l'enceinte du Champ-de-Mars, plus de gens capables de l'imiter que d'en fournir l'occasion. — Je n'en sais rien, reprit madame de Lorys; on fait tant de choses pour une dot! » Je m'aperçus que cette dernière réflexion fit en même temps sourire et soupirer mademoiselle Césarine.

Le ballon se remplissait lentement; l'ascension ne pouvait se faire avant une heure, et l'odeur gazeuse incommodait ces dames. Nous sortîmes pour faire un tour de promenade : je donnais le bras à mademoiselle Césarine.

La confiance est bientôt établie entre une jeune fille et un octogénaire: ils se rapprochent, pour ainsi dire, de toute la distance qui les sépare. Je sus bientôt que la jeune personne avec laquelle je me trouvais était la plus riche héritière de France. Je lui adressai quelques compliments.

« Allons, voulez-vous aussi m'épouser? me dit-elle en souriant. Vous serez le trentième sur la liste, je vous en préviens. — Je ne demanderais pas mieux, mademoiselle, ne fût-ce que pour la singularité du fait. Vous ne vous figurez pas le bel effet que produirait dans le monde l'union si bien assortie d'un jeune homme de 79 ans, sans crédit, sans considération, sans fortune, avec une vieille demoiselle de 17 ans, pleine de graces, de talents, et riche de 700 mille livres de rente. Cela me ferait d'autant plus de plaisir que j'ai toujours eu la prétention d'être aimé pour moi-même. — Du moins, pouviez-vous en nourrir l'espérance. — A qui, dans la jeunesse, peut-elle être interdite?—A moi, monsieur; et cette pensée, qui a pris naissance dans mon cœur, qui s'y fortifie chaque jour de tout ce que je vois, de tout ce que j'entends, me met en garde contre la plus douce des illusions, et détruit en moi jusqu'au sentiment de mes propres avantages. C'est à ma fortune que s'adressent tous les hommages que je reçois, et c'est mon intendant que je charge d'y répondre. — Prenez garde, mademoiselle, qu'il n'entre un peu d'exagération dans votre défiance; la modestie a son enthousiasme. Sans doute il est beaucoup de vœux intéressés parmi ceux qu'on vous adresse; mais, en vous voyant, personne ne doutera que dans le nombre il ne doive s'en trouver de sincères.— Qu'importe, si je n'ai aucun moyen de les distinguer?—Je me charge de vous en indiquer plusieurs, sans compter celui que mit en usage, il y a quelque cinquante ans, la fille d'une dame dont voici l'histoire en peu de mots:

«Mademoiselle Sophie Delpierre avait presque autant à se plaindre de la nature qu'elle avait à se louer de la fortune. Héritière, à vingt ans, de cent mille écus de rente, elle avait le choix entre un grand nombre de soupirants. Comme vous, mademoiselle, mais avec toutes les raisons qui vous manquent, elle s'était mis en tête que ces messieurs brûlaient *pour les beaux yeux de sa cassette.* Pour s'en convaincre, elle les réunit tous à dîner le jour où elle avait atteint l'âge de sa majorité, et, dans un petit discours appuyé d'actes authentiques, elle les prévint des dispositions légales qu'elle avait faites de la presque totalité de sa fortune en faveur d'un grand nombre de parents dans l'indigence. Mademoiselle Sophie ne s'était réservé de toute sa fortune que dix mille livres de rente, qu'elle offrait avec sa main à celui qui consentirait, en l'épousant, à partager la reconnaissance de tous les heureux qu'elle avait faits. Cet acte d'une générosité sans égale, dont la signature et la présence du notaire paraissaient être garants, débarrassa mademoiselle Sophie de tous ses adorateurs, à l'exception d'un petit cousin dont l'amour ne savait pas encore compter.

«— Je craindrais, en répétant cette expérience, reprit en riant mademoiselle Césarine, de faire autant d'ingrats que d'infidèles, et de ne pas trouver, comme mademoiselle Sophie, un pauvre petit cousin qui voulût m'en tenir compte. »

Un coup de canon donna le signal du départ prochain de l'aéronaute; nous allâmes reprendre nos places dans l'enceinte. Mademoiselle Garnerin s'avança : son galant prétendu lui donna la main pour monter dans sa corbeille; elle prit son vol, et le petit monsieur, bien solidement établi sur une chaise, la lorgnette à la main, la suivit dans les airs avec une intrépidité qui ne se démentit pas même au moment terrible où la *reine des airs,* se précipitant du haut de son trône, fit éprouver à tous les spectateurs un saisissement à la violence duquel l'aimable Césarine faillit à succomber.

En nous séparant la jeune héritière fit promettre à madame de Lorys de venir avec moi dîner chez elle le jeudi suivant. Le billet qu'on a lu avait pour but de me rappeler cette invitation, à laquelle je n'étais pas homme à manquer.

De tous les lieux où l'on peut observer l'influence du pouvoir sur ses adorateurs, le salon d'une riche héritière est peut-être l'endroit où cette influence se manifeste par plus de flatteries, de mensonges, et si je n'ajoute pas par plus de bassesses, c'est que les hommages qu'on rend à une femme, de quelque nature qu'ils soient, ont du moins un prétexte qui peut, à la rigueur, leur tenir lieu d'excuse.

Presque tous les hommes que je vis arriver, et que madame de Lorys me faisait successivement connaître, étaient des candidats d'hymen : un seul nous avait devancés. « Celui-ci, me dit-elle, est sur les rangs du jour où Césarine est venue au monde. Il s'est officiellement présenté la semaine dernière. Lorsqu'il a été question des articles à stipuler au contrat, il a demandé un préciput de cent mille écus de rente. Sur la représentation qu'on lui a faite que la demande d'un pareil avantage pouvait paraître exagérée de la part d'un futur conjoint qui n'apportait rien à la communauté, l'illustre prétendant a fait valoir l'éclat du nom qu'il avait à soutenir. On a trouvé l'entretien de ce nom-là trop cher, et l'on a écouté des propositions plus modestes.

« Avec d'aussi brillants titres, cet autre grand jeune homme qui salue tout le monde d'un sourire se serait montré beaucoup plus accommodant sur les stipulations éventuelles, par la raison qu'il ne connaît pas de fortune qu'on ne puisse manger en dix ans, et qu'il a pour maxime « qu'on enrichit le présent de tout ce qu'on vole à l'avenir; » mais on ne paraît pas disposé à lui tenir compte d'un désintéressement qui lui coûte si peu, et qu'il ne peut exercer qu'aux dépens des autres.

« Vous pourriez vous méprendre sur l'intérêt que Césarine témoigne à la personne avec laquelle vous la voyez s'entretenir tout bas : c'est de reconnaissance qu'il est question entre eux. Notre jeune héritière avait perdu de vue, depuis quelque temps, une amie de pension que le défaut de fortune éloignait du monde; elle apprend que cette compagne d'enfance, recherchée par un jeune homme qu'elle aimait, refusait de l'épouser parcequ'il était sans fortune et qu'elle n'avait point de dot à lui offrir avec sa main. Césarine fait dresser elle-même leur contrat de mariage, où son amie se trouve propriétaire d'une terre de deux mille écus de rente. Vous conviendrez qu'un don aussi généreux ne pouvait être fait avec plus de grace. »

Madame de Lorys acheva la revue critique des adorateurs de l'héritière. « Vous ne me parlez pas, lui dis-je, de ce joli jeune homme que j'ai suivi des yeux, depuis son arrivée, beaucoup moins attentivement peut-être que telle personne qui ne l'a pas regardé une seule fois. — Je fais, répondit-elle, comme les femmes qui écrivent une lettre et qui ne parlent de l'objet principal que dans le *postscriptum*. Ce jeune homme, qu'on remarque d'autant plus, comme vous l'observez fort bien, qu'on a l'air d'y faire moins d'attention, est en effet le fortuné rival, mais il n'en est guère plus avancé pour cela. Ceci est une énigme dont le mot, pour être entendu, exigerait un long commentaire que je n'ai pas le temps de vous donner, car on vient avertir que l'on a servi. »

Mademoiselle Césarine me fit placer à table auprès d'elle, et les fréquents aparté que nous eûmes ensemble me donnèrent un plaisir dont je suis sevré depuis une quarantaine d'années au moins, celui d'exciter, parmi des rivaux, un moment d'inquiétude et de jalousie.

N° XXXV. [14 mars 1816.]

UNE JOURNÉE
AUX RIVES DE LA SEINE.

Si vacat et placidè rationem admittitis, edam.
JUVÉNAL, sat. I.

Avez-vous un moment de loisir, pouvez-vous me prêter une oreille impartiale? écoutez.

J'ai promis d'opposer au *Tableau d'une Journée aux bords de l'Orénoque*[1] la peinture d'*une Journée aux rives de la Seine*. Je ne veux pas laisser échapper l'occasion qui se présente de tenir ma promesse aux dépens d'un homme du monde qui sort de chez moi, et dans la conversation duquel j'ai trouvé tous les renseignements que j'avais besoin de réunir.

Cette fois, je ne pouvais me prendre moi-même pour sujet de mon discours. A mon âge, on compte encore les jours; mais comment les mesurer? Ils n'ont plus d'aurore, plus de midi; c'est un crépus-

[1] Voyez page 69.

cule entre deux nuits, dont l'horloge seule marque encore les intervalles.

La vie humaine se compose de pensées et de mouvement : cette dernière faculté n'est plus, dans la vieillesse, qu'une oscillation mesurée d'un besoin à l'autre.

Prenons un exemple où la vie soit tout entière :

« Je ne sais ce que devient le temps à Paris (me disait ce matin en entrant chez moi le jeune comte de Glaneuil, petit-neveu de madame de Lorys). Voilà quinze jours que je me propose de vous faire ma visite; nous habitons la même maison; je n'ai qu'une terrasse à traverser : eh bien! d'honneur, j'ai cru que je mourrais sans trouver le moment de vous voir. — J'étais plus pressé que vous, M. le comte. On court risque de me faire perdre le plaisir qu'on me fait attendre. Mais, tout intérêt personnel à part, souffrez que je vous demande comment il se fait qu'indépendant comme vous l'êtes de toute espèce de devoirs, sans autres occupations que celles que vous jugez à propos de vous créer, libre de vos actions et maître absolu de votre temps, vous ne trouviez pas le moyen d'en régler l'emploi à votre gré. — Pardonnez-moi, je le règle le plus sagement du monde; mais il se trouve toujours le soir que je n'ai rien fait de ce que j'avais projeté le matin.

« Par exemple, voulez-vous connaître quelles

étaient mes dispositions pour la journée d'hier ? Voici mes tablettes, lisez :

« A dix heures, chez M. l'Ermite... (vous voyez, c'est écrit). — A onze heures précises, chez madame de Berville, qui n'a que deux jours à passer à Paris, et que je ne veux pas manquer de voir. — A une heure, au Collége de France, aux cours de MM. Andrieux et Tissot. — A trois heures, chez mon notaire, pour un arrangement de famille de la plus grande importance. — A quatre heures, chez moi ; maître de langues orientales... (c'est une étude que je veux suivre.) — A six heures, dîner au Marais, chez madame Reimzey, avec quelques uns des savants et des hommes de lettres les plus distingués de Paris. — Le soir, aux Français, où l'on joue *Phèdre*. — Après le spectacle, chez madame de Lorys : j'y verrai...... Je suis décidé à ne plus jouer ; je sortirai quand les parties commenceront. — Je serai rentré chez moi avant minuit ; je lirai et je travaillerai jusqu'à trois heures du matin. »

« Tel était le projet ; maintenant, voulez-vous connaître l'exécution ?

« Je m'étais couché très tard la veille ; il était dix heures et demie quand mon valet-de-chambre entra chez moi : il fallut encore renoncer à vous voir ce jour-là. A cela près, j'étais décidé à ne point m'écarter de mon plan. Je devais être à onze heures précises au faubourg Saint-Germain ; il était près de midi quand j'arrivai chez madame de Berville; cette dame compte l'exactitude au nombre des qualités qui la distinguent. Au lieu d'une bonne heure que j'aurais pu passer avec elle en arrivant au moment précis de son déjeuner, je ne pus jouir que pendant quelques minutes du plaisir de voir et d'entendre une femme charmante, chez qui paraissent s'être réfugiés l'esprit qui manque à tant de sottes, et la raison qui manque à tant de folles auxquelles la société est depuis quelque temps en proie.

« Pour m'imposer la punition de mon inexactitude, le hasard voulut qu'en sortant de chez la femme la plus spirituelle, la plus douce, la plus aimable de France, je rencontrasse le plus extravagant des hommes. M. d'Aubignac (qui s'est fait militaire depuis que la paix est faite; qui se croit grand historien et grand politique parcequ'il sait par cœur les *Capitulaires de Charlemagne* et le *Traité des Fiefs*) me prit par le bras et ne me quitta pas qu'il ne m'eût emmené déjeuner avec lui........

« Pour qui peut s'amuser long-temps du spectacle et des propos de la sottise en fureur et de la vanité en démence, une place au déjeuner de monsieur et de madame d'Aubignac est véritablement à payer. Je suis accoutumé, depuis long-temps, à entendre déraisonner sur les affaires publiques; j'ai pris mon parti sur cet esprit de vertige qui s'est emparé de tant de cerveaux à l'envers, et je me croyais au courant de toutes les folies, de toutes les exagérations, de toutes les impertinences qui peuvent s'y loger et en sortir. M. et madame d'Aubignac m'ont appris que la déraison n'a point de bornes, et cette dernière s'est chargée de me convaincre qu'il n'y a point de sentiment humain que ne puisse détruire l'esprit de parti dans le cœur d'une femme qui n'est plus accessible à d'autres passions. J'aurais pu écouter, jusqu'au bout, les absurdités politiques dont le mari fatiguait ma patience: je ne fus pas le maître d'écouter de sang-froid les petites maximes atroces que sa femme débitait d'une voix aigre-douce, et qu'elle terminait par cette espèce de refrain: *J'en suis fâchée, mais cela doit finir par-là......* Cela finit du moins par me rendre impoli. Je me levai brusquement, et je sortis de cette loge d'insensés, en me promettant bien de n'y point revenir.

« J'étais en chemin pour me rendre au Collége de France, où j'espérais que les leçons de deux célèbres professeurs dissiperaient les pensées sinistres dont le couple énergumène avait rempli mon ame. J'arrivai à temps pour voir s'écouler la foule des auditeurs qui avaient assisté à leurs savantes leçons. Pour échapper à l'humeur dont j'étais possédé, j'entrai dans un jeu de paume; je fus réduit à y faire la partie d'un garçon, en présence de deux ou trois vieilles têtes à perruque de l'Estrapade. Je me souvins que j'avais rendez-vous chez mon notaire. L'assemblée de famille que j'y trouvai réunie, et dont chacun des membres avait amené avec lui son procureur, trouva le germe de cinq ou six procès interminables, dans une affaire qu'avec un peu de droiture et de bon sens on pouvait arranger en un quart d'heure.

« Les contrariétés de toute espèce que j'avais essuyées dans la matinée m'avaient agité le sang; j'oubliai le maître de langues orientales. J'allai me mettre au bain; je demandai un livre: on m'apporta les *Lettres de milady Montaigu*, où je trouvai une description des bains orientaux qui me fit sentir toute la mesquinerie des nôtres.

« Je rentrai chez moi pour y faire une toilette du soir. Ma mère voulait me retenir à dîner; mais j'avais promis à madame de Reimzey, et pour rien au monde je n'aurais manqué à une invitation qui devait me procurer le plaisir de me trouver avec plusieurs hommes de lettres, et plusieurs savants étrangers et français que j'avais le plus grand desir de connaître.

« Malheureusement je passai devant le café Riche, sur la porte duquel quelques jeunes gens de mes amis étaient arrêtés, et regardaient un cheval qu'un palefrenier faisait courir sur le Boulevart.

« L'un d'eux me reconnut, me fit signe de la main, et me pria de descendre un moment de mon bokei, pour donner mon avis sur le cheval dont il était sur le point de faire l'acquisition, et dont on lui demandait un prix considérable. J'étais pressé; mais, entre amis, il est des services qu'on aurait mauvaise grace à se refuser, sur-tout quand celui que l'on exige de vous est une sorte d'hommage qu'on vous rend.

« J'ai la réputation d'être grand connaisseur en fait de chevaux; je la soutins en cette circonstance, en découvrant à l'un des pieds du cheval en vente une *seime* qui se continuait jusqu'à la pince, et que l'on avait habilement déguisée à l'aide d'un corps gras et onctueux dont on l'avait enduite.

« Les débats auxquels cette découverte donna lieu entre le maquignon et moi prirent beaucoup de temps, et la certitude d'arriver au second service dans la maison où j'étais attendu me détermina à dîner avec mes amis chez le restaurateur.

« Le repas fut bruyant et ennuyeux. On traita sérieusement les plus insignifiantes bagatelles, et voulant éviter de se quereller en parlant politique, on trouva moyen de se disputer à propos de candidats à l'Académie, du cheval *le Régent*, des bateaux à vapeur, et de madame Strina-Sacchi. Je m'esquivai entre deux bouteilles de vin de Champagne.

« Les deux premiers actes de *Phèdre* étaient joués quand j'arrivai aux Français, et j'avais perdu l'admirable scène de la déclaration, que mademoiselle Duchesnois joue avec une supériorité de talent à laquelle j'ai de la peine à croire que mesdemoiselles Clairon et Dumesnil aient atteint dans le même rôle. La salle était pleine; j'étais mal placé au balcon, et je n'avais pas la moindre envie d'entendre le *marivaudage* qu'on nous promettait pour seconde pièce. Je sortis, et j'entrai à l'Opéra; on y donnait un vaudeville. J'allai au Vaudeville, on y jouait une farce des Variétés. Je courus aux Variétés, on y achevait une mauvaise parade, indigne des derniers tréteaux d'une foire de province.

« Je me rends à dix heures et demie chez madame de Lorys; j'espère m'y dédommager de tout l'ennui, de toutes les tribulations d'une journée insipide et fatigante. Un mot de madame de Sesanne m'avait appris la veille qu'elle devait passer la soirée chez sa tante. Je ne connais pas de plus grand bonheur au monde que de me trouver avec madame de Sesanne.....; mais elle ne manque jamais une représentation des *Bouffes*, et je me croyais sûr d'arriver avant elle... Nouveau désappointement, plus cruel que tous les autres : madame de Sesanne, qui n'avait vu qu'un acte du *Mariage secret*, m'avait précédé d'une heure chez madame de Lorys; et piquée de mon peu d'empressement, elle s'était placée à une table de reversi de manière à ce qu'il me fût impossible d'approcher d'elle. Ce caprice, où la vanité me paraissait avoir plus de part que le sentiment, me donna l'idée d'une petite vengeance dont je fus complétement dupe: j'allai m'asseoir à l'autre extrémité du salon, auprès d'une jeune dame à qui je m'efforçais de dire avec mystère les choses les plus insignifiantes. « Vous avez beau faire (me dit-elle avec un sourire malin, en jetant les yeux sur madame de Sesanne), nous ne vous croyons ni l'une ni l'autre. » Je fus si décontenancé par cette répartie, que je ne jugeai pas à propos de soutenir la gageure... Je sortis en quêtant un regard qu'il me fut impossible d'obtenir.....

« Le chevalier de Rosilly descendait l'escalier en même temps que moi. «Vous partez de bien bonne heure, me dit-il.—Oui, j'ai quelques lettres à écrire avant de me coucher.— A d'autres, mon cher comte! vous boudez comme un enfant, et demain on se moquera de vous. Voulez-vous m'en croire? venez avec moi au *Cercle:* je vous mets de moitié dans mon jeu; nous gagnerons cinquante louis chacun, et ces dames apprendront que nous ne sommes pas à la merci d'un caprice. » Moitié vanité, moitié entraînement, j'eus encore la faiblesse de céder à ce conseil. J'entrai au Cercle: je jouai; je perdis trois cents louis comme un sot, et je rentrai chez moi à trois heures du matin sans avoir soupé, mécontent de moi-même, mécontent des autres, et réfléchissant avec amertume que ma vie se composait en grande partie de journées semblables à celle dont je viens de vous rendre compte. »

N° XXXVI. [21 mars 1816]

QUELQUES ABUS.

DIALOGUE ENTRE LE PHILOSOPHE ANDRÉ ET L'ERMITE.

> Y a-t-il rien de plus respectable que d'anciens abus ?
> Oui, oui : la raison est encore plus ancienne.
> MONTESQ, *Esprit des Lois.*

L'ERMITE.

De quelque côté que je tourne les yeux, je ne vois que des abus.

LE PHILOSOPHE.

Je ne connais rien de plus facile que de les indiquer, et rien de plus difficile que de les détruire : ce sont des taches que l'on remarque sur une étoffe, et qu'on n'enlève le plus souvent qu'en emportant la pièce.

L'ERMITE.

J'aime mieux un habit troué qu'un habit sale.

LE PHILOSOPHE.

Cela prouve que vous êtes plus propre que frileux, ou, pour quitter la métaphore, que vous

vous arrangez mieux de l'absence d'une vertu que de la présence d'un défaut.

L'ERMITE.

Je desire quelquefois ce qui n'est pas; mais je suis toujours choqué de ce qui est mal, et quand tout le monde en convient, je suis étonné que l'on ne se corrige pas.

LE PHILOSOPHE.

C'est qu'en fait d'abus, on craint aussi celui de la correction.

L'ERMITE.

Cette crainte peut être fondée jusqu'à un certain point, lorsqu'il est question d'abattre les abus de *haute-futaie*, si j'ose m'exprimer ainsi, dont les profondes racines ont pénétré jusque sous les fondements de l'édifice social; mais, pour le moment, je ne parle que de cette foule de petits abus semblables à ces ronces vivaces qui embarrassent les avenues d'un jardin, et qu'on peut faire disparaître d'un coup de serpette.

LE PHILOSOPHE.

Il faut encore de l'adresse et du discernement pour cette opération si simple, où il s'agit de distinguer l'abus de l'usage quelquefois utile auquel il s'enlace de cent manières.

L'ERMITE.

L'usage une fois vicié par l'abus vaut rarement la peine d'être conservé. Faire l'aumône est sans doute une chose bien honorable en soi; mais si cette vertu, exercée sans choix et sans mesure, a produit le fléau cruel de la mendicité; la vénération qu'on doit avoir pour une source divine défend-elle de la purger du limon qui la corrompt dans son cours? Connaissez-vous un abus plus révoltant que celui qui creuse dans l'État un gouffre où viennent s'engloutir des générations entières, et citerez-vous une ville au monde où cette honteuse maladie du corps social soit plus endémique qu'elle ne l'est à Paris, et s'y montre sous des formes plus hideuses?

LE PHILOSOPHE.

De vrais philosophes en ont trouvé le remède, et plus d'une expérience en constate l'efficacité. En 1775, un homme de lettres (que cette seule action justifie de bien des torts), Linguet, dans ses *Annales*, proposa un prix en faveur du meilleur mémoire sur les moyens de détruire la mendicité; il en fit lui-même les fonds. Un seigneur bavarois, quelques années après, consacra une grande partie de sa fortune à délivrer de ce fléau la ville qu'il habitait; et, dans un temps beaucoup plus voisin de nous, M. de Pontécoulant, alors préfet d'une des plus belles provinces de la Belgique, signala son active administration par un bienfait dont ce pays gardera longtemps la mémoire : il en extirpa jusqu'au germe de la mendicité, dont une longue habitude avait fait une véritable profession. Ces cures locales attestent la possibilité d'arrêter les progrès de l'épidémie universelle, et l'on ne doit pas moins espérer, sur ce point, de la protection des lois et de la sollicitude des gouvernements européens, que de la simple humanité des despotes orientaux : s'ils ont des esclaves, du moins ils les nourrissent.

L'ERMITE.

En attendant que nous soyons aussi heureux et aussi sages que des Turcs, la mendicité nous assiége ; et, aux progrès qu'elle fait, il est à craindre qu'à Paris, comme à Rome, la moitié de la population ne demande bientôt l'aumône à l'autre.

LE PHILOSOPHE.

Vous vous trompez : ce mal diminue ; mais c'est encore là une de ces plaies qu'il faut prendre garde de fermer sans précaution. La répression de la mendicité appartient à la police ; son extinction ne peut jamais être que l'ouvrage des mœurs.

L'ERMITE.

C'est au nom de celles-ci que je vous demanderai maintenant, mon cher philosophe, si vous verriez beaucoup d'inconvénients à remédier à un désordre d'une autre espèce, dont le scandale public va toujours croissant, dans cette prétendue capitale du monde civilisé : je veux parler, avec toute la réserve qu'exige un pareil sujet, de ces courtisanes en plein vent, dont les essaims nocturnes s'emparent de la ville à la chute du jour.

LE PHILOSOPHE.

Je ne dirai pas, comme *certain pauvre diable* de votre connaissance, en parlant de ces demoiselles :

> .... J'en fais assez de cas;
> Leur art est doux, et leur vie est joyeuse;

car je pense, au contraire, que leur art est odieux et leur vie très à plaindre; mais je mettrai cet abus-là au nombre de ceux qu'il faudrait bien se garder de détruire si l'on en avait les moyens, et cela, pour vingt raisons que vous voudrez bien me permettre d'abandonner à votre sagacité.

L'ERMITE.

Il ne m'est pas encore bien démontré que tous ces accommodements, toutes ces transactions que l'on fait avec le vice, sous prétexte d'en détourner ou d'en limiter la contagion, ne soient pas de la nature de ces traités que l'on fait avec les corsaires barbaresques, et qui ne servent qu'à perpétuer un système de piraterie dont on se délivrerait en les exterminant. Mais en admettant, sur le fait de cette espèce de courtisanes, cette proposition singulière, que le respect des mœurs nécessite le maintien d'un ordre ou d'un désordre de choses qui les outrage, il me semble que l'on pourrait mettre d'utiles conditions à cette condescendance : je voudrais qu'à l'exemple de ce qui se passe dans plusieurs autres grandes villes, on leur assignât à Paris un quartier spécial dans les limites duquel se trouverait restreint l'exercice de leur privilége. Je voudrais qu'à Paris, comme autrefois à Nantes, à Bordeaux, leurs places fussent marquées au spectacle, et qu'une mère de famille ne fût pas exposée à se montrer avec sa fille dans une loge où la présence d'une de ces femmes appelle les regards d'une jeunesse effrontée.

LE PHILOSOPHE.

Il resterait à examiner si l'on n'augmente pas l'intensité du mal en établissant un foyer de corruption, ou si, comme je le pense, on l'affaiblit en le disséminant.

L'ERMITE.

On se trouve fort bien de l'institution des lazarets?

LE PHILOSOPHE.

Je le crois ; personne au-dehors n'est intéressé à en violer la consigne, et l'on résiste facilement aux charmes de la peste. Néanmoins, je suis entièrement de votre avis sur les bienséances morales, qui semblent faire une loi d'assigner aux théâtres une place particulière à des femmes qui n'en ont aucune dans la société.

L'ERMITE.

Puisque je suis en train de vous signaler les abus qui m'ont choqué plus particulièrement depuis mon retour en France, je vous dirai qu'un de ceux auxquels j'ai le plus de peine à m'accoutumer est cet étrange déplacement que je remarque dans les occupations naturelles aux deux sexes. Est-ce bien chez les Français, au pays de la galanterie et de la politesse, que l'on voit des femmes journellement employées aux transports des plus lourds fardeaux; qu'on en rencontre d'autres attelées à des charrettes qu'elles traînent, en haletant, d'un bout de la ville à l'autre, tandis qu'en jetant les yeux dans les boutiques, vous les voyez remplies d'hommes dans la force de l'âge, occupés de travaux à l'aiguille? Des hommes qui brodent! des femmes qui labourent! contraste affligeant et honteux que j'ai souvent eu occasion d'observer sans sortir des barrières.

LE PHILOSOPHE.

J'en suis peut-être moins choqué que vous, en songeant qu'il est plus commun ici que par-tout ailleurs de trouver des gens qui ne sont pas de leur sexe.

L'ERMITE.

On ne justifie pas un abus par un abus plus grand. Ainsi, vous auriez beau me dire que plus d'un marchand en détail enfreint les réglements de police en étalant en dehors de sa boutique, je ne me récrierais pas moins contre cette foule de revendeurs qui s'emparent, de tous côtés, de la voie publique, où ils établissent, au grand détriment des marchands domiciliés,

Leur comptoir sur roulette, et qu'on porte à dos d'homme.

Cet abus, qui, depuis quelques années, va croissant de jour en jour, est la source des plus graves inconvénients : il tend, de vingt manières, à la ruine du commerce, en arrêtant le débit des marchands en boutique, qui ne peuvent soutenir la concurrence avec des revendeurs qui ne paient ni loyer ni patente ; en ouvrant un débouché facile au négociant de mauvaise foi, pressé de vider à tout prix ses magasins ; en facilitant la vente des marchandises volées, en offrant mille moyens de tromper impunément l'inexpérience des acheteurs. Un autre inconvénient fâcheux de cet abus est de donner l'apparence d'un métier à une foule de vagabonds, qui s'en prévalent pour exercer impunément leur funeste industrie.

LE PHILOSOPHE.

On doit croire qu'un abus si commun n'a point échappé à l'active vigilance des magistrats ; mais toutes les circonstances ne sont pas également propres à faire le bien, ni même à réprimer le mal : il y a des temps où il *faut que tout le monde vive,* même lorsqu'on n'en *voit pas la raison.*

L'ERMITE.

Passons à des observations moins graves. Je ne puis voir sans humeur ces affiches de toutes couleurs dont on bariole, dont on défigure à Paris l'extérieur de nos monuments publics. J'ai dans l'idée que les archontes d'Athènes n'auraient pas permis aux *Laf-*

fecteur de ce temps-là d'afficher leur *rob anti-syphilitique* sur les propylées, ou même sur les murs du Céramique; sans compter que plusieurs de ces placards sont un véritable outrage à la pudeur publique. Où serait l'inconvénient que l'autorité désignât, comme elle le fait pour les places de fiacres, les lieux où il serait permis d'afficher, et qu'elle reléguât dans le quartier de *Vénus Meretrix* ces pancartes indécentes qui salissent tous les coins des rues? Il y aurait un autre avantage à adopter cette mesure : c'est au pays de la fièvre qu'il importe de faire connaître les propriétés du quinquina.

La propreté est une vertu dont je fais si grand cas, qu'en faveur de cette seule vertu je fais grace aux Hollandais de beaucoup de qualités sociales qui leur manquent. C'est assez vous faire entendre à quel point je suis révolté des sales habitudes qu'on a laissé contracter aux dernières classes du peuple, et qu'un bon réglement de police, sévèrement exécuté pendant quelques mois, suffirait pour faire disparaître.

LE PHILOSOPHE.

Je vois que nous nous sommes partagé en idée les fonctions des édiles romains : vous vous êtes occupé des réformes à faire; moi, je rêve aux établissements utiles que l'on pourrait former.

Je voudrais que, profitant des découvertes faites, et dont un peuple voisin s'est le premier assuré les avantages, on parvînt, en multipliant les pompes à feu, à distribuer à Paris, comme à Londres, l'eau de la rivière dans toutes les maisons; qu'au moyen du *phloscope* on y perfectionnât l'éclairage; que toutes les places publiques y fussent plantées d'arbres, et que les grandes rues en fussent bordées.

Je voudrais qu'on établît des bains publics aux frais de l'état, où le peuple fût admis sans la moindre rétribution.

Je voudrais que les prisonniers condamnés à la simple détention fussent employés, comme à Berne, aux travaux publics, au balayage des rues, au nettoiement des égouts.

Je voudrais.....

Le philosophe André voulait tant de choses, que je trouverai, dans le seul exposé de ses vœux, la matière d'un autre discours.

N° XXXVII. [28 mars 1816.]

LA PREMIÈRE COMMUNION.

> De combien de douceurs n'est pas privé celui qui manque de religion ? Quel sentiment peut le consoler dans ses peines ? Quel spectateur anime les bonnes actions qu'il fait en secret ? Quel prix peut-il attendre de sa vertu ? Comment doit-il envisager la mort ?
> J. J Rousseau, *Émile*.

Autant je trouve d'inconvenance et d'inconvénients à faire de la religion le sujet d'une discussion publique, autant je trouve d'utilité et même de charmes dans ces entretiens particuliers où deux personnes cherchent mutuellement à s'éclairer, à se persuader, à s'instruire sur un objet d'une si haute importance. « Un peu de philosophie, a dit Bacon dans son chapitre *de la Superstition*, conduit à l'athéisme ; beaucoup de philosophie ramène à la religion. » Les raisons dont il appuie cette vérité ne sauraient être trop souvent reproduites. « L'esprit de l'homme (continue l'illustre chancelier d'Angleterre), en examinant séparément les causes secondes, n'a souvent pas la force d'en sortir ; mais s'il parvient à découvrir le lien qui les unit et les confédère, il s'en sert comme d'un point d'appui pour s'élever jusqu'à la divinité, qui en tient en main la chaîne éternelle. »

La lecture de cet admirable chapitre *des Essais*, que je faisais, il y a quelques jours, à madame de Lorys, en nous promenant sur la terrasse du château de Senart, me servit de texte pour combattre un reste de préjugé que cette dame conserve contre la philosophie moderne. « En matière de religion, me disait-elle, je crains cet orgueil philosophique qui cherche à se rendre compte de tout; et, n'en déplaise à Bacon, plus on examine, plus on est près d'être incrédule. La religion ne demande que de la foi; la philosophie exige des preuves. — Elle fait plus : elle les fournit, et c'est dans l'excellence même de la morale qu'elle puise ses démonstrations. En annonçant que la religion est au-dessus de la raison humaine, la philosophie n'admet point qu'elle y soit contraire; elle ne dit point, comme certains théologiens : *Croyez, parceque cela est absurde;* mais : Croyez, parceque cela est vrai, bon, utile. — Fort bien! mais chez vos philosophes, ce mot *religion* a une acception bien étendue, et l'on serait souvent tenté de croire qu'ils respectent également le *Zenda*, le *Coran*, et l'*Évangile*. — C'est-à-dire qu'ils croient une religion si nécessaire aux hommes, qu'ils pensent, avec raison, qu'il vaut encore mieux qu'ils en aient une mauvaise que de n'en point avoir; mais tous (je parle des philosophes véritablement dignes de ce nom) s'accordent sur ce point, que la religion chrétienne (à ne la considérer même qu'avec les yeux de la raison) est la plus utile et la meilleure, parcequ'elle donne à la vertu de plus nobles espérances, au vice de plus vives alarmes, au malheur de plus douces consolations; parcequ'elle est la seule au monde qui tende à élever l'homme au-dessus de lui-même, en lui faisant une loi d'aimer ses ennemis, de bénir jusqu'à ses bourreaux; parcequ'elle rétablit la nature humaine dans tous ses droits, parcequ'elle venge l'opprimé et qu'elle maudit l'oppresseur. Après cela, il est également vrai de dire que ces mêmes philosophes, qui pensent que, de tous les abus, les plus cruels sont ceux qui ont une source respectable, se sont de tous temps élevés contre l'intolérance et la superstition. — Beaucoup plus que contre l'athéisme! Cependant votre philosophe par excellence, Voltaire, n'hésite pas à dire que la superstition est moins dangereuse que l'athéisme. — Il s'est, je crois, contenté de les mettre sur la même ligne. J'ai bien présente à la mémoire cette pensée, qu'il répète en plusieurs endroits de ses ouvrages: un athée raisonneur, violent et puissant, serait un fléau *tout aussi funeste* qu'un superstitieux sanguinaire. — J'ai souvent eu occasion de remarquer que ces messieurs, qui ont une singulière tendance vers la réforme, appellent *superstition* les pompes, les cérémonies de l'Église, et qu'ils s'efforcent de séparer le rite de la religion, dont il est le plus ferme appui et le plus sûr garant. — Vous me permettrez, sur ce point, d'être de l'avis de l'auteur du livre de *la Sagesse*, et de rappeler, après Charron, dont vous ne récuserez pas l'autorité, que *le culte extérieur est plus souvent le signe de l'ostentation humaine que de la vérité divine, et qu'il faut s'en acquitter sans hypocrisie, sans luxe, sans ambition.* J'ajouterai (en m'appuyant d'un texte non moins respectable) « que la religion doit être la loi secrète de notre conduite, et non, comme nous en avons tant d'exemples, l'enseigne trompeuse d'une vie tout-à-fait étrangère à sa doctrine. »

La pluie vint interrompre notre entretien, au grand regret de madame de Lorys, qui tenait beaucoup, disait-elle, à me ramener à son avis dans cette grave question; elle ajouta qu'elle en avait la certitude, si je consentais à passer à Paris, avec elle, toute la matinée du dimanche suivant. J'acceptai l'invitation. Madame de Lorys retourna à Paris, et je restai dans ma cellule champêtre. Le samedi matin, je reçus un billet qui me rappelait notre rendez-vous, où je devais me trouver à neuf heures précises. On me prévenait, par *post-scriptum*, qu'on ne déjeunerait pas avant une heure.

Je fus exact; je trouvai madame de Lorys dans son oratoire, où elle avait donné l'ordre qu'on m'introduisît, et je crus remarquer qu'elle était vêtue avec beaucoup plus de simplicité qu'à l'ordinaire. Cette dame, sans aucune des prétentions qui appartiennent à un autre âge, et dont personne ne sent plus vivement le ridicule, a néanmoins pour principe qu'il faut, non point parer, mais orner la vieillesse, comme on sème des fleurs autour d'un tombeau pour en rendre l'aspect supportable.

La remarque que j'avais faite ne lui échappa pas. « Il y a des jours, me dit-elle, et celui-ci est de ce nombre, où la créature humaine ne doit pas craindre de paraître dans toute son infirmité. Qu'importent les ravages du temps à qui ne doit s'occuper que d'une vie immortelle! » Il y avait dans le son de sa voix, dans ses manières, une sorte de gravité qui ne lui est point ordinaire, et que je cherchais à m'expliquer, lorsqu'une vieille gouvernante entra avec la jeune Cécile [1], âgée de quatorze ans, petite-fille et pupille de madame de Lorys. Sa parure blanche, sans aucun ornement, le grand voile de mousseline dont elle était entièrement recouverte, je ne sais quel charme d'innocence et de candeur répandu sur toute sa personne, excitèrent en moi

---

[1] La même que j'appelle Ida dans le discours intitulé *les Confidences d'une jeune fille*.

un mouvement d'admiration que j'aurais manifesté sans doute en me récriant sur la beauté de cette charmante enfant, si je n'eusse été averti, par un regard de madame de Lorys, que ce n'était ni le lieu ni l'occasion d'un compliment de cette nature.

Cécile, les yeux baissés, s'approcha de sa grand'mère, qui la fit asseoir près d'elle, et lui adressa la plus touchante exhortation. J'appris alors que ce jour était consacré au plus saint des devoirs, et que la jeune Cécile se préparait à le remplir pour la première fois. Quand madame de Lorys eut cessé de parler, sa petite-fille se mit à ses genoux, et la vénérable aïeule, d'une voix pleine de la plus touchante émotion, appela la bénédiction du ciel sur la tête de la vierge orpheline, où brillait la céleste pureté des anges. Je ne restai point étranger au sentiment religieux dont leur cœur était rempli.

Madame de Lorys donna l'ordre de faire approcher une voiture de place; et comme je paraissais étonné qu'elle ne demandât pas son carrosse : « Je pense, me dit-elle, qu'il y a des actions dans la vie dont la sainteté ne s'accorde pas avec l'appareil d'un luxe mondain; nous aurions été à pied à l'église, ajouta-t-elle plus bas, si je n'eusse craint que la beauté de cette enfant n'attirât sur elle des regards que je veux en détourner, ou des observations dont elle ne doit pas être l'objet. »

Nous arrivâmes à l'église. Le grand nombre de voitures élégantes, de laquais à livrées, qui en obstruaient les avenues, me prouva que l'humilité chrétienne, dont madame de Lorys faisait preuve dans cette circonstance, n'était point à l'usage de tous les fidèles.

Cécile alla prendre place parmi les jeunes communiantes, qui occupaient la partie droite de la nef la plus voisine du chœur. Les communiants de l'autre sexe étaient placés à gauche.

La piété paraît être un sentiment plus naturel au cœur des femmes qu'à celui des hommes ; la cérémonie religieuse à laquelle j'assistais aurait suffi pour m'en convaincre : en jetant les yeux sur ces jeunes gens appelés à l'accomplissement du même devoir, on était également frappé du profond recueillement des unes et de l'espèce de contrainte que s'imposaient les autres, sans parvenir à dissimuler leur distraction.

Une seule observation était à l'avantage de ceux-ci : une simplicité plus entière, plus générale, se faisait remarquer dans leur vêtement, et la distinction des états et des rangs y disparaissait sous l'uniforme simplicité des habits ; il n'en était pas ainsi parmi les jeunes filles, dont plusieurs étalaient un luxe de parure qui trahissait au moins la vanité de leurs parents.

Au milieu de ces *colombes du Seigneur,* pour me

servir de l'expression du Psalmiste, la modeste Cécile attirait tous les regards, moins encore par sa grace angélique que par l'extase religieuse où elle était plongée. On se rappelait, en la voyant, la sainte dont elle porte le nom, et dont le pinceau de Raphaël a consacré l'image.

Le sermon qui fut prononcé dans cette circonstance solennelle ne répondit ni à l'attente ni aux besoins de l'auditoire. L'orateur chrétien, au lieu de profiter des pieuses et tendres dispositions des cœurs pour y semer la parole divine, pour y graver ces vérités éternelles que la morale enseigne et que la religion sanctifie, se contenta de débiter, d'une voix alternativement sourde et criarde, une dissertation théologique sur le plus auguste et le plus impénétrable des mystères. En tout autre lieu j'aurais, je crois, interrompu le prédicateur, en lui adressant la question que faisait César à je ne sais quel mauvais orateur de son temps : « Parlez-vous, ou chantez-vous? Si vous chantez, je vous préviens que vous chantez fort mal. »

La procession des jeunes communiants allant à l'offrande est encore un moment de triomphe pour la vanité, dont il serait à souhaiter qu'on pût éviter l'occasion : la grandeur et la forme du cierge qu'ils ont en main, la beauté de la poignée de velours

---

[1] Si loqueris cantas; si cantas, male cantas.

garnie de franges d'or et d'argent dont il est orné, la valeur de l'offrande que chacun doit présenter, est entre eux l'objet d'une émulation qui n'est pas toujours exempte d'orgueil et d'envie.

Il est des actions si saintes, qu'on peut craindre de les profaner en les décrivant. Je ne suivrai donc point les nouveaux communiants au pied du sanctuaire, au moment

> .... Où l'ange, dans les cieux,
> Courbe lui-même un front religieux.

Je m'abandonnai moi-même, sans examen, au mouvement d'adoration dont tous les cœurs étaient saisis, et qui se manifestaient au front des mères par un pieux attendrissement qui allait jusqu'aux larmes.

La figure de madame de Lorys rayonnait d'une joie céleste au retour de l'autel, d'où elle ramenait sa petite-fille, belle de cette grace divine qu'elle avait été puiser à sa source.

Le service fini, nous rentrâmes à l'hôtel, et lorsque Cécile se fut retirée dans sa chambre, où elle témoigna le desir de déjeuner seule, nous reprîmes notre entretien sur l'utilité de la pompe des cérémonies religieuses. « Je conviens, disais-je à madame de Lorys, que le culte extérieur est utile à la religion, qu'il rend plus solennelle, dont il personnifie en quelque sorte la spiritualité ; mais peut-être faut-il craindre, en abusant d'un pareil moyen, de donner à certains philosophes le droit d'observer que les religions païennes... » Quelqu'un entra, et la conversation prit un tour moins sérieux.

FIN DU PREMIER VOLUME.

TABLE.

Avant-propos.................................. page 3
N° Ier. Arrivée de l'Ermite de la Guiane......... 7
  II. Mon retour en France................. 17
  III. Les Constitutions.................... 27
  IV. Les Enfants d'aujourd'hui............. 37
  V. La Bourse............................ 47
  VI. Les Lingères......................... 59
  VII. Une Journée aux bords de l'Orénoque.... 69
  VIII. Les Hommes de loi................... 80
  IX. La Fête de Saint-Cloud................ 91
  X. Les Libraires........................ 102
  XI. Les Aéronautes...................... 113
  XII. Les Médecins....................... 125
  XIII. Le Langage et la Conversation......... 137
  XIV. Les Revendeuses à la toilette........... 147
  XV. Mon Procès......................... 157
  XVI. Une Nuit au corps de-garde............ 168
  XVII. L'Ambitieux......................... 178
  XVIII. Mon Procès jugé...................... 187
  XIX. Les Consolations.................... 198
  XX. Une Pension bourgeoise............... 216
  XXI. Les Jongleurs indiens à Paris........... 226
  XXII. La Mélancolie...................... 236
  XXIII. Les Confidences d'une jeune fille........ 247
  XXIV. Les Passants........................ 257
  XXV. Dictionnaire des gens du grand monde... 267

N° XXVI. Deux Visites du jour de l'an....... page 277
XXVII. Le Trousseau de la mariée............. 287
XXVIII. Les Gens de lettres................... 298
XXIX. Les Chansons........................ 308
XXX. Une Maison de l'île Saint-Louis.......... 317
XXXI. Les deux Amours..................... 328
XXXII. Les Sots............................. 348
XXXIII. Les Acteurs......................... 358
XXXIV. L'Héritière.......................... 367
XXXV. Une Journée aux rives de la Seine....... 377
XXXVI. Quelques Abus....................... 386
XXXVII. La première Communion 396

FIN DE LA TABLE.